U0499268

The Effect of
Signing Auditor's
Individual Experience on Audit Quality

签字会计师个人经验对审计质量的影响研究

刘笑霞 李明辉 / 著

中国财经出版传媒集团

经济科学出版社
Economic Science Press

·北京·

图书在版编目（CIP）数据

签字会计师个人经验对审计质量的影响研究/刘笑霞，李明辉著 . – – 北京：经济科学出版社，2025.1.
ISBN 978 – 7 – 5218 – 6096 – 2

Ⅰ. F239.22

中国国家版本馆 CIP 数据核字第 2024M008B4 号

责任编辑：周国强
责任校对：隋立娜
责任印制：张佳裕

签字会计师个人经验对审计质量的影响研究
QIANZI KUAIJISHI GEREN JINGYAN DUI SHENJI ZHILIANG DE YINGXIANG YANJIU
刘笑霞　李明辉　著
经济科学出版社出版、发行　新华书店经销
社址：北京市海淀区阜成路甲 28 号　邮编：100142
总编部电话：010 – 88191217　发行部电话：010 – 88191522
网址：www.esp.com.cn
电子邮箱：esp@esp.com.cn
天猫网店：经济科学出版社旗舰店
网址：http://jjkxcbs.tmall.com
固安华明印业有限公司印装
710 × 1000　16 开　19 印张　320000 字
2025 年 1 月第 1 版　2025 年 1 月第 1 次印刷
ISBN 978 – 7 – 5218 – 6096 – 2　定价：108.00 元
（图书出现印装问题，本社负责调换。电话：010 – 88191545）
（版权所有　侵权必究　打击盗版　举报热线：010 – 88191661
QQ：2242791300　营销中心电话：010 – 88191537
电子邮箱：dbts@esp.com.cn）

前　言

　　审计是一项高度依赖于职业判断的复杂的专业活动，这意味着执行审计活动的审计人员的知识和技能对于审计活动的过程和结果具有重要影响。已有从审计师角度入手研究审计质量的文献多侧重于事务所的特征，例如，事务所及其分所的规模、行业专长、审计任期等。实际上，作为审计项目的具体计划、组织和实施者，签字会计师在审计过程中具有不可忽视的重要作用。由于多数国家直到近年才要求合伙人在审计报告上签字或者披露项目合伙人信息，因此，早期文献多采用实验方法来研究会计师个人经验对审计行为的影响。但对于经验丰富的会计师在知识和技能方面以及在独立性方面是否优于经验较少的会计师，相关实验研究的结论并不完全一致：尽管多数实验文献支持经验丰富的会计师拥有更多关于财务报表差错方面的知识，在实施审计程序、做出审计判断方面更为有效，但也有文献表明，经验丰富的会计师可能会更多考虑维护客户关系，从而导致其独立性下降。从理论上说，随着经验和年龄增长所导致的过度自信、职业生涯关注的消退，会降低经验丰富的注册会计师的执业质量。此外，所处的外部环境也会影响签字会计师的相关决策。因此，签字会计师个人经验对审计质量的影响究竟如何，是一个实证问题。

在我国以及韩国、瑞典等其他少数国家和地区，注册会计师须在审计报告上签字的规定已经存续了一段时间，这为跟踪签字会计师的执业经历进而度量其个人经验提供了机会。近年来，一些学者利用这一机会，实证检验了签字会计师个人经验对审计质量的影响，且多数研究发现，经验丰富的签字会计师审计质量更高。然而，已有文献尚有可进一步拓展之处：首先，现有文献往往以操控性应计来度量审计质量，但应计盈余管理只是管理层进行盈余管理的手段之一；除此之外，还有真实盈余管理、分类转移等隐蔽性更强、风险更小的盈余管理手段。并且，随着监管的不断完善，管理层进行应计盈余管理来实现盈余目标的空间被大大压缩，这使得他们逐渐偏好于隐蔽性盈余管理。真实盈余管理、分类转移同样会误导利益相关者，真实盈余管理还可能对公司未来发展产生负面影响，因此，即便签字会计师个人经验与客户的操控性应计之间确实呈显著负向关系，并不能就此断言审计质量提高了，还要进一步考察签字会计师个人经验对隐蔽性盈余管理的影响：如果有经验的签字会计师在抑制客户应计盈余管理行为的同时，导致客户进行更多的隐蔽性盈余管理，无论是经验丰富的签字会计师抑制了客户的应计盈余管理行为从而促使其被迫转向隐蔽性盈余管理，还是经验丰富的签字会计师利用其知识主动帮助客户通过隐蔽性盈余管理来实现盈余目标，从而迎合客户的要求同时又不会过多增加自身风险，都不能说经验丰富的签字会计师提高了审计质量。其次，操控性应计有较高的测量误差和潜在偏误，且其估计模型各异，相关研究结果很可能会依赖于所采用的估计模型，因此，在采用操控性应计之外，还有必要采用其他度量指标。最后，近年来，无论是欧美还是我国，都开始着力提高审计的透明度，披露更多关于签字会计师（或项目合伙人）的信息，包括其执业经验信息。那么，会计信息使用者如何看待签字会计师的个人经验，他们在作出相关决策时，是否关注签字会计师的个人经验？相关研究较少涉及。

基于以上考虑，本书以中国 A 股非金融类上市公司为对象，以截至样本期前累计签发审计报告数度量签字会计师的（一般）个人经验，进而考察其对客户公司财务重述和隐蔽性盈余管理的影响，并进一步从债务成本、权益资本成本的角度考察会计信息使用者对签字会计师个人经验的感知，从而探究签字会计师个人经验对审计质量的影响。本书的研究结果表明：

第一，签字会计师一般经验的提高，确实有助于提高审计质量。本书同时从财务重述、隐蔽性盈余管理（真实盈余管理和分类转移）的角度衡量审计质量。结果表明，签字会计师个人经验尤其是行业经验的提高，有助于降低公司发生财务重述的可能、抑制隐蔽性盈余管理行为。就财务重述而言，签字会计师的平均一般经验、复核合伙人的一般经验均与公司发生财务重述的可能性呈负向关系；就真实盈余管理而言，尽管两位签字会计师的平均一般经验对真实盈余管理的影响较弱，但签字会计师的平均行业经验、复核合伙人的一般经验及行业经验对于两类盈余管理均具有显著抑制作用；就分类转移而言，几位签字会计师的平均一般经验以及复核合伙人的一般经验均与分类转移呈负向关系，表明有经验的签字会计师能够抑制管理层通过隐蔽性较强的分类转移来实现盈余目标的行为。因此，有经验的签字会计师不仅能够抑制客户的应计盈余管理，而且能够抑制隐蔽性较强的真实盈余管理和分类转移、减少财务重述。

第二，签字会计师一般经验的提高，有助于降低公司债务成本和权益资本成本。这表明，债权人和投资者会关注公司签字会计师的经验，并会在对资本进行定价时对由经验较丰富的注册会计师负责的公司要求更低的回报。因此，对公司而言，选择经验丰富的签字会计师对公司进行审计，会降低公司的资本成本。实际上，债务成本和权益资本成本也是一种从会计信息使用者感知的角度来度量审计质量的方法。因此，签字会计师个人经验与资本成本的负向关系，进一步表明了签字会计师个人经验对审计质量的促进作用。

第三，签字会计师个人经验的作用会受制于其所处的环境。签字会计师是一个立体的人，他们在作出相关决策时，会在抑制客户激进性会计处理（以维护自身声誉、降低自身风险）与迎合客户的需求（以保留客户从而获取相关的准租）之间进行平衡。尽管总体上经验丰富的签字会计师能够更好地抑制客户的盈余管理行为、减少财务重述的发生，但客户重要性、签字会计师的任期（客户特定经验）、地区法治环境、事务所规模等因素都会影响签字会计师个人经验的作用。

第四，签字会计师的个人经验是多方面的，例如，客户前一般经验和客户特定经验、行业经验和非行业经验。就客户前一般经验和客户特定经验而言，本书研究发现，无论是财务重述还是分类转移，签字会计师一般经验的作用都会随着客户特定经验（任期）的提高而削弱。其原因在于，当客户特定经验较少、签字会计师对客户公司缺少了解时，其一般经验更为重要；并且，伴随着任期的延长，签字会计师的独立性会降低，这也会导致一般经验的作用有所削弱。就行业经验和非行业经验而言，本书研究发现，虽然行业经验的作用更为明显，但非行业经验的积累对于提高审计质量同样具有积极的意义。

　　本书研究具有理论和现实意义。在理论上，本书提供了签字会计师个人经验与审计质量（以及受其影响的会计信息质量）之间关系的经验证据，并从资本成本的角度研究了会计信息使用者对签字会计师个人经验的关注，可以深化签字会计师个人经验对审计质量的作用的研究，并进一步丰富审计师个体特征与审计行为及相关经济后果的文献。在实践上，本书可以为会计师事务所加强人力资本投资、吸引和培养经验丰富的注册会计师，并在业务委派中合理配置审计团队提供参考。同时，本书对于上市公司与会计师事务所合理确定审计项目负责人以节约资本成本也有一定的参考价值。此外，本书可以提供披露合伙人相关信息的有用性的经验证据，可以为我国及其他国家提高审计透明度的改革提供经验证据支撑。

目　　录

引　言

1.1　研究背景

  审计本质上是一个判断和决策的过程，审计师判断和决策的质量对于审计结果及其质量具有直接的影响（Knechel，2000；Nelson and Tan，2005）。尽管审计项目是以会计师事务所名义承接的，审计报告要以事务所名义签发①，事务所也会对审计过程实施质量控制，但审计项目具体是由以签字会计师为首的审计团队实施的，审计师会将其个人特征（如知识、能力和个性）和认知限制带入审计任务当中，这将使审计任务容易受到审计师个人的判断性偏见的影响（Nelson and Tan，2005），审计师个人的技能、个性等不同特征都会影响到审计的过程和结果。事实上，不同的审计师个体在信念、偏好、经验、能力、技能等方面

---

  ①　在本书中，为了表述简便，会将"会计师事务所"（accounting firm）简称为"事务所"，即"事务所"仅用来指代"会计师事务所"，而不包括"律师事务所"等其他名称中包含"事务所"的组织。

都存在异质性（Chen，et al.，2017），这意味着虽然事务所和分所层面的质量控制、审计流程、培训等一定程度上可以提高同一事务所中不同审计项目的标准化程度、一定程度上降低个人偏见对审计结果的影响，但审计项目仍不可避免地会受到审计师个人特征的影响。尤其是作为审计团队的领头人和对审计质量承担直接责任的人员，签字合伙人对审计结果具有显著影响（Ferguson，et al.，2003；Wang，et al.，2015）①。因此，德丰和弗朗西斯（DeFond and Francis，2005）、丘齐等（Church，et al.，2008）都建议审计研究者应当进一步从事务所或分所层面向个体审计师层面拓展，以探究审计师个人特征对审计质量或其他审计行为的影响。

在审计师的诸多个人特征中，个人经验是非常重要的一方面。因为审计是一种复杂、高度专业化的工作，其很大程度上依赖于受过训练的专家的判断，很少有审计决策是完全结构化或完全自动化的，因此，审计很大程度上依赖于受过训练的专家的判断。无论是收集和评价审计证据，还是作出风险评估、客户接受与维持、审计意见、审计定价等相关决策，审计师的经验都十分重要（Abdolmohammadi and Wright，1987）。尽管行业自律组织和事务所内部组织的后续培训、事务所的技术手册以及内部研讨和交流、规范的审计流程、严格的质量控制政策，一定程度上有助于缩小事务所内部不同审计人员在审计知识和技能方面的差异，减小事务所内部不同审计项目的质量差异，但是，个人经验往往依附于审计人员个人，并不能很方便地在事务所内部流

---

① 审计团队除了签字会计师，还包括其他注册会计师和助理人员，严格来说，他们的经验水平也会对审计项目的效率和质量产生影响。一方面，由于数据的限制，我们只能获取签字会计师的数据，而无法获取审计团队其他成员的信息，因此，只能考察签字会计师个人经验的影响，这也是现有经验研究文献的通行做法。另一方面，签字会计师对审计项目承担的主要责任，审计的主要决策应由其作出，他们要评价客户风险、计划和实施审计工作、对审计团队提供督导、对审计工作进行复核、与客户进行沟通并最终确定审计报告类型，因而对审计质量具有最重要而直接的影响（Chin and Chi，2009；Chen，et al.，2016），因此，签字会计师个人经验对审计质量的影响远超其他成员。此外，作为审计项目的领导者，签字会计师的行为还会对审计团队中的其他成员产生重要影响，有经验的审计团队领导者更有助于提高审计团队的绩效，他们也有更多的知识和技能来对辅助人员的工作进行指导和监督（Cahan and Sun，2015），因此，考察签字会计师个人经验的作用也更有意义。正因为签字会计师在审计中的重要作用，在本书中，审计师（指代审计人员个人而不是会计师事务所时）与签字会计师基本上是同义语。之所以称为"签字会计师"而非"签字审计师"，是因为审计文献中的表达习惯。

动（Chen, et al., 2018；Chin and Chi, 2009）①，因此，个人经验对于审计投入和审计结果具有重要影响，其重要程度甚至可能超过事务所层面的经验或行业专长。阿什顿（Ashton, 1991）指出，特定领域的专门知识（如关于财务报表差错发生频率的知识）是审计师行业专长的基本决定因素，而这些专业知识需要通过多年的实际工作经验来获取。国际审计与鉴证准则委员会IAASB（2014）发布的《审计质量框架》（*A Framework for Audit Quality：Key Elements That Create an Environment for Audit Quality*）指出，"审计"是一门由具有专业胜任能力的个人利用其经验并保持诚信、客观和专业的怀疑态度，从而在事实和情况的基础上做出适当判断的学科，另外，高质量审计要求审计师拥有充分的知识、技能和经验，并有足够的时间来实施审计工作，从而将审计项目团队是否拥有充分的经验作为审计质量的基本要素之一，并指出，执行详细的"现场"审计工作的工作人员应具有足够的经验……合伙人和高级审计师应为经验不足的员工提供及时的评估、适当的指导或"在职"培训。我国《会计师事务所质量控制准则第 5101 号——业务质量管理（2020年 11 月 19 日修订）》也规定，会计师事务所在向相关人员分派责任时，应当确保这些人员具备适当的知识、经验和资质（第 40 条），由经验较为丰富的项目组成员对经验较为缺乏的项目组成员的工作进行指导、监督和复核（第64 条）。《中国注册会计师职业道德守则第 2 号——职业道德概念框架（2020年 12 月 17 日修订）》规定，当运用职业判断了解已知的事实和情况时，注册会计师需要考虑"……（三）注册会计师的专长和经验是否足以得出结论；（四）是否需要向具有相关专长或经验的人员咨询……"（第 8 条）。

　　已经有一些文献就审计师个人经验的作用进行了研究。一些实验研究文献发现，审计师的个人经验对于审计效率、审计判断具有显著的积极影响（Libby and Frederick, 1990；Shelton, 1999；Knapp and Knapp, 2001；Earley, 2002；Kaplan, et al., 2008；Moroney and Carey, 2011），并且已经有一些经验研究文献发现，审计师个人经验会正向影响审计质量（Cahan and

---

　　①　当然，审计师通过言传身教来向低级别助理人员示范、对助理人员的工作进行督导、在事务所内部以培训等方式分享执业体会，可以在一定程度上实现知识和技能的传授，这是大型会计师事务所审计质量普遍较高的原因之一，但受经验影响的个人判断等仍然难以在审计人员之间自由地流动。本书的结果表明，签字会计师的个人经验具有增量价值，在一些情况下，签字会计师个人经验的作用甚至超过了事务所规模（声誉）等因素。

Sun，2015；Ittonen，et al.，2015；Chi，et al.，2017；Sonu，et al.，2019；原红旗和韩维芳，2012；王晓珂等，2016；闫焕民，2016；韩维芳，2017)、审计定价（Che，et al.，2018；韩维芳，2016)。这些研究，一定程度上支持了经验对于审计质量的积极作用。不过，审计师个人经验对客户会计信息质量以及进一步地对会计信息使用者相关决策的影响还有待进一步研究。

就签字会计师个人经验与审计质量之间的关系而言，尽管有一些文献发现，审计师的个人经验与客户的应计盈余管理水平呈显著负向关系（Cahan and Sun，2015；Sonu，et al.，2019；Chi，et al.，2017；原红旗和韩维芳，2012；王晓珂等，2016；闫焕民，2016)，但这是否就意味着审计师个人经验与审计质量以及进一步的客户会计信息质量之间就是正向关系？答案似乎并不那么确定。一方面，从相关基于经验对审计师知识、绩效、独立性影响的实验或分析性研究来看，与经验较少、级别较低的审计师相比，高年资审计师究竟是更坚持审计独立性（Farmer，et al.，1987；Asare，et al.，2009；Koch and Salterio，2017)，还是更多地考虑维持客户利益以保留客户（Haynes，et al.，1998；Koch，et al.，2012)？相关文献的结论并不一致。甚至，对于经验更丰富的审计师是否确实拥有更多的关于财务报表差错的知识，相关研究的结论也不那么确定（Moeckel，1990；Ashton，1991)。很多时候，影响到审计绩效的知识是任务特定的，审计师从项目中获取的一般知识能否延伸到其他任务中从而提高其审计绩效，也存在不同看法（Bonner and Lewis，1990；Libby and Luft，1993)。因此，从理论的角度，审计师一般经验的提高是否确实有助于提高审计质量，尚存有疑问，因而有必要从不同角度进一步研究不同情境下签字会计师个人经验的作用。另外，从实证的角度来说，盈余管理的方式并不只限于应计盈余管理，还包括真实盈余管理、分类转移等风险较小、更为隐蔽的方式。虽然已有文献大多支持签字会计师经验的提升有助于抑制客户的应计盈余管理行为，但高年资的审计师是否有可能会利用其经验帮助客户或迫使客户进行更为隐蔽的盈余管理，从而在不过多提高自身风险的前提下迎合客户的要求呢？尚无文献研究。如果客户是以隐蔽性盈余管理替代应计盈余管理，即出现"按下葫芦浮起瓢"的情形，则显然不能说"经验水平高的审计师审计质量更高、其所审计的公司会计信息质量更高"。因此，尽管近年已有一些文献就审计师个人经验对审计行为的影响进行了实证检验，但这一问题某种程度上仍处于起步阶段，仍有许多未知之谜需要探索。

就会计信息使用者对签字会计师个人经验的感知而言，尽管王晓珂等（2016）在研究审计师个人经验对审计质量的影响时，研究并发现了审计师个人经验对盈余反应系数的正向作用，戚务君等（Chi, et al., 2017）也将债务成本作为一种审计质量的度量（即感知的审计质量），这在一定程度上表明会计信息使用者会关注公司签字会计师的个人经验，但现有文献并未在更广泛意义上考察投资者、债权人对审计师个人经验的考量。

鉴于此，本书利用我国审计报告上须由两位注册会计师（少数情况下有三位）签字这一便利，通过收集审计师个人经验及其他个人特征数据，就审计师个人经验对会计信息质量（包括财务重述、真实盈余管理和分类转移）的影响进行研究[①]，并从资本成本角度考察相关会计信息使用者（债权人、投资者）对审计师个人经验的感知，其中，财务重述、盈余管理是从经审计后的报表质量角度来衡量审计质量，而资本成本则是从会计信息使用者感知的角度来度量审计质量（DeFond and Zhang, 2014），因此，本书实质上是从会计信息质量和会计信息用户感知的质量两个角度来研究签字会计师个人经验对审计质量的影响。

1.2　研究意义

1.2.1　理论价值

本书具体可从如下方面进一步推进相关文献：

（1）从个人经验的角度进一步推进了审计师个人层面的研究。古尔等

---

① 戚务君等（Chi, et al., 2017）将签字会计师的任期称为"客户特定经验"（client-specific experience），将签字会计师的一般经验称为"客户前经验"（pre-client experience）。他们的结果表明，较之客户前经验，客户特定经验与审计质量之间的关系更为明显，并据此认为，合伙人轮换很可能会降低审计质量，因为新任合伙人的一般经验不能弥补离任合伙人客户特定经验的损失。不过，合伙人任期既反映了客户特定经验，又可能导致审计独立性的降低，因此，其对审计质量未必是线性关系。为了表述的方便，在下文，除非特别说明，签字会计师经验指签字会计师的客户前一般经验。

（Gul，et al.，2013）和卡梅伦等（Cameran，et al.，2022）的研究均表明，签字会计师固定效应对审计质量具有增量解释力。因此，有必要在已有大量侧重于事务所、分所层面的研究的基础上，进一步从合伙人层面研究审计师特征对审计质量、客户会计信息质量以及相关经济后果的影响。德丰和弗朗西斯（DeFond and Francis，2005）指出，除了在分所层面研究审计外，还有必要进一步由分所层面向下深入到项目合伙人个人层面。在诸多签字会计师个人特征中，经验尤为重要。因为审计活动高度依赖于审计师的知识和技能，而审计师的知识和技能会因其职业经历而异。经验的提升，有助于提高审计人员的行业知识及其他一般知识，从而有助于提高其对客户会计与经营活动的认识，更好地识别出可能存在的错报，更为迅速而准确地作出判断。本书从会计信息质量和资本成本两个角度考察签字会计师个人经验的作用，可以进一步丰富审计师经验作用的研究，并拓展个体层面审计师特征的研究，从而回应了上述呼吁。

（2）已有经验研究文献在研究审计师个人经验对审计质量的影响时，往往只考虑应计盈余管理①，而忽视其他盈余管理方式。本书在考虑不同盈余管理方式之间关系的基础上，进一步考察审计师个人经验对真实盈余管理、分类转移等隐蔽性盈余管理行为的影响，从而试图揭开"个人经验较丰富的审计师究竟是会抑制各类盈余管理，还是只会抑制较为明显、风险较高的应计盈余管理"这一谜题，这将有助于更全面、深入地理解审计师个人经验对客户会计信息质量以及审计质量的影响。

（3）尽管已有一些经验研究文献发现，投资者和债权人会关注签字会计师的质量（Chin，et al.，2014；Aobdia，et al.，2015），但会计信息使用者是否关注签字会计师个人经验并在相关决策中反映出来，缺乏深入研究。本书在对个人经验与审计师行为之间关系进行研究的基础上，进一步从债务成本、权益资本等角度考察审计师个人经验的经济后果，从而从会计信息使用者的角度提供审计师个

---

① 盈余管理是度量审计质量的常用方法。虽然已审计财务报表的盈余管理水平很大程度上只能反映审计后财务报告质量，而不能反映审计师在审计前后的作用大小，因此并不十分符合审计质量的定义。但在审计调整数据并不能为研究者广泛获取的情况下（即便是审计调整，也不能完全反映审计质量，因为审计调整并没有考虑审计前财务报表的错报水平以及发现错报的难易程度。例如，审计前错报较少，即便审计师提出的审计调整建议较少，也不必然表明审计就是低质量的），盈余管理程度还是可以在很大程度上反映审计质量。因为，高质量的审计能够限制机会性盈余管理行为，审计质量是财务报告质量的一个重要构成要素（DeFond and Zhang，2014），已审计财务报表的盈余管理程度至少可以表明审计师对客户盈余管理行为的容忍程度，或者说对财务报告质量的保证程度。

人经验与审计质量及客户会计信息质量之间关系的经验证据，并进一步丰富外部审计有用性的文献。实际上，会计信息使用者对审计师个人经验的感知，可以从另外一个视角提供审计师个人经验对审计质量及客户会计信息质量影响的证据。

（4）在审计师个人经验的内涵上，本书除了考虑了审计师的一般经验（客户前经验），还考虑了客户特定经验（签字会计师的审计任期）。一般经验和客户特定经验分别反映了非任务特定知识（non task-specific knowledge）和任务特定知识。戚务君等（Chi，et al.，2017）虽然注意到了这一问题并同时考察了客户前一般经验和客户特定经验对审计质量的影响，但并未考虑这两种经验之间可能存在相互替代的关系。同时，任期不仅反映了客户特定经验，也会影响到审计师的独立性。本书在研究时，将这两种经验结合起来考察，有助于加深对这两种经验之间关系的理解。此外，考虑到不同行业之间知识的差异，本书进一步将客户前一般经验分为行业经验和非行业经验，进而考察这两种经验的作用，从而进一步拓展闫焕民（2016）等文献，有助于更加深入地理解审计师不同维度的个人经验对其审计行为的影响。

（5）在研究相关问题时，本书进一步考虑了不同法律环境、客户重要性、业务复杂性、信息不对称程度、会计师事务所规模①等环境下签字会计师个人经验的作用，这不仅有助于理解不同场景下签字会计师个人经验的作用差异，而且可以更加全面地理解审计师的决策行为，避免单一地看待签字会计师经验的作用。

1.2.2　应用价值

本书的研究也具有重要的实践意义。

（1）尽管国内外质量控制准则均强调审计人员经验在质量控制中的作用，但审计师不同层面的个人经验对审计质量的影响究竟如何，尚缺乏充分的证据支持，本书对审计师个人经验与审计行为的关系以及相关的经济后果

---

①　严格来说，"Big N"度量的是会计师事务所的规模（auditor size），而不是声誉（auditor reputation）。在一些情况下，大所也可能发生重大审计失败，从而出现声誉问题，因此，规模大并不等于声誉好。不过，总体而言，规模较大的事务所审计质量更高（DeAngelo，1981），在审计市场上具有更高的声誉。并且，事务所（由于审计失败而导致）的声誉成本将随着其规模而提高，由于"深口袋"（deep pocket）效应的存在，与小事务所相比，大事务所更容易成为诉讼的对象，因而，其维护声誉的动机更强（DeFond and Zhang，2014）。因此，许多文献也将"Big N"表述为事务所声誉。本书不对事务所的规模与声誉进行区分。

加以研究，不仅可以为监管部门、行业自律组织制定和完善相关执业准则、进一步从签字会计师个体层面加强监管提供理论支撑，而且可以推动会计师事务所加强人力资本投资、采取有效措施提高注册会计师的经验水平。

（2）本书关于审计师经验水平对不同盈余管理的影响的研究，有助于监管部门进一步加强对上市公司盈余管理行为的监管（即重点关注经验较少的签字会计师所负责的项目），并在监管过程中注重发挥注册会计师的作用。

（3）近年来，我国进一步修改了上市公司续聘/变更会计师事务所公告格式，要求上市公司更详尽地披露项目合伙人、签字会计师相关信息以提高审计透明度；在西方，美国、欧盟先后要求披露项目合伙人姓名或者要求项目合伙人在审计报告上签名，以提高审计的透明度、促使合伙人在审计过程中更加负责，这为会计信息使用者了解项目合伙人相关信息（包括其经验信息）提供了可能。但在英美国家，无论是学术界还是实务界，对于上述变革均存在不同看法。本书就签字会计师个人经验对融资成本的影响进行研究，一定程度上可以提供披露合伙人相关信息的有用性的经验证据，可以为我国及西方相关国家提高审计透明度的改革提供经验证据的支撑。

1.3　研究思路与方法

1.3.1　研究思路与技术路线

本书沿着"问题提出—制度背景与理论分析—实证检验—政策建议"的思路展开。具体而言，本书在文献回顾的基础上，从人力资本、职业生涯顾虑、过度自信等理论出发，就签字会计师个人经验对其审计行为的影响进行理论分析，并结合我国制度背景，从财务重述、隐蔽性盈余管理（真实盈余管理、分类转移）等方面实证检验签字会计师个人经验对审计质量的影响，并从债务成本、权益资本成本两个方面考察会计信息使用者是否关注签字会计师的个人经验。本书的技术路线如图 1－1 所示。

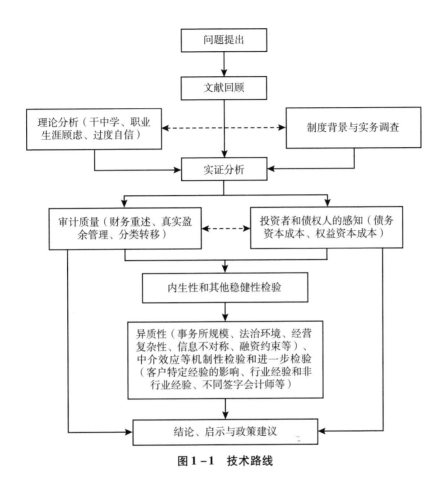

图 1-1　技术路线

1.3.2　研究方法

本书采用经验研究为主的方法。具体而言，本书利用上市公司审计报告上的签字会计师信息，根据其在样本公司之前累计签发的审计报告数（即所负责的审计项目数）度量其一般经验①，然后视具体的研究主题分别采用Logit、OLS 模型检验其对上市公司财务重述、真实盈余管理、分类转移、债务成本、权益资本成本的影响。在检验时，本书控制了规模等会计师事务所

---

① 本书还采用其累计执业年数（即从首次签发审计报告起到样本期的年数）度量一般经验，以作为稳健性检验或主检验中的另一种度量。

层面的因素，以了解签字会计师个人经验的增量作用。

由于签字会计师可能并非随机地分配到上市公司中，同时，可能存在由于反向因果、遗漏变量、测量误差等原因导致的内生性问题，本书将视具体情况，通过倾向得分匹配（PSM）、工具变量二阶段回归、固定效应模型、增加控制变量、解释变量采用上一期数据等方法加以缓解。

1.4 框架与结构安排

本书在对签字会计师个人经验对客户公司会计信息质量的影响进行研究的基础上，进一步从资本成本的角度考察会计信息使用者对公司签字会计师个人经验的反应，从而提供签字会计师个人经验对审计质量影响的经验证据。相应地，本书的主体部分包括如下两个方面：第一，签字会计师个人经验对公司会计信息质量的影响；第二，签字会计师个人经验对公司资本成本的影响。其内在逻辑是：首先，从客户会计信息质量方面考察审计师个人经验水平对审计质量的影响；其次，从资本成本的角度考察投资者和债权人对审计师个人经验的感知与反应，即签字会计师个人经验的经济后果。由于签字会计师个人经验对资本成本的影响，很大程度上与签字会计师个人经验是否有助于提高审计质量以及会计信息质量有关，就签字会计师个人经验对会计信息使用者的影响进行研究，也可以从另一个方面提供审计师个人经验对审计质量的影响的证据。因此，这两个部分相互补充，形成一个完整的逻辑链条。

除第 1 章引言外，本书其余章节安排如下：

第 2 章是文献综述。本章将从合伙人①个人经验的作用、合伙人层面的行业专长的作用、合伙人任期及轮换的影响、合伙人以往业务质量的影响、

---

① 严格地说，"合伙人"与本书的"签字会计师"并不完全相同。合伙人是从会计师在事务所中的职级角度而言的，而签字会计师是从会计师在项目中的职责角度而言的。在我国，签字会计师并不一定是合伙人，而可能是没有获取合伙人职位的项目经理，尤其是在 2016 年审计报告准则修订之前。在实验研究、行为研究中，对象也不一定局限在合伙人，而可能是包括合伙人、经理、助理人员等不同经验、层级的审计人员。但由于合伙人对审计项目的重要性，在多数情况下，审计师个人层面研究主要聚焦在合伙人层面上。

合伙人繁忙程度、合伙人的其他人口统计学特征的影响、披露合伙人姓名或要求其在审计报告上签名的要求的影响等角度对相关文献进行回顾，以明确本书的研究机会和边际贡献。

第 3 章是理论基础与制度背景。本章将对人力资本理论中的"干中学"理论、职业生涯顾虑理论、过度自信理论等进行简要阐述，进而就签字会计师个人经验对审计质量的影响进行分析，以作为后文实证分析的基础。此外，本章还对我国对审计师经验的要求、审计报告签名规定以及西方关于项目合伙人信息披露或签名的规定加以介绍，以更好地理解本书研究问题的相关制度特点。

第 4 章是签字会计师个人经验对客户公司财务重述的影响。本章将对签字会计师个人经验与财务重述之间的关系进行实证检验，并进一步研究客户特定经验与一般经验的相互关系、一般经验中的行业经验与非行业经验对财务重述的影响以及复核合伙人、项目负责人经验对财务重述影响的差异，并从事务所规模、法律环境、签字会计师性别等角度进行异质性检验。

第 5 章是签字会计师个人经验对隐蔽性盈余管理的影响：真实盈余管理视角。本章将对签字会计师个人经验与真实盈余管理之间的关系进行实证检验，并进一步考察在不同事务所、法律环境下签字会计师个人经验对真实盈余管理作用的差异。

第 6 章是签字会计师个人经验对隐蔽性盈余管理的影响：分类转移视角。本章将对签字会计师个人经验与分类转移之间的关系进行检验，并进一步从盈余管理嫌疑、客户重要性、法律环境等角度考察签字会计师个人经验作用的差异，并考察客户特定经验与一般经验之间的关系。

第 7 章是签字会计师个人经验对债务成本的影响。本章将对签字会计师个人经验与公司债务成本之间的关系进行实证检验，以探究债权人对签字会计师个人经验是否关注、签字会计师个人经验对公司债务成本是否具有增量影响。在此基础上，本章从会计信息质量的角度检验其作用路径，并进一步研究行业经验与非行业经验对债务成本影响的差异以及签字会计师个人经验在不同信息环境（信息不对称程度）、不同经营复杂性之下作用的差异。

第 8 章是签字会计师个人经验对权益资本成本的影响。本章将对签字会计师个人经验与权益资本成本之间的关系进行检验，了解权益投资者在对权益定价时是否关注签字会计师的个人经验。本章进一步从信息环境、业务复杂性、股权代理冲突程度、事务所规模等角度考察了不同情境下签字会计师个人经验对权益资本成本影响的差异。

最后是第9章结论与启示。本章将对全书进行总结和理论提炼、阐述相关发现的理论与政策启示，同时，指出本书的不足与未来研究展望。

1.5　创　新　之　处

1.5.1　学术思想的创新方面

对于个人经验与审计质量的关系，已有研究的结论并不完全一致。其原因既与经验作用的两面性有关，也与具体的审计环境有关。在理论上，经验既有其积极的作用，也可能产生消极的作用。一方面，经验的积累有助于注册会计师获取更多关于财务报表错报的知识、提高其作出职业判断的准确性和效率，从而提高审计质量。另一方面，随着经验的提升，注册会计师也可能会产生过度自信、职业生涯顾虑消退以及思维固化的问题，从而降低其执业质量。在实践中，注册会计师经验的作用还与项目的特征以及其所处的环境有关，例如，法治环境、事务所规模、对客户的经济依赖、任期等因素都会影响到经验的作用。尤其是，注册会计师是一个立体的人，其既要考虑法律与监管风险，又要考虑维持与客户的关系，这意味着并非在所有情况下经验丰富的注册会计师的审计质量均更高。因此，在研究签字会计师个人经验与审计质量时，除了在总体上检验经验与审计质量的关系，还需要进一步考察不同情境下经验作用的差异。这不仅有利于理解经验作用的机理，也有助于理解在不同环境下经验的作用。与此相适应，本书没有片面、绝对化地理解个人经验的作用，而是从探索性研究的角度来考察经验的作用。

1.5.2　研究问题（视角）的创新方面

在研究视角上，本书具有如下创新：

首先，研究了签字会计师个人经验与隐蔽性盈余管理的关系。近年来，签字会计师个人特征对审计行为的影响方面的研究逐渐增多，已有一些文献利用在中国、瑞典、韩国等国家和地区能够获取签字会计师个人信息的便利，研究合伙人个人经验对审计质量的影响。但已有文献往往从应计盈余管理来研究经验的作用，而较少考察签字会计师个人经验对隐蔽性盈余管理行为的影响。事实上，真实盈余管理、分类转移同样也会误导会计信息使用者。并且，由于这两类盈余管理更为隐蔽、风险更小，管理层会转而采用隐蔽性盈余管理以规避审计师、监管部门对应计盈余管理的监管。如果签字会计师个人经验只是有助于抑制应计盈余管理却不能抑制隐蔽性盈余管理甚至导致隐蔽性盈余管理更多的话，就不能说签字会计师个人经验有助于提高审计质量以及客户的会计信息质量。本书对签字会计师个人经验与真实盈余管理、分类转移两种隐蔽性较强、风险相对较小的盈余管理方式的关系进行实证检验，可以进一步拓展签字会计师个人经验与审计质量之间的关系，揭开"有经验的签字会计师究竟是会抑制客户的各类盈余管理行为，还是只会抑制较为明显的应计盈余管理"之谜。本书也可以进一步拓展签字会计师个人特征与真实盈余管理、分类转移之间关系的研究。

其次，除了从会计信息质量角度进行研究外，本书还从债务成本和权益资本成本的角度研究会计信息使用者对签字会计师个人经验的感知，从而把实际质量和感知的审计质量两个角度结合起来，以便更全面地了解签字会计师个人经验对审计质量的作用。

最后，本书注意到签字会计师经验的异质性，除了检验签字会计师的客户前一般经验对审计质量的作用，还进一步考察了其客户特定经验（签字会计师任期）对客户前一般经验作用的影响，并进一步将客户前一般经验分为行业经验和非行业经验，以进一步了解这两种经验对审计质量的作用。

1.5.3　学术观点的创新方面

本书提出了如下创新性观点：

第一，审计师客户前一般经验的提高，有利于其获取更多关于财务报告错报的知识、提高审计效率，但随着经验的提升，也可能产生职业生涯顾虑消退、过度自信、思维固化等问题。因此，签字会计师个人经验与审计质量的最终关系，取决于正向效应与负向效应何者占主导。而可能对二者权衡产生影响的因素（如业务复杂性、事务所规模、法律环境等），就会影响到签字会计师个人经验与审计质量之间的关系。例如，签字会计师客户特定经验与客户前一般经验存在替代关系。签字会计师任期较短时，审计师对客户的了解程度较低，其审计判断对以往经验的依赖程度更高，因此一般经验更为重要，一般经验对审计质量的促进作用更为明显。

第二，如果签字会计师经验的提升确实有助于提高审计质量，应当不仅体现在经验丰富的签字会计师能够抑制较为明显、风险更高的应计盈余管理上，也应当体现在能够抑制较为隐蔽的真实盈余管理和分类转移上。如果应计盈余管理和隐蔽性盈余管理"此消彼长"，则不能断言有经验的签字会计师审计质量更高。

第三，资本成本反映了债权人和投资者对审计质量的感知。如果签字会计师个人经验确实有助于提高审计质量，而债权人和投资者也关注签字会计师个人经验的话，则签字会计师个人经验与资本成本呈负向关系。

第四，尽管相比而言，行业经验对审计质量的促进作用更明显，但非行业经验也有一定的积极作用。

第五，注册会计师的经验是会计师事务所人力资本的重要体现，为了提高执业质量、实现事务所的持续发展，会计师事务所应当注重注册会计师经验的培养。

| 第 2 章 |

文 献 综 述

2.1　国内外相关文献回顾

　　早期关于合伙人个人特质（包括经验）的研究大多运用实验研究或问卷调查方法，但近年来，关于审计合伙人的实证研究文献呈快速增长之势（Lennox and Wu，2018）。不过，在美国、欧盟等国家和地区，项目负责人在审计报告中签名是近年才有的规定（King，et al.，2012；Carcello and Li，2013；Blay，et al.，2014；Cianci，et al.，2017；Lambert，et al.，2018）[①]，因此，关于合伙人个人特质的经验研究主要集中于中国、瑞典、澳大利亚等少数有签字合伙人在审计报告中签名规定的国家和地区。与本书研究相关的文献主要涉及如下方面。

---

　　① 针对美国等国家先后披露项目合伙人信息对于中国审计研究的影响，德丰等（DeFond，et al.，2021）指出，美国等国家虽然强制要求披露合伙人信息，但其披露的详细程度并不如中国。例如，在美国，仅披露合伙人姓名，但在中国，可以看到签字会计师的签名。此外，美国的合伙人一般只审计一两家公众公司，因而难以将事务所的影响与合伙人的影响区分开来，中国与美国在制度背景方面的差异也为利用中国数据进行研究提供了机会。

2.1.1 审计师个人经验对审计行为的影响

现有文献从如下方面研究了审计师个人经验的影响：

（1）审计师个人经验对审计质量的影响。一些文献发现，签字会计师的个人经验有助于提高审计质量。例如，卡恩和孙（Cahan and Sun，2015）对中国公司研究后发现，审计师的经验与客户公司操控性应计的绝对值呈负向关系。戚务君等（Chi，et al.，2017）对我国台湾地区的研究发现，签字会计师在客户之前的经验、客户特定经验都有助于提高审计质量以及信贷者对审计质量的感知。原红旗和韩维芳（2012）发现，项目负责人的经验和行业专长显著抑制了客户的操控性应计、提高了审计质量，而复核会计师的经验和行业专长与审计质量没有显著关系。王晓珂等（2016）也发现，审计师个人经验与操控性应计之间有显著的负相关关系，且这种负相关关系主要存在于调高盈余的公司组，该研究还发现，审计师经验越丰富，公司的盈余反应系数越大。闫焕民（2016）发现，签字会计师的行业经验对审计质量具有显著正向影响，而非行业经验没有显著影响。鲜于等（Sonu，et al.，2019）对韩国公司的研究发现，审计合伙人的经验与审计质量呈正向关系，且这一关系仅存在于非"四大"会计师事务所（简称"非'四大'"）中。此外，韩维芳（2017）发现，项目负责人的经验越丰富，越可能对高审计风险客户出具非标意见。程等（Cheng，et al.，2009）发现，事务所中高年资注册会计师所占比重越高，审计质量越高。陈小林等（Chen，et al.，2017）发现，具有国际经验的注册会计师能够降低客户的应计盈余管理、线下项目交易和审计报告激进度，并提高审计收费，但上述结果仅存在于复核人；项目负责人的国际经验仅对审计收费具有显著正向影响。然而，也有一些文献发现，审计师的经验并不能导致审计质量的提高。例如，桑德格伦和思凡斯特罗姆（Sundgren and Svanström，2013）对瑞典公司的研究发现，主审注册会计师的年龄越大，越可能遭受惩戒。由于年龄很大程度上可以反映经验，因此，这意味着，并非经验越丰富审计质量就越高。此外，他们也没有发现审计师的年龄与审计定价存在显著关系。伦诺克斯等（Lennox，et al.，2020）在利用中国数据研究合伙人持股比例对审计调整的影响时，控制了合伙人经验，结果发现，用获得注册年数度量的合伙人经验对审计调整没有显著作用，并且，即便在剔除了合伙人持股份额后也是如此。根据复核人复核数量和项目合伙人负责的审计项目数量分别度量复核人和项目合伙人的经验，结果同样如此。申慧慧（2021）在研究签字会计师职级对审计质量的影响时，在稳健性检验中控制签字会计师经验，结果表明，签字会计师经验对审计意见和财务重述均无显著影响。[①] 除了经验研究外，还有一些文献运用实验或调查方法，考察经验水平不同的个体审计师在独立性方面的差异。例如，法默等（Farmer，et al.，1987）认为，从理论上来说，层级高的审计师更可能考虑事务所的经济利益，但其调查却表明，与事务所管理层相比，一般员工更可能同意客户的会计处理，这表明，合伙人和经理认为保持独立、避免受到维持客户压力的影响是重要的，而一般的员工却更倾向于取悦客户，以维持客户。但当法律风险较低、客户损失风险较高时，不同层级的审计师同意客户会计处理的比重均会提高。阿萨雷等（Asare，et al.，2009）的实验表明，当遵循相关职业准则目标和维持客户关系目标存在冲突时，有经验的注册会计师更倾向于要求客户计提存货减值准备；而当只面临合规性目标时，两类注册会计师都会要求客户计提存货减值准备。因此，缺乏经验的注册会计师更容易受到客户关系目标的影响。科赫和萨尔特里奥（Koch and Salterio，2017）发现，签发报告数较多的注册会计师不大可能屈从于客户的压力。即便违反合理性约束，也会要求客户作出更多的审计调整。然而，海恩斯等（Haynes，et al.，1998）的实验却表明，个体审计师的执业年数与其支持客户利益的倾向之间存在正向关系，在买方条件下，有经验的审计师更可能建议其客户计提存货跌价准备，但在卖方条件下，有经验的审计师会更少地建议其客户计提存货跌价准备；他们还发现，经验对个体审计师独立性的影响与会计师事务所的类型有关：对于全国性的会计师事务所，审计师个人经验可以显著提高买方条件下建议客户计提跌价准备的可能，但在卖方条件下，审计师个人经验的影响不显著；对于非全国性的会计师事务所，经验可以显著降低卖方条件下建议客户计提存货跌价准备的可能，但在买方条件下，审计师个人经验的影响不显著。科赫等（Koch，et al.，2012）的实验也表明，级别较高的

---

① 他们发现，合伙人年龄与经验高度相关，因此，没有同时控制年龄。在稳健性检验中，他们控制了合伙人的年龄、性别和教育水平，结果发现，多数情况下，合伙人的年龄、性别、教育水平对审计调整均无显著影响，但复核人的年龄与审计调整呈显著正向关系。

注册会计师对客户保留激励更为敏感，因为他们的绩效评估和薪酬通常很大程度上取决于他们从客户处获取的审计费用。① 由此可见，对于经验丰富的注册会计师是否审计质量更高，已有文献的结论并不一致。

（2）审计师个人经验对审计投入和审计定价的影响。车丽梅等（Che, et al., 2018）对挪威公司研究后发现，项目负责人的职业经验与审计努力程度之间呈非线性关系：经验最少的审计师审计努力程度最少，中等经验的审计师努力程度最高，最有经验的审计师努力程度居于其间。此外，经验最丰富的审计师持续经营疑虑审计意见的准确性更高，这意味着，随着审计师经验的提高，审计质量将会提高。尼米（Niemi, 2004）对芬兰小规模事务所的调查数据研究后发现，审计师当年业务数量、担任注册会计师的年数、学历均与小时费率呈显著正向关系。卡恩和孙（Cahan and Sun, 2015）对中国的数据研究也发现，签字会计师的经验与审计定价呈显著正向关系。韩维芳（2016）发现，复核会计师会计年度之前的经验提高了审计收费，而项目负责人会计年度之前的经验往往对审计费用具有显著负向影响。该研究还对签字会计师会计年度内经验（本年度签字数或本年度行业内签字数）对审计费用的影响进行分析，并发现复核合伙人、项目负责人年度内经验对审计费用分别具有正向和负向影响。但年度内签字数究竟度量的是经验还是繁忙程度，值得商榷。另外，对于复核合伙人和项目负责人经验对审计定价的影响方向相反，也缺乏令人信服的解释。

（3）审计师个人经验对其知识结构、审计判断和审计绩效的影响。一些文献发现，经验较丰富的审计师在知识结构方面优于经验较少的审计师。例如，弗雷德里克和利比（Frederick and Libby, 1986）发现，有经验的审计师不仅拥有关于导致账户错误的记账过程的知识，而且具有内部控制缺陷与特定账户错误之间联系的知识，而新手只具有前一方面的知识，这种知识存储的差异会导致他们审计行为的差异。周和特罗特曼（Choo and Trotman, 1991）发现，有经验的审计师更容易回忆起非典型性信息，而在典型性信息

---

① 一些基于审计判断角度的研究也表明，经验丰富的注册会计师的判断质量未必更高。例如，阿什顿和布朗（Ashton and Brown, 1980）发现，经验丰富的审计师与经验较少的审计师在内部控制评价上并没有显著差异；汉密尔顿和赖特（Hamilton and Wright, 1982）甚至发现，执业年数与内部控制评价的一致性之间存在负向关系。对此，邦纳（Bonner, 1990）将其部分归因于任务的性质以及执行这些任务所需的知识可能在审计师职业生涯的较早阶段就获得并随着时间而衰减。

方面，两类审计师没有显著差异。塔布斯（Tubbs，1992）亦发现，随着审计师经验的提高，其对差错、非典型性差错的知识均会提高。还有一些文献发现，经验更丰富、层级较高的审计师与层级较低的审计师在能力方面存在差异。例如，拉姆塞（Ramsay，1997）发现，经理和高级审计师在工作底稿复核方面存在差异，经理在发现概念性错误方面比高级审计师更为准确，而高级审计师在发现机械性错误方面更精准。谭和利比（Tan and Libby，1997）发现，在助理层次，业绩评价较高的审计师具有出色的技术知识；而在高级审计师层次，业绩评价较高的审计师具有出色的技术知识和解决问题能力，有经验的经理具有更多的隐性管理知识。一些文献进一步研究了不同经验水平的审计师在审计判断过程中对相关信息运用、审计证据评价等方面的差异。例如，谢尔顿（Shelton，1999）研究了无关信息对不同经验水平的审计师在作出持续经营判断时的稀释效应，结果发现，无关信息会对经验较少的高级审计师的判断产生稀释作用，但对于经验更丰富的经理和合伙人，无关信息并不会对其判断产生稀释作用。厄利（Earley，2002）的实验表明，有经验的审计人员和新手在对客户提供的信息的合理性进行判断时，会运用不同种类的信息，而两者判断绩效的高低取决于初始信息与审计人员的预期是否一致。卡普兰等（Kaplan, et al.，2008）的实验表明，审计师担任高级审计人员的经验会影响到其对管理层内部控制自我评估的可靠性的判断。当管理层对内部控制的评估较为有利时，经验较丰富的高级审计人员较少会受到管理层自我评估的影响。因此，随着经验的提高，审计师将会获得说服性知识，使他们能够免受管理层的影响。还有一些文献发现，审计师个人经验对审计判断的影响与审计任务的复杂性有关。例如，阿卜杜拉穆罕穆德和赖特（Abdolmohammadi and Wright，1987）发现，经验对审计决策的影响随着审计任务复杂性的提高而提高。对于非结构化或半结构化的审计任务而言，审计师个人经验具有更重要的影响。那么，经验水平不同的审计师在审计绩效方面是否存在显著差异？一些实验研究表明，注册会计师个人经验的提升能够提高审计绩效，高层级、高年资注册会计师的审计绩效显著高于新手。例如，利比和弗雷德里克（Libby and Frederick，1990）的实验表明，有经验的审计师对于财务报表差错有更完整的了解，他们会对财务报表错报提出更多更准确的假设，对于财务报表差错发生频率也有更准确的了解，这使他们能够更好地解释审计发现。克纳普和克纳普（Knapp and Knapp，2001）发现，在运用分析程序评估客户的舞弊风险方面，审计经理比高级审计师更有效。莫洛尼和凯里（Moroney and Carey，2011）对非行业专家型审计师的实验结果表明，与项目经验相比，审计师个人的行业经验对审计绩效的影响更为显著，因此，在某个行业中持续接触更多客户能够提高审计绩效。不过，也有一些实验研究发现，审计师个人经验的提升未必会提高其工作绩效。例如，默克尔（Moeckel，1990）发现，不同经验水平的审计师都会发生记忆错误，经验缺少的审计师更容易发生整合错误，而经验丰富的审计师更容易发生重构错误，经验丰富审计师的重构错误会削弱其整合的能力以及发现其下属的整合错误的能力，因此，经验丰富的审计师在审计工作底稿审核方面未必就做得更好。阿什顿（Ashton，1991）的实验表明，即使是经验最丰富的审计师，其对财务报表差错的直接经验也很有限，审计师似乎只知道财务报表中最常出现的差错的影响知识和原因知识。研究还表明，不同经验水平审计师之间的知识差异并不能由审计经验或行业特定审计经验的长度以及审计师在某行业中审计的客户数量的差异来解释。此外，具有相似经验水平的审计师在差错原因和差错影响的知识方面也存在很大的个体差异。这些结果表明，审计经验仅与特定审计任务相关，而不应作为一个单一的、包罗万象的概念，并且，特定的经验仅与特定的知识相关。殷（Yen，2002）也发现，不同经验的审计人员在分析程序方面并无显著差异。由此可见，对于审计师个人经验是否能够提高审计绩效，现有文献并未得到一致的结论。

（4）审计师个人经验对审计谈判的影响。一些实验文献专门考察了审计师经验（尤其是谈判经验）对审计谈判结果的影响。例如，特罗特曼等（Trotman，et al.，2009）发现，与经理相比，合伙人在客户存货减值问题上更为严格。无论是预期最后记录的存货减值、可接受的最低减值，还是最初提出的建议减值额，合伙人均高于经理，但合伙人与经理在说服性知识方面没有显著差异。布朗和约翰斯通（Brown and Johnstone，2009）的实验表明，在业务风险较高的环境下，当审计师的谈判经验较欠缺时，会采用更为妥协的谈判策略，谈判的结果往往较为激进（即没有明显地抑制客户的激进性会计处理），对于谈判结果是否符合公认会计原则的规定缺乏把握；而对经验较丰富的审计师而言，无论其业务风险高低，都会采取较为稳健的谈判策略，并有较大的把握确信谈判结果符合公认会计原则（GAAP）。进一步研究发现，当业务风险较高时，低经验水平审计师会认为客户压力较大，而高经验水平审计师无论业务风险高低对客户压力的感知都差不多。低经验水平审计师感知的客户压力在风险与谈判策略、对谈判结果是否符合 GAAP 的信心之间具有调节作用。傅等（Fu, et al., 2011）发现，当客户较难对付时，审计师的谈判经验更为重要。

（5）会计师事务所委派任务时对审计师个人经验的考量。一些文献研究了会计师事务所对不同经验水平审计师的委派，并发现，事务所会对那些高风险客户委派经验更丰富的审计师担任签字会计师。例如，约翰斯通和贝达德（Johnstone and Bedard, 2003）发现，指派高经验水平专家可以降低客户接受与审计风险之间的负向关系。阿萨雷等（Asare, et al., 2005）的实验表明，对于那些管理层诚信度低的客户，会计师事务所将会委派更有经验的审计师。柯滨等（Ke, et al., 2015）发现，由于制度环境的差异，与非 A + H 股公司相比，"四大"会计师事务所（简称"四大"）会为 A + H 股客户指派更具经验的合伙人。叶康涛等（Ye, Yuan, and Cheng, 2014）发现，事务所，尤其是非"四大"事务所，在确定项目负责人时，会考虑注册会计师的经验，他们会对那些存在较高盈余管理倾向的非国有企业指派更有经验的注册会计师。进一步研究发现，注册会计师的经验有助于降低客户的应计盈余管理水平。不过，吴溪（2009）发现，无论是大所还是中小所，都不会为风险更高的新承接客户配备经验更丰富的项目负责人；在中小所中，新承接客户的项目负责人的经验甚至显著低于连续客户。此外，对于存在购买审计意见倾向的高风险新客户，会计师事务所反而会配置执业经验更低的项目负责人。对此，他认为，事务所之所以不会对新客户包括变更前被出具非标意见的高风险客户配备经验丰富的项目负责人以控制风险。其原因既可能是由于审计业务成本与收益的匹配，也可能是由于项目合伙人会规避高风险客户。吴溪（2009）发现，新客户的项目负责人经验水平往往较低，而不是预期的事务所会对这些风险型客户配备经验更丰富的注册会计师担任签字会计师。他认为，其原因在于，项目负责人对高风险的新承接客户具有规避风险行为。韩维芳（2017）也发现，实践中，会计师事务所会为高审计风险客户配置经验较不丰富的审计师。由此可见，会计师事务所究竟是否会对高风险客户委派高经验水平的审计师担任签字会计师，现有文献的结论不一。其焦点在于，审计师个人是否可以选择客户来降低自身客户组合的风险，还是服从事务所的安排，运用自身经验来降低高风险客户的审计风险，从而降低整个会计师事务所的审计风险。此外，会计师事务所是否存在对高风险业务委派经验丰富的审计人员的动机一定程度上与法律环境等因素有关。莫洛尼等（Moroney，et al.，2019）的实验表明，监管会影响到会计师事务所对审计人员的委派：当不存在检查或者轮换要求时，事务所会委派水平较低的审计人员；当预期存在检查时，事务所会委派拥有更多知识和技能的审计人员；当预期存在轮换时，事务所会配置人际沟通能力更强的审计人员。

（6）客户对审计师个人经验的考量。客户可能会对会计师事务所委派合伙人的过程施加影响。那么，客户对签字会计师的个人经验如何考量呢？陈峰等（Chen，et al.，2016）对中国公司的研究发现，上市公司会成功地在合伙人层面实现购买审计意见。该研究认为，中国投资者保护制度的不足和审计市场的高度竞争，使事务所在与客户谈判时处于弱势地位。为了挽留客户，事务所会撤换掉那些不愿与客户"合作"的合伙人，从而使公司实现"购买审计意见"的目的。李等（Lee，et al.，2019）利用美国的数据研究了合伙人（lead audit partner）性别和经验与公司董事会及高管团队性别多元化以及审计质量的关系，结果发现，董事会和高管团队性别多元化的公司更可能选择女性合伙人，并且，公司董事会的经验与合伙人的经验正相关。这表明，客户管理层和董事会选择与自身特征（性别、经验）相似的合伙人。该研究还发现，尽管女性、更有经验的合伙人的审计收费更高，但合伙人的经验与操控性应计、财务重述并无显著关系。

2.1.2　审计师个人行业专长对审计行为的影响

经验与行业专长具有紧密的联系，因为行业专长很大程度上来源于经验[①]。原先关于行业专长的研究多是从事务所层面入手的，近年来，对行业专长审计师的度量逐渐拓展到城市（分所）、合伙人层次。对于合伙人层次的行业专长，存在两种观点：全国观认为，事务所可以通过知识共享实践（如内部的标杆做法、采用标准化的行业审计程序等）来形成行业专长，因

---

① 当然，需要注意的是，审计师的经验并不只限于某个行业中的经验，其从不同行业客户的执业过程中均可以积累经验，获取相关知识，而审计中的行业专长强调的是审计师在某个行业中知识的积累，因此，经验与行业专长并不完全相同。

此，行业专长归于整个事务所；而分所或城市观认为，审计师的行业专长与审计人员个人以及他们对客户的个人了解紧密联系，因而并非归于事务所，也不能在事务所内部其他分所和客户之间进行传播。依照前一种观点，分所或审计师个人的行业专长并不重要，而依照后一种观点，分所或审计师个人的专长更为重要（Chin and Chi，2009）。金成隆和纪心怡（Chin and Chi，2009）指出，审计师的专业知识由合伙人个人通过他们对当地客户的深入了解而得以独占，并且不能被事务所随时获取并均匀地分发给其他分所和客户，甚至是其他合伙人。此外，合伙人的专业知识也与其各自的先天能力密切相关，即使在同一个"四大"内，行业专业知识在各个合伙人中也不是标准和同质的。现有文献从如下方面考察了合伙人个人的行业专长的影响，且较多地发现，合伙人层次的行业专长可能比事务所层次的行业专长更重要：

（1）签字会计师行业专长对审计收费的影响。泽尔尼（Zerni，2012）对瑞典"四大"的客户研究后发现，行业专长签字会计师会收取更高的审计费用，因为其审计质量更高。古德温和吴东辉（Goodwin and Wu，2014）对澳大利亚公司研究后发现，审计师行业专长产生的审计溢价主要来自合伙人层面的行业专长，而分所层面、全国层面的行业专长并未产生显著的审计费用溢价。

（2）签字会计师行业专长对审计质量的影响。金成隆和纪心怡（Chin and Chi，2009）对我国台湾地区由"四大"审计的公司研究后发现，当签字会计师是行业专长审计师时，无论事务所是否行业专长，公司发生财务重述的可能都更低，而单独的事务所层次行业专长对财务重述并无显著影响。纪心怡和金成隆（Chi and Chin，2011）利用我国台湾地区公司数据研究了事务所层次的行业专长和合伙人层次的行业专长对审计质量的影响，结果发现：就应计项目而言，合伙人层面的行业专长和事务所层面的行业专长都能显著降低应计项目；就审计意见而言，只有合伙人层面的行业专长可以显著提高出具非标意见的倾向，但事务所层面的行业专长对其具有一定的增量作用。他们还发现，如果主审注册会计师是行业专长审计师，无论副审是否行业专长审计师，客户的应计项目都更低、更容易被出具非标意见，而副审是否行业专长审计师与审计质量没有显著关联。同样是基于我国台湾地区的研究，李等（Lee，et al.，2017）发现，项目合伙人的行业专长能提高公司的透明度，降低信息不对称程度。而戚务君等（Chi，et al.，2017）仅发现了较弱的证据表明审计师个人的行业专长会影响审计质量。闫焕民（2015）发现，项目负责人的个人专长有助于提高审计质量，但复核人的个人专长与审计质量没有显著关联。对于其他国家中审计师个人行业专长与审计质量之间的关系，结论也不一致。一些文献发现，审计师个人行业专长与审计质量呈正向关系（Ittonen, et al.，2015），但也有一些文献未发现审计师个人行业专长与审计质量之间具有显著关系，例如，奥伯迪亚等（Aobdia, et al.，2021）、加西亚－布兰登和阿吉莱斯－博世（Garcia-Blandon and Argiles-Bosch，2018）。

（3）审计师个人行业专长对其客户接受决策的影响。谢喻婷和林婵娟（Hsieh and Lin，2016）对我国台湾地区"Big N"审计的公司研究发现，合伙人层面的行业专家更不可能接受高风险客户。这表明，合伙人层面的行业专长审计师有动力在作出客户接受决策时保护其声誉。研究还发现，在"后 SOX 时期"、审计师的法律风险提高之后，合伙人层面的行业专长审计师更会通过接受低风险客户来应对风险。但奥伯迪亚等（Aobdia, et al.，2021）对美国公司研究后并未发现客户风险与合伙人是否行业专家之间存在显著关联，行业专长审计师并没有更多或更少地选择高风险客户。

（4）审计师个人行业专长对会计信息使用者的影响。金成隆等（Chin, et al.，2014）利用我国台湾地区的公司数据研究了审计师的行业专长对联合贷款所有权结构的影响，结果未发现"四大"或者事务所层次的行业专长与联合贷款中主贷人的份额存在显著关联，而合伙人层次的行业专长（无论事务所是否行业专长审计师）与主贷人的份额呈显著负向关系。此外，当借款人由同是事务所和合伙人层面的审计师审计时，贷款人的数量尤其是国外贷款人的数量更多。因此，联合贷款中的主贷人以及其他贷款人会对审计师的行业专长予以估价。

2.1.3 签字会计师任期以及轮换对审计行为的影响

签字会计师的任期也反映了客户特定经验的积累（Chi, et al.，2017）。因此，这里对签字会计师任期相关文献也进行了回顾。在理论上，签字会计师的任期对审计行为的影响存在两个方面的路径：一方面，任期反映了签字会计师对客户的特定经验，任期越长，签字会计师对特定客户的知识积累越多，这有助于其设计和实施有效的审计程序来发现客户财务报表中的错报，从而提高审计质量和审计效率、降低审计成本。另一方面，太长的任期可能会损害到审计独立性，签字会计师为客户提供服务的时间越长，越可能与客户形成亲密关系。现有文献从如下方面进行了研究：

（1）合伙人任期对审计质量或客户盈余质量的影响。一些研究发现，合伙人任期的延长不会降低审计质量，甚至还会提高审计质量，从而支持了学习效应假说（Chen, et al., 2008; Chi, et al., 2017）。但也有文献发现，合伙人任期的延长会降低审计质量，从而支持了独立性假说（Fitzgerald, et al., 2018）。还有一些文献发现，合伙人任期与审计质量的关系取决于具体环境，例如，公司规模（Manry, et al., 2008）、事务所任期与签字会计师任期孰长（刘启亮和唐建新，2009）、客户重要性（周玮等，2012）、签字会计师是否具有行业专长（薛爽等，2012）等。

（2）合伙人强制轮换对审计质量的影响。一些文献发现，强制轮换合伙人可以提高审计质量（Lennox, et al., 2014; Firth, et al., 2012）。亚瑟等（Arthur, et al., 2017）发现，当新换的合伙人和事务所均为行业专长审计师时，合伙人轮换可以提高审计质量。劳里昂等（Laurion, et al., 2017）对美国公众公司研究发现，尽管与非轮换公司相比，合伙人轮换并不会提高财务重述的频率，但发现和宣告重述的可能会提高。此外，轮换合伙人会导致税收计价准备的提高。但也有一些文献发现，强制轮换并不会提高审计质量（Chi, et al., 2009），一些文献甚至发现，强制轮换合伙人降低了审计质量（Mali and Lim, 2018）。

（3）合伙人轮换对审计成本的影响。一些文献考察了合伙人轮换对审计投入、审计定价的影响，并发现强制轮换合伙人会提高审计费用和审计延迟（Bedard and Johnstone, 2010; Sharma, et al., 2017; Ferguson, et al., 2017; Stewart, et al., 2016）。但黄华玮等（Huang, et al., 2015）对中国公司研究后发现，当两位签字合伙人均不同于上年的情况下，审计费用会明显地下降。

（4）投资者等对合伙人任期、轮换的感知。阿齐兹卡尼等（Azizkhani, et al., 2013）对澳大利亚公司研究后发现，合伙人任期与公司事前权益资本成本呈 U 形关系，而事务所规模（"四大"）会弱化这一关系；合伙人轮换会导致事前权益资本成本的提高。这表明，会计信息使用者认为，随着合伙人任期的提高，财务报告可信度先上升，再下降。

此外，叶飞腾等（2014）发现，事务所并不会及时撤换低质量的项目负责人，项目负责人的任期是导致这一现象的重要原因。还有一些文献研究了客户跟随合伙人更换至新的事务所对审计质量的影响（Chen, et al., 2009; Su and Wu, 2016），薛爽等（2013）则研究了项目负责人离职对客户变更事务所的影响以及项目负责人任期的调节作用。

2.1.4　签字会计师质量对审计行为的影响

一些文献在控制事务所特征的情况下检验并发现了合伙人的异质性。例如，泰勒（Taylor, 2011）考察了事务所内部不同合伙人之间在审计费用上是否存在同质性，结果发现，每个合伙人都获取了审计费用溢价或折价，这一溢价或者折价并不能由其所服务的事务所所解释。这表明，合伙人个体对审计质量具有影响，因而不同的合伙人会获取不同的审计费用。克涅科等（Knechel, et al., 2015）利用"四大"客户数据考察了事务所内部不同合伙人之间审计报告的激进度是否存在系统性差异，结果发现，不同合伙人审计报告的激进度具有持续性。因此，合伙人在报告方面存在着系统性差异，这一差异并不因审计项目而随机分布。

一些文献进一步用签字合伙人以前审计项目的质量（如客户的应计盈余管理程度、审计失败等）来定义签字会计师的质量，进而考察其对审计质量的影响。例如，王艳艳等（Wang, et al., 2015）发现，项目负责人的质量与业务质量呈正向关系；李留闯等（Li, et al., 2017）发现，发生审计失败的审计师在其他审计业务中审计质量也更低，且这一"传染效应"会随着审计师的性别（女性）、学历、审计经验而削弱。苏黎新和吴东辉（Su and Wu, 2016）则研究了审计团队中的传染效应，并发现与受处罚注册会计师有过合作经验的签字会计师审计质量也较低。此外，阿米尔等（Amir, et al., 2014）利用瑞典公司数据研究了合伙人风险偏好对其客户组合的影响，并发现曾被提起刑事指控的合伙人的客户具有更高的财务、治理和报告风险，且平均支付的审计费用显著更高。奥伯迪亚等（Aobdia, et al., 2015）对我国台湾地区的公司研究发现，项目负责人的质量与盈余反应系数呈显著正向关系，且事务所以高质量合伙人更换低质量合伙人时，市场会作出积极的反应；

此外，项目负责人的质量与更好的债务合约条款之间呈显著正向关系，与 IPO 抑价呈负向关系。还有一些文献进一步考察了合伙人质量的经济后果，例如，古尔等（Gul, et al., 2019）对中国公司研究发现，当低质量的合伙人未能在有疑问的期间对公司出具非标意见或者低质量合伙人来自"十大"时①，公司股价下降更明显；戚务君等（Chi, et al., 2019）对我国台湾地区的公司研究发现，项目合伙人过去的执业质量会影响到客户和事务所的项目合伙人委派决策。具体而言，如果合伙人最近年份审计质量较差，在未来五年，他们很可能会失去客户或较少被任命为事务所其他客户的项目合伙人。

一些文献考察了签字会计师受处罚对其审计行为的影响，并发现，行政处罚一定程度上能够促使审计师提高审计质量（Chang, et al., 2016；Sun, et al., 2016；余玉苗和高燕燕，2016）。还有文献从职业生涯发展角度考察了签字会计师声誉受损的后果。例如，何贤杰等（He, et al., 2016）研究了原中天勤合伙人声誉受损后的后果，结果发现，这些合伙人的市场份额下降，不大可能被有声誉的事务所聘用，这些合伙人的客户往往有更低的盈余反应系数、审计费用更低。许锐等（2018）发现，证监会处罚会影响合伙人的职业生涯，包括：更容易和当前客户解约，审计师如果离职则更可能流向比现任所排名低的小所，客户整体审计收费和客户数量显著下降，等等。

2.1.5　签字会计师繁忙程度对审计行为的影响

一些文献用年度内客户数量度量签字会计师的忙碌程度，进而研究其对审计质量的影响，但结论并不一致，一些文献发现，合伙人的繁忙程度与审计质量没有关联（Goodwin and Wu, 2016），另一些文献却发现，合伙人的繁忙程度与审计质量呈负向关系（Sundgren and Svanström, 2014；Gul, et al., 2017；Lai, et al., 2018）。因此，尽管客户数量增多可能有助于审计师经验的增加，但同一年度中审计过多的公司却会损害审计质量。古尔等（Gul, et

---

① 会计师事务所规模（*BigN*）是一种常见的投入角度的审计师质量替代变量（DeFond and Zhang, 2014）。由于国际"四大"（*Big4*）基于客户数量计算的市场份额相对较低，基于中国背景的审计文献中，常用事务所是否"十大"（*Big10*）来度量审计师质量。所谓"十大"，一般是指事务所位列当年中国注册会计师协会会计师事务所"百强"排名的前十位。由于每年的事务所排名会有一定变动，也有少数文献仅将样本期或者若干年内相对稳定的"十大"定义为 *Big*10。

al.，2017）还发现，对客户的特定知识的欠缺会加剧繁忙度对审计质量的负面影响。哈比卜等（Habib，et al.，2019）则发现，签字合伙人的繁忙程度与公司资本成本之间呈正向关系，但这一关系仅存在于非"四大"之中。此外，闫焕民和谢盛纹（Yan and Xie，2016）发现，签字会计师的工作压力与审计质量之间没有显著关系，但对于新客户，签字会计师的工作压力会显著降低审计质量。

2.1.6　签字会计师其他特征的影响

（1）签字会计师人口统计学特征对审计行为的影响。古尔等（Gul，et al.，2013）对中国的数据研究发现，签字会计师个人固定效应对审计质量具有显著影响，进一步研究表明，签字会计师的教育背景、在大型会计师事务所的工作经历、在会计师事务所中的职位等均会影响审计质量。卡梅伦等（Cameran，et al.，2022）对英国的数据研究发现，事务所固定效应、分所固定效应、合伙人固定效应对审计质量的增量作用逐渐加大，因此，合伙人是审计师角度最重要的特征，但进一步研究却表明，在控制了事务所和分所后，加入合伙人的性别、就读大学的排名、学位类别（是否会计专业）、成为注册会计师的年数（用来度量经验）等合伙人人口学特征，并不会显著提高模型的解释力。卡梅伦等（Cameran，et al.，2022）据此认为，合伙人固定效应要比具体的合伙人特征更具有增量信息，合伙人之间的差异在解释审计质量时很重要，但现有的关于合伙人人口特征的公开数据尚不足以解释合伙人的作用。尽管如此，还是有一些文献发现合伙人的教育、性别等人口学特征对于审计质量具有重要影响。例如，叶康涛等（Ye，et al.，2014）发现，有更多审计经验的签字会计师较少发生审计失败，女性签字会计师更容易发生审计失败，而审计师的教育水平与审计失败之间存在较弱的负向关系。叶琼燕和于忠泊（2011）发现，签字会计师的性别、教育背景、学历、年龄、从业时间、是否为合伙人与审计质量之间具有显著关联。罗春华等（2014）发现，签字会计师的职位和性别（女性）与客户财务报告稳健性呈正向关系，但经验与稳健性之间没有显著关系。杜兴强等（Du，et al.，2018）发现，签字会计师的教育水平与客户财务重述之间呈显著负向关系，而其执业经验可以缓解上述关系。车丽梅等（Che，et al.，2018）发现，项目负责人的正式教育、后续教育均与审计努力程度存在显著关联：有硕士学位的审计师审计努力程度要高于本科学历的审计师，后续教育也与审计努力程度存在正向关系。卡隆基等（Kallunki, et al., 2019）利用瑞典数据研究了审计师智商（IQ）对审计质量的影响，结果发现，合伙人的智商与持续经营疑虑审计报告的准确性以及审计费用溢价成正向关系。此外，他们还发现，合伙人智商一定程度上与客户提高利润的异常应计（向上盈余管理）呈负向关系。尤其值得指出的是，有多篇文献考察了签字会计师的性别（Ittonen, et al., 2013；Hardies, et al., 2015, 2016；Alderman, 2017）对审计质量和审计定价的影响，且多数发现，女性合伙人的审计质量更高（Ittonen, et al., 2013；Hardies, et al., 2016；Garcia-Blandon, et al., 2019）、审计收费也更高（Ittonen and Peni, 2012；Hardies, et al., 2015），但卡加莱宁等（Karjalainen, et al., 2018）发现，女性合伙人更容易出具非标意见可能是由于自选择问题导致的。施丹和程坚（2011）则发现，合伙人的性别组成对审计费用有显著影响，女女组合、男女组合的审计费用要高于男男组合。

（2）签字会计师的社会学特征对审计行为的影响。一些文献考察了签字合伙人与管理层、董事会的关系对审计质量的影响。例如，官玉燕等（Guan, et al., 2016）发现，签字会计师与公司高管层的校友关系会提高审计师对财务困境公司出具有利审计意见的倾向，存在上述校友关系的公司操控性应计更高、更可能在以后向下重述其盈余，盈余反应系数更低，审计费用更高。权和伊（Kwon and Yi, 2018）对韩国公司研究后，没有发现审计努力程度、审计费用、审计质量会因为项目负责人与 CEO 的社会关系（包括校友、同乡、宗族）而降低，相反，CEO 与项目负责人的校友关系与高质量审计和审计费用溢价相联系。侯赛因等（Hossain, et al., 2016）利用澳大利亚的数据研究了合伙人与审计委员会的连锁关系对审计质量的影响，结果发现，合伙人对网络中其他公司的费用依赖将会损害审计质量。此外，还有一些文献考察了"旋转门"对审计质量的影响（Menon and Williams, 2004；Lennox, 2005；Naiker and Sharma, 2009；Wright and Booker, 2010）。还有一些文献研究了签字会计师之间的联结对审计行为的影响，并发现签字会计师之间的合作关系有助于提高审计质量（Bianchi, 2018；Ittonen and Trønnes, 2015）。

（3）签字会计师职级对审计质量的影响。申慧慧（2021）发现，签字会计师的职级越高，对应计盈余管理程度高的公司出具非标意见的可能性越高，公司发生财务重述的可能性越低，因而审计质量越高，但事务所并不会对高风险客户分配职级高的签字会计师。

2.1.7 披露合伙人信息或要求合伙人签名对审计质量的影响

英国要求 2009 年 4 月之后，项目合伙人须在审计报告上签名。卡赛罗和李婵（Carcello and Li，2013）研究了英国要求合伙人在审计报告上签名的规定对审计质量的影响，并发现，在签名要求实施首年，英国公司的异常应计项、达到盈余门槛的倾向显著下降，出具非标意见审计报告的倾向、盈余信息含量显著提高，另外，审计费用也显著提高，因此，合伙人签名的要求在提高审计质量的同时，也提高了审计成本。刘（Liu，2017）以法国、德国、荷兰等已经先行实施合伙人签名规定国家的公司作为控制组，检验了英国要求合伙人签名对证券分析师信息环境的影响，结果发现，与实施前相比，在实施签名规定后英国公司的分析师跟踪显著提高、分析师预测偏差和分散度显著下降。

2016 年，美国公众公司会计监管委员会（PCAOB）发布"第 3211 号规则"（Rulc 3211 Auditor Reporting of Certain Audit Participants），要求 2017 年 1 月 31 日之后事务所须在应付账款（AP）表中披露项目合伙人姓名，一些文献考察了披露合伙人姓名对审计质量的影响，但相关文献的结论并不一致。伯克等（Burke, et al.，2019）发现，在该规则实施后首年，审计质量（用操控性应计的绝对值度量）和审计费用均显著提高，审计延迟显著下降，此外，合伙人的性别、繁忙程度、教育水平和社会联系[①]等个人特征对审计费用、审计延迟具有显著影响，但与审计质量并无关联。但一些文献却发现，PCAOB 要求披露合伙人信息并无助于提高审计质量，甚至还会产生负面效果。例如，坎宁安等（Cunningham, et al.，2019）同时采用操控性应计、财务重述和出具不恰当的财务报告内部控制审计意见倾向以及会计稳健性（损失确认的不对称性）、恰好达到或超过分析师预测、资产减值、报告非常项目等多个指标度量审计质量，采用 DID 模型研究了"第 3211 规则"对审计

---

① 他们用合伙人毕业的院校毕业生中是否有超过 20 位合伙人来度量其教育水平，合伙人所在的分所与其毕业院校是否位于同一个州或者距离在 100 英里以内、合伙人在 LinkedIn 上是否有超过 500 个关注者度量其社会联系。

质量的影响，结果发现，尽管基准模型（即只放入 POST）表明规则实施后审计质量和审计费用均显著提高，但在采用 DID 模型后，除会计稳健性外，多数审计质量指标并不显著。李和列文（Lee and Levine，2020）的分析表明，披露业务合伙人姓名会影响到客户观察合伙人以往绩效的可能性，尽管在 AP 表中披露合伙人信息会在合伙制事务所内质量控制水平既定的情况下提高单个合伙人提高审计质量的动力，但也会降低事务所维持有效的内部质量控制系统的动力，从而导致审计质量下降。钱奇等（Cianci, et al., 2019）基于存货减值的实验表明，无论是披露合伙人姓名还是要求其签名，都会导致审计师作出更为激进的审计判断。

由于欧盟各国实施第八号指令的时间各不相同，这为采用 DID 方法研究合伙人签名规定的实施对审计质量的影响提供了便利。例如，布莱等（Blay, et al., 2014）以英国公司作为控制组，考察了强制要求合伙人在审计报告上签名的规定对荷兰公司审计质量的影响，结果并未发现该规定会导致审计质量提高。

2.2 对国内外相关文献的总结与评价

从以上分析可以看到，现有文献从经验、行业专长、任期、质量、繁忙程度、人口统计学和社会学特征等角度考察了签字会计师个人特征对审计行为的影响。这些研究，在以往大量的基于事务所、分所层面的相关文献基础上进一步加深了关于审计师个体特征与审计行为之间关系的了解。作为一种高度专业化的职业，经验对于审计师有效地收集和评价审计证据、做出风险评估、客户接受与维持、审计意见、审计定价等相关决策，具有异乎寻常的意义。某种意义上，签字会计师个人经验对审计行为的影响甚至可能要超过事务所层面的经验（行业专长）。不过，由于数据的限制，早先关于签字会计师经验的研究主要采用实验或调查方法（Farmer, et al., 1987；Abdolmoham-madi and Wright, 1987；Moeckel, 1990；Libby and Frederick, 1990；Ashton, 1991；Haynes, et al., 1998；Shelton, 1999；Knapp and Knapp, 2001；Ear-ley, 2002；Kaplan, et al., 2008；Asare, et al., 2009；Moroney and Carey, 2011；Koch and Salterio, 2017），这些研究在一定程度上有助于了解会计师个人经验对其决策过程和结果的影响，并为后续的研究提供基础，但实验研究受制于实验对象，往往并不能提供现实条件中不同制度背景下签字会计师经验对审计行为影响的证据。直到近年，一些学者利用中国、挪威、瑞典、韩国等国家和地区关于注册会计师须在审计报告上签字的规定，采用档案研究方法，实证检验签字会计师个人经验对审计行为的影响（Cahan and Sun，2015；Chi，et al.，2017；Che，et al.，2018；吴溪，2009；原红旗和韩维芳，2012；王晓珂等，2016；闫焕民，2016；韩维芳，2016，2017）。这些研究一定程度上提供了签字会计师个人经验对审计质量、审计定价的影响的证据，并对相关实验研究结果提供了印证。

不过，现有文献仍存在较多可以进一步拓展之处：

（1）在签字会计师个人经验的维度方面，签字会计师经验既包括客户前的一般经验，也包括客户特定经验，而这两种经验对审计行为的影响可能存在差异。但现有文献中，除了戚务君等（Chi，et al.，2017）等少数文献外，很少有文献区分签字会计师的一般经验和客户特定经验，并同时考察这两种经验对审计行为的影响。进一步地，就签字会计师的客户前一般经验而言，既包括行业经验，也包括非行业经验，而相关实验研究也发现，行业经验对审计绩效的影响更为明显（Moroney and Carey，2011），但现有实证文献中，仅有闫焕民（2016）在研究审计质量时区分了行业经验和非行业经验。对于行业经验与非行业经验对审计效率以及其他审计行为的影响如何，尚缺乏经验证据。因此，对于签字会计师不同维度的经验对审计行为的影响，尚有待进一步的研究。

（2）已有关于签字会计师经验对审计质量的研究多用操控性应计度量审计质量（Cahan and Sun，2015；Chi，et al.，2017；原红旗和韩维芳，2012；王晓珂等，2016；闫焕民，2016）[1]，并发现，经验丰富的会计师可能更能抑制客户的应计盈余管理。然而，上市公司盈余管理的方法有很多，应计盈余管理只是其中一种。并且，随着监管强度的提高，公司管理层越来越倾向于采用真实盈余管理等法律与监管风险更低、更为隐蔽的盈余管理方式来实现短期盈余目标（Cohen and Zarowin，2010；Chi，et al.，2011；Burnett，et al.，2012；李江涛和何苦，2012；刘继红和章丽珠，2014）。因此，即便签

---

[1] 卡恩和孙（Cahan and Sun，2015）、闫焕民（2016）另外采用了审计报告应计进度，王晓珂等（2016）同时采用了ERC。

字会计师的个人经验确实有助于抑制客户的应计盈余管理，但还存在另外一种潜在的可能，即经验丰富的会计师可能会促使客户在降低应计盈余管理的同时转而采用更隐蔽的盈余管理方式，如真实盈余管理、分类转移。如果是这样的话，则不能说"签字会计师的个人经验提高了审计质量"。实际上，经验丰富的签字会计师对行业和客户更为了解，拥有更充分的会计和经营知识，并且知道如何在维持客户关系的基础上更有效地防范风险，因而有可能会利用自己的经验，促使客户采用更隐蔽、风险更小的盈余管理方式，从而实现维护客户关系与降低自身风险之间的平衡。因此，签字会计师的个人经验对公司盈余管理以及进一步的审计质量的影响究竟如何，尚有待进一步的经验证据。事实上，确实有一些实验研究或实证研究表明，签字会计师的经验与审计质量之间并非正向关系。其中，海恩斯等（Haynes，et al.，1998）、科赫等（Koch，et al.，2012）、哈迪斯等（Hardies，et al.，2016）的结果表明，签字会计师经验的提高反而会降低审计质量；李等（Lee，et al.，2019）、伦诺克斯等（Lennox，et al.，2020）、罗春华等（2014）、申慧慧（2021）则未发现签字会计师经验与审计质量之间存在显著关联的证据。

（3）在研究话题方面，现有实证文献较多地侧重于签字会计师个人经验对审计质量的影响，除了戚务君等（Chi，et al.，2017）外，对于会计信息使用者对审计师个人经验的感知，少有研究。因此，债权人等会计信息使用者是否关注审计师个人经验，尚有待进一步的研究。

本书将在如下方面进一步弥补现有文献的不足：首先，在研究签字会计师个人经验对审计行为的影响时，区分签字会计师的客户前一般经验、客户特定经验进而考察客户特定经验不同时客户前一般经验的作用[①]；对于客户前一般经验，本书进一步区分行业经验和非行业经验并发现非行业经验对审计质量也具有一定的作用[②]，从而更深入地了解不同的个人经验对审计行为

[①] 戚务君等（Chi，et al.，2017）同时检验了客户特定经验和客户前一般经验对审计质量的影响，但并没有考虑这两种经验的相互关系，本书在研究时，着重检验客户特定经验不同时客户前一般经验的作用差异，从而进一步推进了戚务君等（Chi，et al.，2017）的研究。

[②] 闫焕民（2016）发现，只有行业经验才对审计质量具有显著影响。本书许多研究发现，尽管行业经验的作用可能更为明显，但非行业经验对审计质量也有显著影响，因此，提高签字会计师的非行业经验同样具有积极的意义。因此，虽然本书和闫焕民（2016）均研究了行业经验和非行业经验，但结论并不完全一样。

的影响；其次，在考察签字会计师个人经验对客户盈余管理的影响时，将在考虑不同盈余管理方式之间相互关系的基础上，考察签字会计师个人经验对客户真实盈余管理、分类转移盈余管理的影响，并考虑地区法律环境、事务所组织形式等因素的调节作用，从而更全面、深入地了解签字会计师经验对客户公司盈余管理（审计质量）的影响；最后，通过在控制事务所特征的基础上检验签字会计师个人经验对资本成本的影响，提供会计信息使用者是否关注签字会计师个人经验的经验证据，从而在金成隆等（Chin，et al.，2014）、奥伯迪亚等（Aobdia，et al.，2015）、戚务君等（Chi，et al.，2017）的基础上，进一步丰富签字会计师个人经验的经济后果的文献。

第 3 章

理论基础与制度背景

3.1　相关理论基础

3.1.1　经验对审计师知识、技能的作用

阿罗（Arrow，1962）指出，获取知识通常被称作学习。学习是经验的产物（product of experience），只有在试图解决问题时才能产生。因此，学习只有在活动当中才能发生。他认为，技术变革可以归因于经验，即生产活动本身会提出问题，随着时间的推移，会产生对这些问题的有利反应。因此，在没有新的投资的情况下，光通过"干中学"（learning by doing）获取的经验就能够降低完成任务所需的成本、提高绩效（Arrow，1962；Chi，et al.，2017）。

经验作为人力资本的重要体现，对于许多活动都有积极的作用，对于审计这样的专业性活动而言，其重要性更加突出。弗朗西斯（Francis，2011）认为，审计质量的影响因素包括输入和输

出两个方面。其中，输入端影响因素包括经验、胜任能力和技术资源（教育和培训）、项目工作量、杠杆（合伙人与一般员工之比）。个人经验的积累既有助于提高审计师的知识，也有助于提高其专业技能。

根据利比（Libby，1993）的模型，（个体）审计师主要通过指导（instruction）和经验来获取知识。其中，指导主要来自大学教育和后续教育，经验则主要通过实施项目、任务完成后获取复核人对其判断的反馈来获取（Boner and Lewis，1990；Bonner and Walker，1994）。实际上，由于审计是一个非结构化为主的实践活动，实践经验对于审计师获取知识的重要性大大超过了学历教育。利比和勒夫特（Libby and Luft，1993）指出，决策绩效是由能力（ability）、知识（knowledge）、环境（environment）、动力（motivation）所构成的函数。在会计场景下，能力是指完成信息编码、检索和分析任务的能力，这些能力往往并非会计场景所特有的；而知识则是高度项目特定的（task-specific），其内容和结构会随着决策者的学习机会而改变，并因人而异。认知心理学表明，经验丰富的决策者的优势很大程度上在于他们有更大的知识储备。更重要的是，他们组织知识的方式可以有效地解决问题。经验和能力都会影响知识，进而影响绩效。① 在不同的职业阶段，审计师所能获取的任务特定知识是不同的（Bonner，1990；Bonner and Lewis，1990；Tan and Libby，1997）。在职业早期阶段，他们能够获取内部控制、差错频率等知识；而对于一些更为技术性或专业性的问题，往往需要在职业后期才能获得。因此，同样复杂的审计任务，经验较少的审计师往往比经验较多的审计师觉得更为困难（Han，et al.，2011）。奥吉弗等（O'Keefe，et al.，1994）将审计师的知识投资分为客户特定知识和非客户特定知识两类。其中，客户特定知识很大程度上是审计业务的副产品，而非客户知识则是不同审计师之间差异的体现。非客户特定知识包括审计技术相关知识以及会计准则相关知识。有时，非客户特定知识是行业特定的，即仅适于特定的行业，但有时候也可能是适于所有客户的一般知识。他们认为，遵循审计准则（即审计质量）是由劳动、行业特定知识、一般知识、客户特定知识、客户特征等因素所决定

---

① 不过，他们认为，特定的培训计划和经验为获得特定知识提供了基础，而这些知识只会影响某些任务的执行，并非所有经验都是相同的，也不是所有的知识都与每项任务同等重要。因此，不应当期望所有经验丰富的审计师在所有任务上都有优异的表现。

的生产函数。遵循审计准则需要关于公认会计原则的知识，这些知识有时是行业特定的，有些是一般性的。由此推论，经验是审计师获取知识的重要途径，审计师从以往执业过程中获取的一般知识或行业特定知识，有助于提高审计质量。

审计师个人的认知能力会影响审计质量。因为审计是一个复杂的过程。在从审计计划开始到形成审计意见的各个阶段，审计师都需要许多主观判断和决策。审计师本身也具有提升自身认知能力以提高审计质量的动机，因为他们会因高质量的审计而获得奖励（声誉的提高、事务所内部薪酬以及市场份额的提高等），并会因审计失败而受到惩罚（Knechel, et al., 2013）。经验的作用很大程度上可以通过审计师个人的专业胜任能力来体现，经验是审计师专业胜任能力的驱动因素。实际上，审计师的个人经验与审计质量之间的联系很大程度上就是由于经验对专业胜任能力的促进作用（García-Blandon, et al., 2020）。

不过，也有观点认为，审计师个人的客户前一般经验并不会对审计质量或审计绩效产生重大影响。就知识而言，邦纳和路易斯（Bonner and Lewis, 1990）认为，一般经验（general experience）并不是一个完全能够反映特定任务专长的度量。在会计领域，不同的审计任务需要不同种类的知识，因此，需要明确完成任务所需要的知识，而不应假定特定水平经验的所有个人均等地拥有特定任务相关的知识。他们认为，因任务不同，专业活动绩效需要一般通用知识（general domain knowledge）、专业知识（subspecialty knowledge）、世界知识（world knowledge）中一种或数种以及解决问题的能力，不同种类的知识需要通过不同的特定经验及培训来获取，而解决问题的能力部分是与生俱来的，因此，知识和能力要比审计经验的年数更能解释审计绩效。其实验表明，尽管经验丰富的审计师完成任务的绩效更好、有更多的知识和能力，但一般经验对审计绩效的解释力不到10%。这表明，审计绩效差异更多地由特定任务相关培训与经验（task-specific training and experience）以及与生俱来的能力所决定。就能力而言，合伙人的认知能力也许不会影响审计质量（Kallunki, et al., 2019）。首先，事务所会通过建立相关的机制，控制单个注册会计师的行为和决策、促使其不断提高审计技能、采用最佳审计方法来减少潜在的法律和声誉损失。为了避免合伙人过度承受风险，事务所建立各种监督机制来约束合伙人的行为和决策，这些控制措施涵盖了从客户接受到审计过程以及完成工作后的质量控制等各个阶段。事务所还会开发其特有的审计方法、风格，以使事务所内部的审计程序标准化；事务所内部的知识共享系统进一步增强了事务所的审计方法和风格，并使审计团队的研究、经验、过程和工作底稿可供事务所中每个人使用。这一知识共享系统增强了审计团队成员的技能和对最佳审计实践的采用，并限制了合伙人判断和决策的自由度。因为每个事务所对于如何解释审计和财务报告标准都有一套内部规则。准则制定机构还要求事务所建立系统的复核程序，以控制其审计工作的质量，这也会弱化合伙人个体特征对审计的影响。其次，审计是由一个团队来完成的，里面并不只包括合伙人，这会降低单个合伙人对审计结果的影响。既然审计是由一个团队来完成的，审计的结果自然取决于审计团队的工作状况，而不是少数合伙人。尽管合伙人会参与所有重要的审计决策过程，其看法会影响到审计团队中其他成员的观点，但审计团队中的其他成员也会影响到合伙人的审计决策。最后，注册会计师专业胜任能力相关要求意味着审计合伙人具备了基本的执业要求。这意味着，合伙人之间的差异不会太大。注册会计师进入到事务所中，需要具备相关的学历教育并通过注册会计师考试，此外，还需要经过事务所严格的挑选，尤其对合伙人而言，其经受了多道关卡的考核，只有那些最有前途的注册会计师才会成为合伙人。

3.1.2 过度自信理论

当一个人过高估计其能力时会产生过度自信，这会导致风险提高，甚至导致失败。而过度自信经常来源于个体对其经验和判断的过高估计。经验对过度自信的影响具有两面性：一方面，格威斯和奥迪恩（Gervais and Odean, 2001）的分析表明，个体能够从以往的成功和失败中获取对自身能力的评价。随着经验的提升，个体对其自身能力将有更好的了解。因此，过度自信会随着经验的提升而下降。就审计而言，审计师对自身完成审计任务的能力做出有效评价很大程度上要求其能够了解其专业胜任能力和技能，这就要求审计师要对审计任务的复杂性以及相关的知识有更清楚的理解。这意味着，个人经验的提升可能会减少审计师对自身能力做出不恰当评价的可能，从而减少过度自信（Owhoso and Weickgenannt, 2009）。另一方面，经验也可能会导致过度自信，尤其当以往的绩效较高时，个体更容易对自身的能力产生不恰当的过高评价。门克霍夫等（Menkhoff, et al., 2013）的实验表明，投资者的投资经验越丰富，越容易产生过度自信。就审计而言，审计师不仅会对其自身能力产生过度自信，而且会对审计团队内部其他人的能力产生过度自信（Kennedy and Peecher, 1997；Messier, et al., 2008；Han, et al., 2011）。随着经验水平的提高，资深审计师容易因为以往的审计绩效而对其自身能力产生过高评价，认为其以往的经验足以应付新的审计任务，从而导致过度自信。这不仅会影响到其对客户财务报表中存在的错报风险的评估，而且会影响到审计程序的充分性，进而影响到审计质量。我们认为，在缺乏有效的监督机制的情况下，经验更容易导致过度自信的产生。

3.1.3　职业生涯顾虑理论

职业生涯顾虑（career concerns）是指当前绩效对当前及以后期间薪酬的影响（Baginski, et al., 2018）。具有职业生涯顾虑的代理人会努力向劳动力市场传递其能力的信号，以便在以后获得更好的职位、提高报酬（Brüggen, 2011）。简单地说，职业生涯顾虑就是代理人通过提高自身在职业内的声誉以期实现更好的职业发展的动力。

年龄、经验、职位都会影响一个人的职业生涯顾虑。吉本斯和墨菲（Gibbons and Murphy, 1992）、吉布斯（Gibbs, 1995）认为，激励的效果取决于个人对其当前职业状况的看法。一般来说，对于剩余职业生涯较短的代理人来说，承诺在未来通过晋升等手段来奖励高质量代理行为的隐性激励作用较弱。因此，当个人临近退休或其在组织中几乎没有晋升机会，可能会出现短视问题（short horizon），即隐性激励作用下降。

已有职业生涯顾虑的文献集中于管理层职业生涯顾虑对其行为的影响上。劳动力市场会评价管理层的能力和声誉，这会影响到其长期利益，包括未来的薪酬、获取连任或在组织内外晋升的机会、更大的自主权。管理层在决策时，会顾虑到这些评价，从而产生职业生涯顾虑问题。然而，市场对管理层能力信息的拥有并不完整，尤其是当其任期较短时。任期较短的管理层有更强烈的动机向劳动力市场表明他们的能力，以建立适当的声誉。因此，相关研究主要从任期或者是否临近退休的角度研究职业生涯顾虑对管理层行为的影响。

（1）管理层职业生涯顾虑对信息披露的影响。弗登博格和梯若尔（Fudenberg and Tirole，1995）指出，管理层有动力扭曲报告盈余，以提高其预期任期的长度。为了保住其职位，管理层会进行盈余平滑。在此基础上，坎纳加雷特南和洛博（Kanagaretnam and Lobo，2003）发现，银行管理层会在当前业绩较好、未来业绩较差时通过计提更多的贷款损失准备来将盈利节约到以后，以降低其因为业绩差而被解雇的可能；而在当前业绩较差、未来业绩较好时，会通过计提较少的贷款损失准备以便从将来"预借"盈利，降低当前被解职的可能。赫马林和韦斯巴赫（Hermalin and Weisbach，2007）指出，所有者会根据可以获取的信息来评价 CEO 的能力，如果 CEO 的能力评价较低，就可能会被撤换掉。因此，CEO 存在职业生涯顾虑，他会关注可能传递到更广泛的市场的信息，这种担忧使他有动力去试图影响所有者能够获取的信息的价值和信息特性。科塔里等（Kothari, et al.，2009）认为，职业生涯顾虑会导致管理层（在一定阈值内）隐瞒坏消息而迅速披露好消息。他们认为，公司面临财务困境时，管理层的职业生涯顾虑会更为强烈。其实证结果表明，财务困境公司管理层对好消息和坏消息披露的不对称性更为明显。巴金斯基等（Baginski, et al.，2018）发现，管理层延迟披露坏消息的程度与其职业生涯顾虑之间呈正向关系。如果管理层在被辞退时会收到大额的支付，他们就不会推迟披露坏消息。也有文献发现，职业生涯会促进信息披露、提高稳健性。帕依等（Pae, et al.，2016）研究了职业生涯顾虑对引导分析师对公司盈利的预期的影响。他们认为，稳健的盈利预测引导策略对管理层是有利的，因为正的未预期盈余（positive earnings surprises）会使市场对管理层能力做出有利的评价，这对于其职业前景是有利的。因此，管理层在做出引导分析师盈利预测决策时，有动力采取更为稳健的策略以降低分析师的盈利预测目标值。其实证结果表明，职业生涯顾虑较强的 CEO（任期较短、内部产生、非公司创始人）更倾向于在公司有坏消息时引导市场降低对公司盈利的预测，相关的引导更为稳健；而在公司有好消息时，职业生涯顾虑强的 CEO 更少引导市场调高对公司盈利的预测。朴和柳（Park and Yoo，2016）发现，CEO 任期较短时，公司更倾向于披露管理层预测信息，且管理层预测信息的准确性更高。因此，职业生涯顾虑产生的隐性激励会促使管理层自愿披露预测信息。

（2）职业生涯顾虑对公司经营决策的影响。谢珺（Xie，2015）发现，年轻的 CEO 以及新任命的 CEO 会较少进行投资、投资效率更高，尤其是在非国有企业中；万华林等（Wan，et al.，2015）则发现，当 CEO 临近退休时，公司投资效率会下降。袁媛等（Yuan，et al.，2019）认为，能力强的 CEO 较少有职业生涯顾虑，因为他们很容易被其他公司聘用。就社会责任投资而言，能力较低的 CEO 将会较少进行社会责任投资；而能力较高的 CEO 有较好的职业前景，较少顾虑职业生涯发展，因而更容易有长远眼光，更有动力进行社会责任投资。其实证结果表明，能力强的 CEO 社会责任投资更多、社会责任投资绩效更高。陈等（Chen et al.，2019）也发现，在 CEO 任期的早期，公司社会责任绩效更好；当 CEO 预期任期较长以及 CEO 轮换的概率较低时，任期与社会责任绩效之间的负向关系更明显。纳迪姆等（Nadeem，et al.，2021）发现，CEO 管理能力对公司人力、创新和关系资本投资具有正向作用。当其职业生涯顾虑较弱时，上述作用会削弱。韵江和宁鑫（2020）发现，CEO 职业生涯关注对公司战略变革具有显著影响。

对于审计师而言，职业生涯顾虑是其提高审计质量的一个重要动力，尤其是对于那些处于职业起步阶段的审计师而言（Lennox，et al.，2020）。在缺乏经验的职业起步阶段，审计师会更关注自身的职业声誉，职业生涯顾虑的影响是最强的（Lennox，et al.，2020），因为这会影响到其是否能够在这个行业中立足。一些文献已经发现了职业生涯顾虑对审计师的影响。例如，克涅科等（Knechel，et al.，2013）对瑞典"四大"的研究发现，合伙人的薪酬与客户规模以及公开交易客户数量、执业年数呈正向关系，而与审计失败呈负向关系。这意味着，审计师专业知识和行业专长的提高有助于提高其薪酬，有经验的审计师有动力提高审计质量以维护自身声誉、避免因为发生审计失败而遭受薪酬损失。他们进一步研究发现，对从业年数较长（注册年数超过当年事务所内注册会计师注册年数的中位数）的高级合伙人而言，薪酬与吸引新客户之间的正向关系更为明显，表明对于处于职业生涯后期的资深合伙人而言，其薪酬更依赖于业绩敏感性激励（performance-related incentives）。克涅科等（Knechel，et al.，2013）从显性财务激励与隐性职业激励之间的替代关系来解释这一现象。为了实现有效激励，隐性职业激励的下降应该与显性薪酬激励的提高相平衡，即在隐性职业激励较弱时，应当通过提高显性财务激励来实现激励。年轻的合伙人可以通过展现其价值以实现在事务所内部的晋升。但对于高级合伙人而言，由于上升空间有限、上升速度放缓，其职业激励将下降，因而需要提高与个人绩效相关的直接激励来对合伙人进行激励。但我们认为，这一结果某种程度上也意味着，随着从业年数以及经验、年龄的增长，资深合伙人吸引新客户、挽留老客户（以提高其建立在客户基础上的绩效）的动力会增强，这在一定程度上会削弱其提高审计质量的动力。伦诺克斯等（Lennox, et al., 2020）发现，项目合伙人的经验较高时，其在事务所中的持股比例对审计调整（反映了审计质量）的负向作用更为明显。这表明，经验较少的项目合伙人更为关注其声誉，提高其持股比例并不会导致审计质量的下降；而对于经验较多的合伙人，其职业声誉激励下降，因而会更多地考虑降低审计成本或取悦于客户（从而导致审计调整减少、审计质量降低），以实现其显性财务利益。

根据职业生涯顾虑理论，随着经验的提升，签字会计师利用其执业经验中所获取的知识、技能来提高审计质量进而提高其职业声誉的动力会下降。因为，其已经在行业中积累了一定的声誉、拥有较高的职业地位，继续提高审计质量并不会在多大程度上改变市场对其职业能力的评价。

3.2 签字会计师个人经验对审计行为影响的理论分析

3.2.1 签字会计师个人经验对审计质量的积极作用

签字会计师的个人经验对于其知识、判断和审计绩效均具有正向影响（Che, Langli, and Svanström, 2018）。在知识方面，邦纳和沃尔克（Bonner and Walker, 1994）指出，审计师个体可以通过实施审计项目并在项目完成之后的反馈来获取知识。审计结果反馈以及对审计规则的理解相结合，将有助于审计师对审计流程的理解。弗雷德里克和利比（Frederick and Libby, 1986）、秋和特罗特曼（Choo and Trotman, 1991）、塔布斯（Tubbs, 1992）等的实验都表明，经验丰富的审计师对于财务报表差错知识有更多的掌握。

所罗门等（Solomon, et al., 1999）的实验表明，培训和深度的直接经验有助于增强审计师对财务报表非差错性知识的了解。莫洛尼和凯里（Moroney and Carey, 2011）指出，经验对于获取有助于提高审计绩效的知识而言非常重要，无论是行业知识还是项目知识，都有助于审计绩效的提高，尤其是行业知识，对于审计绩效的积极影响更为明显。在审计判断和审计绩效方面，许多实验研究表明，个人经验（以及与此相关的知识）的提升有助于签字会计师在审计过程中提出更准确的假设、在运用分析程序等审计方法时更为有效，在审计过程中，能够更准确地利用信息而不会受到无关信息的干扰，这些都有助于提高审计绩效（Libby and Frederick, 1990; Bonner, 1990; Kaplan, et al., 1992; Shelton, 1999; Knapp and Knapp, 2001; Moroney and Carey, 2011）。例如，弗雷德里克和利比（Frederick and Libby, 1986）指出，只有经验较丰富的审计师才会使用情景启示决策方法（content-based decision heuristic），这一方法有助于将特定领域的知识与审计场景结合起来作出判断。特征匹配和启发式判断能力可以让经验较丰富的审计师更好地识别问题并且比新手更快更准确地关注可能的解决方案。利比和弗雷德里克（Libby and Frederick, 1990）基于认知心理学理论指出，当审计师获得经验时，他们对潜在财务报表错误集的了解将变得更加完整，他们将会学习到财务报表中错误的发生率，并且能够掌握不同维度的财务报表错误。这些差异将提高富有经验的审计师检测到潜在错误存在的可能性，因为他们更能从记忆中获取相关差错发生的原因；这些差异还能够提高审计检查的效率，因为更有经验的审计师能够首先去检查那些更可能存在问题的项目；这些差异还能够提高有经验的审计师在评价审计证据时的效率，因为经验将使他们考虑具有类似特征的潜在错误的集群。因此，与经验较少的注册会计师相比，富有经验的注册会计师能够更快地作出审计判断。其实验结果表明，富有经验的审计师对于财务报表差错及其发生频率具有更好的了解，因而能够更好地解释审计发现。邦纳（Bonner, 1990）考察了不同经验水平的审计师在分析程序风险评估和控制风险评估上的差异，并发现，特定任务经验能够帮助有经验的审计师更好地实施分析程序风险评估，提高审计绩效。谢尔顿（Shelton, 1999）发现，有经验的审计师更可能集中于相关信息上，而不会受其他无关信息的干扰，这有助于其在纷繁芜杂的信息中更快地作出判断。卡普兰等（Kaplan, et al., 2008）发现，在进行审计判断时，有经验的审计人员更容易形成自己的可靠判断，而不大会受到管理层的影响。

经验不仅会影响审计师的胜任能力，而且会影响到审计师的独立性。有实验研究表明，在独立性方面，经验更丰富的注册会计师更可能考虑审计风险，而不是从维持与客户的良好关系出发丧失独立性（Farmer, et al., 1987; Asare, Cianci, and Tsakumis, 2009; Brown and Johnstone, 2009; Koch and Salterio, 2017）。例如，特罗特曼等（Trotman, et al., 2009）、布朗和约翰斯通（Brown and Johnstone, 2009）、傅等（Fu, et al., 2011）的实验均表明，层级较高或者谈判经验较丰富的审计师，在谈判中更加谨慎，更会抑制客户激进性的会计处理，以避免过高的业务风险。此外，经验较丰富的审计师年龄往往较大，因而可能更为厌恶法律与监管风险，这使他们更不愿意因为执业过程中未能勤勉尽职而对其个人职业生涯造成负面影响。从这一方面来说，签字会计师个人经验的提升有助于提高审计质量，其作用路径既包括审计效率的提高使其能够更有效地收集和评价审计证据，作出更准确的审计判断，也包括更能保持独立而不会屈从于客户的压力。因此，经验丰富的审计师不仅拥有更丰富的知识，这使他们能够更好地发现客户财务报表中存在的问题，而且，经验丰富的审计师也更为独立，更可能在谈判、报告过程中坚持立场。

此外，经验是人力资本的重要内容。经验丰富的签字会计师已经在人力资本方面进行了长期投资，并且，这些投资会为签字会计师带来薪酬、晋升、事务所股份等经济利益以及更高的职业声誉。因此，经验丰富的资深签字会计师有动力维护这一资本，避免由于审计过程中的违规行为或者重大过失而导致其损失经验相关的人力资本积累。经验水平高的审计师之所以更加独立，一定程度上就来源于其维护自身声誉的动力（当然，也与经验丰富的签字会计师对相关风险更为了解、在与客户进行谈判过程中更擅长沟通有关）。

综上所述，无论是"干中学"带来的知识和技能的提升，还是经验导致独立性的提高以及提高审计质量的动力的增强，都意味着签字会计师的个人经验越丰富，审计质量越高，相应地，客户经审计后财务报表的质量越高。

3.2.2 签字会计师个人经验对审计质量的消极影响

经验的后果并不一定都是积极的，也可能存在消极影响。当这些消极影响严重时，签字会计师个人经验的提升非但不会提高审计质量，反而可能会降低审计质量。具体原因包括：

（1）随着经验的提升，注册会计师可能会变得过度自信。尽管有文献认为，经验会减少过度自信，因为随着经验的提升，一个人会对自身能力有更好的了解（Gervais and Odean，2001），但也有较多文献发现，具有较多经验的专家要比新手更容易过度自信（Kirchler and Maciejovsky，2002；Menkhoff，et al.，2013）。就审计而言，霍寿和怀格纳特（Owhoso and Weickgenannt，2009）的实验表明，经理和高级审计师会过高估计其审计能力，不过，经理与高级审计师之间在过度自信方面没有显著差异。过度自信意味着审计师可能会容忍客户较高的盈余管理水平。

（2）随着经验的提升、在事务所中级别的提高，注册会计师的利益会更多地取决于客户资源。因此，资深注册会计师担任签字会计师时，可能会更多地考虑维持与客户的良好关系，而不是规避法律风险。科赫等（Koch，et al.，2012）的实验表明，级别较高的审计师更关注客户保留压力，因而反而不大会对客户出具不利审计报告。哈迪斯等（Hardies，et al.，2016）发现，合伙人的执业年数与其出具持续经营不确定性（GCO）审计意见的倾向呈显著负向关系。

（3）职业生涯激励的影响。在职业生涯的早期，人们可能更关注自己的声誉，而随着年龄、经验的增长，可能会缺乏足够的激励来维护声誉（Gibbons and Murphy，1992；Holmström，1999；Wan，et al.，2015），因为市场已经不再对其类型和价值进行评价（Lee，et al.，2019）[1]，因此，随着经验的提升、年龄的增长，职业生涯激励可能反而会缺失，这将会导致高年资审计师不太在意自身的职业声誉，他们在审计过程中可能不太会勤勉尽职，或

---

[1] 职业发展理论将一个人的职业划分为四个阶段：开发（exploration）、确立（establishment）、维持（maintenance）和退出（disengagement）。并认为，在退出阶段即临近退休时，工作质量较低，因为此时工作者已经缺乏激励（Lee，et al.，2019）。

者即便发现客户财务报表中存在的问题，也不太愿意得罪客户。桑德格伦和思凡斯特罗姆（Sundgren and Svanström，2013）对瑞典公司的研究发现，主审注册会计师的年龄越大，越可能遭受惩戒，这意味着，并非经验越丰富，审计质量越高。对此，他们解释说，其原因可能在于，年龄较大的审计师缺乏动力提供高质量审计服务，且可能较少参加后续教育。从这一角度来说，审计师个人经验的提升未必会伴随着审计质量的提高。古德温和吴东辉（Goodwin and Wu，2016）在研究合伙人繁忙程度对审计质量的影响时，也发现，合伙人的年龄与操控性应计呈正向关系，与出具持续经营疑虑审计意见的倾向呈负向关系，而合伙人的行业专长则与审计质量仅有极微弱的关系。

（4）随着经验的增长，签字会计师的思维可能会逐渐固化，习惯于用以往的经验来应对新的问题，而忽略了项目及其所处环境的差异；同时，经验丰富的签字会计师由于年龄增长、职级和地位提高、业务量增加等原因，其学习新知识的机会和动力都会降低，这也可能会降低其审计质量。而经验较少的签字会计师在审计中可能从新的视角、运用新的技术（如大数据审计技术）认识问题，从而提高审计质量。尤其对新兴行业、新的业态而言，这一因素的影响可能更为明显。

（5）在实验环境下研究个体经验对审计判断、审计绩效的影响与现实环境下合伙组织中注册会计师个人经验对审计质量的影响并不完全相同。尽管个体的经验可能确实有助于提高审计绩效，但在现实当中，一方面，事务所内部质量控制等一定程度上会削弱签字会计师的个体影响，尤其是在规模较大的事务所当中；另一方面，来自事务所维持客户的压力、项目组中其他审计师的能力和独立性也会削弱经验对于审计质量的积极作用。

综上所述，对于审计师个人经验与审计质量之间的关系，存在不同的理论预期。德丰和张（DeFond and Zhang，2014）指出，客户对高质量审计的需求、审计师对审计服务的供给以及监管都会影响到审计质量。就供给而言，审计师对审计质量的影响既取决于其能力，也取决于其动力。这不仅适用于事务所，而且适用于注册会计师个人。就个人经验而言，其对审计师提高审计质量的能力和动力既可能具有积极影响，也可能存在消极影响。积极影响占主导还是消极影响占主导，将决定经验对审计质量的作用方向。正因为此，本书的研究才更有意义。

3.3 审计质量与客户会计信息质量

对于审计质量，目前影响最大的是迪安杰罗（DeAngelo，1981）的定义，她将审计质量定义为"市场所评价的特定审计师发现客户会计系统中的违规行为并报告该违规行为的联合概率"[①]。其中，审计师发现违规行为的概率主要受审计师专业胜任能力影响，审计师报告发现违规行为的概率体现为审计师的独立性。但这一定义并未考虑到不同客户未审计财务报告的质量是不同的，也就是没有考虑客户财务报表本身的特质。瓦茨和齐默尔曼（Watts and Zimmerman，1981）将审计师报告客户违规行为的概率用如下式子表述：P（审计师报告违规行为 | 存在违规行为）＝P（存在违规行为）×P（审计师发现违规行为 | 存在违规行为）×P（审计师报告违规行为 | 审计师发现存在的违规行为）。这一定义考虑了客户的差异，因而比迪安杰罗（DeAngelo，1981）的定义更为完善。

审计质量与会计信息质量（财务报告质量）是一对具有紧密联系的概念。德丰和张（DeFond and Zhang，2014）对二者关系作了较为详细的阐述。他们认为，审计质量可以通过提高财务报告的可信性来提高财务报告质量，因此，审计质量是财务报告质量的一个要素。但财务报告质量还会受到公司财务报告系统（该系统将公司的内涵经济[②]反映到财务报告之中）以及公司固有特质（其决定了公司的内涵经济）的影响。公司财务报告系统和固有特质会影响到公司审计前财务报告质量，审计前财务报告质量限制了财务报告可以达到的质量水平。具体而言，高质量的审计只能在公司固有特征的约束下合理地保证财务报告可实现的质量水平，因此，公司的固有特征限制了高审计质量能够带来的财务报告质量的保证水平；公司财务报告系统质量也会影响审计质量和财务报告质量之间的关系，因为审计师在审计之后需要对未审计的财务报表提出审计调整建议，在其他条件不变的情况下，拥有高质量

---

① 原文为 "market-assessed joint probability that a given auditor will both（a）discover a breach in the client's accounting system, and（b）report the breach"。

② 原文为 "underlying economics"，指企业的实际经济活动与状况。"内涵经济"似乎并没有很准确，"经济实质"似乎也不恰当，但我们一时找不到更为准确的词。

财务报告系统的客户的未审计报表质量更高，因而只需要进行较少的调整。德丰和张（DeFond and Zhang，2014）将高审计质量定义为，能够为财务报表提供更高水平的保证，使之在公司财务报告系统和固有特征的基础上忠实反映公司的内涵经济。按照德丰和张（DeFond and Zhang，2014）的论述，财务报告质量是由审计质量、财务报告系统、公司固有特质构成的函数，审计质量只是其中一个因素。并且，审计质量与财务报告质量的另两个要素之间并非完全独立的，管理层会根据预期的审计质量来确定财务报告系统质量（未审计报表质量），而审计师在选择客户、计划审计工作时，也需要考虑公司财务报告系统质量以及公司的固有特质。

因此，严格来说，审计质量与财务报告质量是两个不同的概念，但在实际中，我们又往往采用经审计的财务报告质量（尤其是盈余质量）来作为审计质量的替代变量①。其内在逻辑是，高质量的审计应当能够约束管理层的机会主义盈余管理行为，从而导致经审计报表的盈余管理程度更低、盈余质量更高。采用财务报告质量来度量审计质量有较好的概念基础，即高审计质量需要在公司财务报告系统和固有特质的约束下为财务报告能够忠实地反映公司内涵经济提供更高的保证，而且，财务报告质量能够反映准则允许范围内的盈余操纵。

财务重述是另一种较为直接的度量审计质量的指标。公司经审计的财务报表发生财务重述，表明审计师不恰当地发表了无保留审计意见。财务重述是一个离散变量，有较高的测度一致性、较低的测度误差（DeFond and Zhang，2014）。发生财务重述是表明审计质量较差的一个非常有力的证据，并且，财务重述可以从外部观察到，因此，许多文献用财务重述来度量审计质量。

除了财务重述、财务报告质量外，投资者的感知也是一种常用的审计质量替代变量。其中，权益资本成本和债务成本可以在一定程度上反映投资者

---

① 德丰和张（DeFond and Zhang，2014）在综述中，将审计质量的度量分为产出角度的度量（output-based audit quality measures）和投入角度的度量（input-based audit quality measures），前者具体包括重大错报（财务重述、会计违规处罚）、审计沟通（审计意见类型尤其是持续经营疑虑审计意见）、财务报告质量特征（如操控性应计、会计稳健性、恰好达到盈余目标等）、感知基础的度量（盈余反应系数、资本成本、审计市场份额的变化、股票市场对审计相关事件的反应），后者包括审计师特征（规模、行业专长）、审计契约（审计费用及其变化等）。

和债权人对审计质量的感知。其内在逻辑是，如果他们认为公司审计质量较高（相应地，公司经审计的财务报告的质量较高），其信息风险以及被管理层、大股东侵占利益的风险将会降低，因而会要求较低的资本成本。因此，在控制了其他影响资本成本的因素后，资本成本可以在一定程度上反映公司的会计信息质量和审计质量。

正因为此，本书将同时从财务重述、隐蔽性盈余管理、债务资本成本和权益资本成本角度研究签字会计师个人经验对审计质量的影响。当然，会计信息质量与审计质量之间存在紧密联系。无论是财务重述、隐蔽性盈余管理还是资本成本，既可以反映审计质量，也可以反映客户的会计信息质量。因此，本书的研究也可以在很大程度上说是研究了签字会计师个人经验对客户公司会计信息质量的影响。

本书的理论逻辑如图 3 - 1 所示。

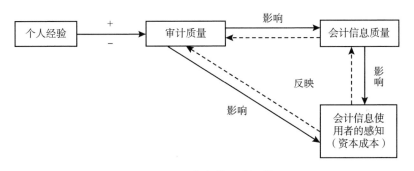

图 3 - 1　本书的理论逻辑

3.4　制 度 背 景

3.4.1　我国相关准则对注册会计师经验的规定

由于审计活动的特殊性，我国监管部门对注册会计师的个人经验一直较为重视，相关审计准则、质量控制准则、职业道德守则均就注册会计师经验的获取、复核人员经验水平等作出规定。例如，2006 年颁布的《会计师事务所质量控制准则第 5101 号——业务质量控制》规定，"会计师事务所可以通过下列途径提高人员素质和专业胜任能力：……（三）工作经验；（四）由经验更丰富的员工提供辅导"（第 32 条）。并规定，"由项目组内经验较多的人员复核经验较少的人员执行的工作"（第 42 条），"项目质量控制复核人员应当具备复核具体业务所需要的足够、适当的技术专长、经验和权限"（第 59 条）。2020 年 11 月修订的《会计师事务所质量管理准则第 5101 号——业务质量管理》继续强调，"由经验较为丰富的项目组成员对经验较为缺乏的项目组成员的工作进行指导、监督和复核"。

2010 年颁布的《中国注册会计师职业道德守则第 2 号——职业道德概念框架》将取得注册会计师资格所必需的教育、培训和经验要求作为应对可能对职业道德基本原则产生不利影响的要求。2020 年 12 月 17 日修订的《中国注册会计师职业道德守则第 2 号——职业道德概念框架》规定，"职业判断涉及对与具体事实和情况……相关的教育和培训、专业知识、技能、经验的运用"（第 6 条），并规定，项目组以外、对项目组已执行工作进行复核或在必要时提供建议的适当复核人员，"应当具备复核所需的知识、技能、经验和权威，以客观地复核项目组已执行的工作或已提供的服务"（第 35 条）。

根据中国注册会计师协会 2011 年印发的《会计师事务所特殊普通合伙协议范本》，注册会计师要成为事务所的合伙人，必须有取得注册会计师证书后最近连续 5 年在会计师事务所从事报表审计、验资等审计业务的经历，其中在境内事务所的经历不少于 3 年。

3.4.2　我国关于签字会计师及其信息披露的规定

我国早就规定审计报告须由两位注册会计师签名。2001 年财政部发布的《关于注册会计师在审计报告上签名盖章有关问题的通知》规定，"审计报告应当由两名具备相关业务资格的注册会计师签名盖章并经会计师事务所盖章方为有效：（一）合伙会计师事务所出具的审计报告，应当由一名对审计项目负最终复核责任的合伙人和一名负责该项目的注册会计师签名盖章；（二）有限责任会计师事务所出具的审计报告，应当由会计师事务所主任会计师或其授权的副主任会计师和一名负责该项目的注册会计师签名盖章"。由此，我国审计报告上的签字会计师实际上包括复核合伙人（review partner）和项目经理（engagement manager）。① 2006 年《中国注册会计师审计准则第 1501 号——审计报告》，以及 2011 年修订后的《中国注册会计师审计准则第 1501 号——对财务报表形成审计意见和出具审计报告》均未明确究竟谁在审计报告上签字，只是简单地规定"审计报告应当由注册会计师签名并盖章"。一般而言，复核合伙人由比项目负责人更为资深、经验更丰富的注册会计师来担任（Lennox, et al., 2014; He, et al., 2018; Church, et al., 2020）。例如，伦诺克斯等（Lennox, et al., 2020）的统计表明，项目质量复核人（engagement quality reviewers）、首席项目审计师（lead engagement auditor，即复核合伙人）的经验要高于初级项目审计师（junior engagement auditor，即项目负责人）②，质量复核人、首席项目审计师、初级项目审计师经验（以注册年数度量）的均值分别为 15.295 年、

---

① 在我国，项目经理未必是合伙人，尤其是在事务所改制之前，但一些文献（Lennox, et al., 2014; Chen, et al., 2017; Chen, et al., 2018; Gul, et al., 2019）也习惯地把他们称为项目合伙人（engagement partner），这与 2016 年新审计报告准则之后明确注明、排在首位的"项目合伙人"并非同一意思。古尔等（Gul, et al., 2019）认为，中国的签字会计师要么是合伙人，要么是高级经理（senior managers），其与美国的项目合伙人职责基本相当。丘齐等（Church, et al., 2020）、龚光明等（Gong, et al., 2019）、杜兴强等（Du, et al., 2018）将我国审计报告上的签字会计师分别称为项目审计师（engagement auditor）和复核审计师（review auditor）；苏黎新和吴东辉（Su and Wu, 2016）则将项目负责人和复核合伙人分别称为外勤项目合伙人（field engagement partner）和复核合伙人（review partner）。为严谨起见，将我国新审计报告准则实施之前负责项目复核并在审计报告上签字的资深会计师称为复核合伙人，将负责外勤工作、资历相对较浅的签字会计师称为项目经理或者项目负责人可能更为合适。

② 伦诺克斯等（Lennox, et al., 2020）这里的"首席项目审计师"，实际就是作为签字会计师的复核合伙人，而他们的项目质量复核人（EQ Reviewer）则是事务所中专门负责质量复核、本身不属于项目组的人，即《质量控制准则第 5101 号——会计师事务所对执行财务报表审计和审阅、其他鉴证和相关服务业务实施的质量控制》（2010 年修订）第 20 条所规定的"项目质量控制复核人员"或者《会计师事务所质量管理准则 第 5101 号——业务质量管理》（2020 年 11 月修订）第 28 条所规定的"项目质量复核人员"，2010 年 5101 号准则的定义是"项目组成员以外的，具有足够、适当的经验和权限，对项目组作出的重大判断和在编制报告时得出的结论进行客观评价的合伙人、会计师事务所的其他人员、具有适当资格的外部人员或由这类人员组成的小组"，2020 年 5101 号准则的定义是"会计师事务所中实施项目质量复核的合伙人或其他类似职位的人员，或者由会计师事务所委派实施项目质量复核的外部人员"。也就是说，伦诺克斯等（Lennox, et al., 2020）中的 EQ Reviewer 并非签字会计师，他们的"首席项目审计师"和"初级项目审计师"才是本书所称的"签字会计师"。

15. 835 年和 9. 511 年。

2016 年 12 月修订的《中国注册会计师审计准则第 1501 号——对财务报表形成审计意见和出具审计报告》规定"审计报告应当由项目合伙人和另一名负责该项目的注册会计师签名和盖章"(第 39 条),并规定"注册会计师应当在对上市实体整套通用目的财务报表出具的审计报告中注明项目合伙人"(第 40 条)。依照《中国注册会计师职业道德守则》,所谓项目合伙人是指"会计师事务所中负责某项业务及其执行,并代表会计师事务所在报告上签字的合伙人"。因此,2017 年后,签字会计师不再区分复核合伙人和项目负责人。

近年来,我国不断提高对会计师事务所和审计项目组人员信息披露的要求。2020 年 2 月 28 日,沪深两市修订了上市公司续聘/变更会计师事务所公告格式要求,加强了对会计师事务所以及签字会计师信息披露的要求。例如,上交所《关于发布上市公司续聘/变更会计师事务所临时公告格式指引的通知》(2020 年)制定了临时公告格式指引《第一百号上市公司续聘/变更会计师事务所公告》。根据该指引,上市公司除了要披露事务所机构信息,还要披露项目成员信息,具体包括"1. 人员信息,包括项目合伙人、质量控制复核人和本期签字会计师(如已确定)的执业资质、从业经历、兼职情况、是否从事过证券服务业务等;2. 上述相关人员的独立性和诚信记录情况"。深交所《关于发布〈上市公司拟聘任会计师事务所公告格式〉的通知》(2020 年)规定在"人员信息"部分披露的内容"包括但不限于拟聘任会计师事务所上年末合伙人数量、注册会计师数量、从业人员数量、是否有注册会计师从事过证券服务业务(如有请披露从事过证券服务业务的注册会计师数量)、拟签字注册会计师姓名和从业经历等。"在"执业信息"部分要"说明拟聘任会计师事务所及其从业人员是否存在违反《中国注册会计师职业道德守则》对独立性要求的情形,并结合项目合伙人、项目质量控制负责人、拟签字注册会计师的从业经历、执业资质、是否从事过证券服务业务、从事证券业务的年限等情况说明是否具备相应专业胜任能力。"

2021 年 1 月,沪深证券交易所分别发布了修订后的《上市公司日常信息披露工作备忘录——第一号临时公告格式指引》所附《第一百号上市公司续聘/变更会计师事务所公告》、《科创板上市公司信息披露业务指南第 3 号——日常信息披露》所附《第二十六号科创板上市公司续聘/变更会计师事务所公告》、《深圳证券交易所上市公司业务办理指南第 11 号——信息披露公告格式》中的"第 46 号上市公司拟聘任会计师事务所公告格式",以及《创业板上市公司业务办理指南第 6 号——信息披露公告格式》中的"第 44 号上市公司拟聘任会计师事务所公告格式"。新修订的会计师事务所聘任公告格式要求大幅度提高了会计师事务所、签字会计师信息披露要求。例如,深交所《上市公司信息披露公告格式第 46 号——上市公司拟续聘/变更会计师事务所公告格式》和《科创板上市公司续聘/变更会计师事务所公告》要求披露"项目合伙人、签字注册会计师、项目质量控制复核人何时成为注册会计师、何时开始从事上市公司审计、何时开始在本所执业、何时开始为本公司提供审计服务;近三年签署或复核上市公司审计报告情况。"此外,还要披露项目合伙人、签字注册会计师①、项目质量控制复核人的诚信记录、独立性。我国要求上市公司更为详尽地披露项目合伙人、签字会计师相关信息,目的在于提高审计的透明度,从而为投资者及其他利益相关者提供更多信息,以便于其评价审计质量。项目合伙人、其他签字会计师开始成为注册会计师时间、开始上市公司审计时间、开始为公司提供审计服务时间、签署或复核上市公司审计报告情况等均反映了注册会计师的个人经验②。要求上市公司披露这些信息,反映了监管部门认为签字会计师以及项目质量控制复核人的个人经验对于投资者评价审计质量具有重要意义,但实际当中情况究竟如何呢?本书的研究可以为监管部门上述做法提供理论支撑。

3.4.3 其他国家和地区关于合伙人签字或披露项目合伙人姓名的规定

2006 年 5 月 17 日,欧盟第八号指令(Eighth Company Law Directive)规定,当事务所实施法定审计时,审计报告应由实施该项审计的会计师代表事务所签发,会员国应规定,如果会对任何人的人身安全带来重大威胁,则可

---

① 严格来说,这么表述并不严谨,"项目合伙人"同样也是"签字会计师",因此,这里的"签字会计师"应当表述为"其他签字会计师"。

② 不过,从上市公司实际披露情况来看,一些公司披露较为规范,但也有一些公司并未严格披露上述信息,只是泛泛地说有多少年证券业务及审计经验。

以不对外披露签名（Chapter V Auditing Standards and Audit Reporting, Article 28, Audit Reporting）[1]。在此之前，法国、德国、卢森堡已经要求合伙人在审计报告上签名（Advisory Committee on the Auditing Profession, 2008）。荷兰在2006年10月1日起执行欧盟第八号指令（Carcello and Li, 2013），英国则在《2006年公司法》中规定，在2009年4月及之后结束的财务年度，实施欧盟第八号指令。英国《2006年公司法》第503节（Section 503: Signature of Auditor's Report）规定，审计报告上必须注明审计师的姓名，并签署姓名、日期；当审计师是个人时，审计报告应由其个人签署；当审计师是事务所时，审计报告应由高级法定审计师（the senior statutory auditor）[2]以其个人名字并代表事务所来签署；当审计师包括多人时，审计报告应由所有被任命的审计师来签署。[3]

2008年，美国审计职业咨询委员会（Advisory Committee on the Auditing Profession）在其报告中敦促美国公众公司会计监管委员会（Public Company Accounting Oversight Board, PCAOB）制定准则强制要求项目合伙人在审计报告上签名。[4]在当时，美国审计报告上只有事务所的名称，而没有项目合伙人的签名。咨询委员会认为，项目合伙人在审计报告上签名有助于提高审计的透明度和责任性，因此，PCAOB应当启动准则制定程序，强制要求项目合伙人在报告上签名。要求签名不应当强加给签字会计师任何新的职责（duties）、义务（obligations）和法律责任（liability）。[5]

2009年7月28日，PCAOB发布了《关于项目合伙人在审计报告中签名的概念公告》（PCAOB Release No. 2009 - 005: Concept Release on Requiring the Engagement Partner to Sign the Audit Report）。该公告指出，要求项目合伙人在

---

① Directive 2006/43/EC of The European Parliament and of The Council, https: //eur-lex. europa. eu/legal-content/EN/TXT/? uri = CELEX: 32006L0043。

② 高级法定审计师是根据欧盟发布的准则或者（在没有适用的准则情况下）由国务卿或国务卿任命的机构所发布的相关指南所确定的、事务所指定担任高级法定审计师的个人。

③ Companies Act 2006, Part 16 Audit Chapter 3 Functions of Auditor, 503 Signature of Auditor's Report.

④ 原文"Recommendation 6: Urge the PCAOB to undertake a standard-setting initiative to consider mandating the engagement partner's signature on the auditor's report"。

⑤ Advisory Committee on the Auditing Profession. Final Report of the Advisory Committee on the Auditing Profession to the U. S. Department of the Treasury. https: //www. treasury. gov/about/organizational-structure/offices/Documents/final-report. pdf, October 6, 2008.

审计报告上签字能够提高审计质量，因此，PCAOB 考虑除要求事务所在审计报告上签署外，另外要求项目合伙人签字。之所以项目合伙人签字会提高审计质量，一方面，它能够提高项目合伙人的责任意识，从而促使其在审计过程中更为勤勉尽责，另一方面，可以提高审计过程中项目负责人透明度，这不仅可以为投资者提供有用的信息，而且也为事务所提高所有项目合伙人的审计质量提供额外的激励。财务报表使用者、审计委员会以及其他人了解项目合伙人姓名后，能够评价项目合伙人在特定审计业务方面的经验以及过往的记录，这些信息有助于投资者作出投资决策、审计委员会作出续聘决策。审计项目合伙人透明度的提高也有助于促使事务所提高合伙人的整体技能和经验，因为审计委员会会选择那些审计质量一贯高的合伙人，竞争将会促使所有合伙人提高审计质量。要求项目合伙人在审计报告上签字的要求与 SOX 法案 302 条款要求 CEO 或 CFO 在财务报表上发表声明的做法类似，两者都有利于相关人员关注其责任。

2011 年，PCAOB 发布《提高审计的透明度：PCAOB 审计准则和表格 2 的修订拟议》（*PCAOB Release No. 2011 - 007：Improving the Transparency of Audits：Proposed Amendments to PCAOB Auditing Standards and Form 2*）。在该公告中，PCAOB 提出三点建议：其一，要求公共会计师事务所在审计报告中披露项目合伙人姓名（而不是要求其在审计报告上签名）；其二，修订年报格式，以便事务所在每份审计报告中披露项目合伙人姓名；其三，要求在审计报告中披露其他事务所以及其他参与审计项目的人的信息[1]。PCAOB 指出，向投资者提供项目合伙人的姓名以及参与审计的其他人和独立公众会计师事务所的名称，仅需要对审计报告进行相对适度的更改，但却可以通过向投资者提供有关审计过程中的特定关键参与者的信息的方法来提高透明度。该报告对 PCAOB 发布的公告（PCAOB Release No. 2009 - 005）关于项目合伙人在审计报告上签字的建议所收到的评论进行了综述，评论者对于项目合伙人是否有助于提高审计质量存在分歧。鉴于此，PCAOB 考虑建议在审计报告中披露负责最近期间审计工作的项目合伙人姓名，但审计报告上仍然只有事务所的签

---

[1] 之所以这么规定，是因为在一些大型审计项目中，有多个事务所参与审计，很多时候这些事务所共用一个品牌，但有时候这些事务所也会彼此之间没有关联，签发报告的事务所也会从外部聘请人员来实施审计。但无论如何，项目合伙人都在审计过程中居于核心位置，他（她）对项目及其绩效负责，确保审计工作以及实施审计的人员处于恰当的监督与协作之下（PCAOB, 2011）。

章。PCAOB 认为，披露合伙人姓名不会提高或者影响项目合伙人的职责与法律义务。2013 年，PCAOB 发布的公告（PCAOB Release No. 2013 – 009）就提供审计项目关键参与人信息问题进一步建议披露项目合伙人姓名，其他参与审计的独立公共事务所的名称、地址和范围，参与审计的非事务所主体的地址和范围。

2015 年 6 月 30 日，PCAOB 发布了《用 PCAOB 新表格披露审计参与者的规则》（Release No. 2015 – 004：Supplemental Request for Comment：Rules to Require Disclosure of Certain Audit Participants on a New PCAOB Form），该公告放弃了 2009 年其概念公告中关于项目合伙人须在审计报告上签字的建议，转而建议在新的表格（Form AP，Auditor Reporting of Certain Audit Participants）中披露项目合伙人姓名。与之前的建议不同，根据该公告，无须在审计报告中披露合伙人信息，而可以选择在 AP 表中披露。PCAOB 认为，在 AP 表中披露跟在审计报告中披露能够起到同样的目的。当然，除了强制性地在 AP 表中披露，审计师也可以自愿决定是否在审计报告中披露姓名。PCAOB 强调，披露项目合伙人信息不是为了要求其承担额外的个人责任，只是为了提供关于审计特定参与者的信息。

2015 年 12 月 15 日，PCAOB 发布了正式的最终规则《提高审计的透明度：在新的 PCAOB 表中披露审计特定参与人的规则以及审计准则的相应修改》（PCAOB Release No. 2015 – 008：Improving the Transparency of Audits：Rules to Require Disclosure of Certain Audit Participants on a New PCAOB Form and Related Amendments to Auditing Standards）。根据该规则，须在 AP 表中披露项目合伙人以及其他参与审计的事务所的信息。在该公告中，PCAOB 强调，对投资者作出相关决策（如投票批准公司选择审计师的议案）而言，关于审计项目关键参与者的信息是相关的。披露项目合伙人以及其他参与审计项目的事务所的信息有助于实现提高审计的透明度与责任性的目标。上述信息与发行人审计的历史、相关处罚等其他信息结合起来，有助于理解审计质量。例如，项目合伙人姓名与其经验、声誉信息可以在事务所品牌之外提供关于审计质量的增量信息。即便在同一事务所内部，尽管有覆盖整个事务所或者事务所网络的质量控制体系，合伙人之间的审计质量仍然存在差异。尽管这种差异可能是由多种因素引起的，但 PCAOB 工作人员在根据审计风险来确定检查对象时，会考虑项目合伙人的历史记录。PCAOB 指出，披露项目合伙人姓名，不仅具有信息价值，而且有助于促使合伙人和事务所更加尽责。该规则自 2017 年 6 月 30 日以后生效。

PCAOB 在规则 3211（Rule 3211：Auditor Reporting of Certain Audit Participants）中规定：第一，注册公共会计师事务所对于每一个发行人所签发的审计报告，都应当依据相关要求向 PCAOB 提交 AP 表①。第二，AP 表需要及时提交。当表格在将审计报告首次列入向 PCAOB 提交的文件之日起 35 天内提交时，视为是及时的；但如果该提交给 PCAOB 的文件是《证券法》所规定的注册书（registration statement），则 AP 表须在审计报告首次被包含在提交给 PCAOB 文件中的 10 日内提交。第三，除非 PCAOB 另有要求，注册公共会计师事务所必须通过 PCAOB 网页系统提交电子版的 AP 表。第四，AP 表应当由事务所在规定的日期前提交。

与其他国家和地区的相关规定相比，美国 Rule 3211 主要有两点不同（Cunningham，et al.，2019）：一是项目合伙人姓名披露的位置，在美国，只需要在 AP 表中披露②，而不像其他国家和地区那样在审计报告上签名；二是披露的时间，在美国，只需要审计报告首次被纳入提交给 SEC 的 35 天内在 PCAOB 网页提交电子版的 AP 表，而不是与审计报告一同签发。

除了以上国家外，还有一些国家和地区也规定审计报告须有合伙人签名

---

① 根据 Rule 3211 规定，注册公共会计师事务所根据《AS 1205 部分由其他独立审计师所实施的审计》（*Part of the Audit Performed by Other Independent Auditors*）出具的审计报告在被主审计师引用时，无须编制 Form AP 报告；此外，只有在审计报告首次包含在向 PCAOB 提交的文件之中时，事务所才需要提交 Form AP 报告，以后将同一份审计报告包含在向 PCAOB 提交的文件中时，无须再次提交 Form AP 报告；但如果审计报告有任何的改动，包括报告日期的改动，事务所应当在文件中包含一份新的 Form AP 报告。

② AP 表具体包括如下几个部分：第一，事务所信息（identity of the firm）；第二，对以往提交给 PCAOB 的报告的修正（amendments）；第三，审计客户和审计报告（audit client and audit report），在"审计报告"部分，需要披露最近期间审计的项目合伙人的姓名（全名）、其 ID、合伙人在其他注册公共会计师事务所提交的 AP 表上的 ID 或者当事务所拥有其他不同的 ID 时提交的 AP 表上的 ID、签发审计报告的分所所在的城市和州；第四，非分别审计的责任（responsibility for the audit is not divided），该部分需要披露其他参与审计的且承担 5% 以上审计工时的事务所的名称以及参与的范围、参与项目但审计工时少于 5% 的事务所的名称；第五，分别审计的责任（responsibility for the audit is divided）；第六，事务所签章（certification of the firm）。

或者披露合伙人姓名。例如，澳大利亚2001年公司法324节（10）规定：除非其是以事务所名义和事务所中注册公司审计师自己的名义签发的，否则被聘为公司审计师的事务所出具的报告或者通告不可认为是经适当制作和发布的。①

---

①　CORPORATIONS ACT 2001 No. 50，2001—SECT 324，现已修改为：324AD Effect of appointing company as auditor. A report or notice that purports to be made or given by an audit company appointed as auditor of a company or registered scheme is not taken to be duly made or given unless it is signed by a director of the audit company（or the lead auditor or review auditor for the audit）both：（a）in the audit company's name；and（b）in his or her own name。

第 4 章

签字会计师个人经验对客户
公司财务重述的影响

4.1 问 题 提 出

　　已有一些文献发现，签字会计师的个人经验与审计质量呈显著正向关系（Cahan and Sun，2015；Sonu，et al.，2019；Chi，et al.，2017；原红旗和韩维芳，2012；王晓珂等，2016；闫焕民，2016），但也有一些实验或经验研究文献表明，签字会计师个人经验与审计质量之间并非正向关系（Sundgren and Svanström，2014；Haynes，et al.，1998；Koch，et al.，2012；Hardies，et al.，2016）。因此，个人经验与审计质量之间的关系究竟如何，尚是一个有待进一步研究的问题。现有经验研究多用操控性应计度量审计质量（Cahan and Sun，2015；Sonu，et al.，2019；Chi，et al.，2017；原红旗和韩维芳，2012；王晓珂等，2016；闫焕民，2016），而操控性应计有较高的测量误差和潜在偏误。因为，操控性应计的估计模型有多种，同种模型下具体度量也有众多不同的方法，因此，相关研究结果很可能会依赖于所采用的估计模型（DeFond and Zhang，2014）。从相关文献来看，所估计出的操控性应计数值过高，可能并不一定能够归结为盈余管理的原因（DeFond and Zhang，2014）。此外，较高的操控性应计并不一定就意味着违反会计准则，因此，审计师往往并不能根据会计准则要求客户加以调整（Chin and Chi，2009），这也意味着操控性应计并不完全受审计影响。而财务重述是一种可以从外部观察、能后验地表明审计质量的直接度量。财务重述的发生有力地表明审计质量较差，因为审计师对包含重大错报的财务报表出具无保留意见可以确切地表明审计质量确实较低。因此，财务重述是一种非常直接的、从审计产出角度来度量审计质量的指标。并且，不同于操控性应计，财务重述在度量上具有较高的一致性和较低的测量误差，一旦公司发生财务重述，便确凿地表明公司会计处理存在差错而审计师未能发现差错，因而很少存在发生第一类错误的可能（Dechow，et al.，2010），且其并不依赖于某种估计模型（DeFond and Zhang，2014）。事实上，财务重述对公司和投资者的影响可能比较高的操控性应计更大（Chin and Chi，2009）。关于审计质量度量指标效力的研究表明，无论是在美国（Rajgopal，et al.，2021），还是在中国（赵艳秉和张龙平，2017），财务重述都具有比操控性应计更好的测度效力。因此，对签字会计师个人经验与财务重述之间的关系加以检验，能够更好地揭示审计师经验对其是否能够发现客户财务报表中相关差错的作用，从而进一步提供审计师个人经验与审计质量之间关系的证据①。基于这一考虑，本书利用中国 A 股非金融类上市公司 2007～2017 年数据，考察了签字会计师个人经验对客户公司财务重述（会计差错更正）的影响。

　　本书从如下方面进一步推进了现有文献：第一，考察了签字会计师个人经验对客户公司财务重述的影响，从而可以从财务重述这一视角进一步与已有的主要基于操控性应计度量的相关文献形成相互印证，共同支撑对审计师个人经验与审计质量之间关系的理解，并拓展审计师个人特征对审计质量影响的文献。第二，从审计师个人特征与财务重述之间关系的角度来说，尽管

---

　　① 用财务重述来度量审计质量进而考察签字会计师经验对审计质量的影响的合理之处还在于，签字会计师从既往职业中所获取的知识和经验很多是与财务报表错报相关的（Frederick and Libby，1986；Libby and Frederick，1990；Tubbs，1992）。

金成隆和纪心怡（Chin and Chi，2009）、张等（Chang, et al.，2016）分别研究了签字会计师行业专长以及是否受过惩戒对财务重述的影响，但尚无文献研究签字会计师经验对财务重述的影响，而签字会计师的一般经验并不同于其行业专长，本书可以弥补此类文献的缺失。第三，签字会计师个人经验包括一般经验和客户特定经验（即任期），而一般经验又可以分为行业经验和非行业经验，相关实验研究发现，行业经验对审计绩效的影响更为明显（Moroney and Carey，2011），但现有经验文献中仅有闫焕民（2016）区分了行业经验和非行业经验。因此，对于签字会计师不同的经验对审计质量的影响，尚有待进一步的研究。本书在对签字会计师一般经验对财务重述的影响进行检验的基础上，进一步考察客户特定经验与一般经验的交互作用，并检验了一般经验中行业经验和非行业经验对财务重述的影响，从而可以在戚务君等（Chi, et al.，2017）、闫焕民（2016）的基础上更深入地了解审计师的异质性个人经验对审计行为的影响。

与本书最相关的文献是闫焕民（2016）。除审计质量以及签字会计师个人经验的度量方法不同外，本书与该研究的差异主要在于：首先，在理论上，本书运用"干中学"、职业生涯顾虑等理论更深入地分析了经验对审计质量的影响；其次，本书检验并排除了签字会计师个人经验与财务重述之间是否存在非线性关系，进一步考察了签字会计师性别、地区法治环境的调节作用，有助于更深入地理解经验的作用；最后，结论并不完全相同。本书发现，尽管作用弱于行业经验，但非行业经验同样有助于降低财务重述的发生。

4.2　理论分析与研究假说

公司在年报披露以后发生财务重述，很大程度上表明公司原先披露的经审计财务报告的编制不符合会计准则。按照审计准则，审计师应当"对财务报表整体是否不存在由于舞弊或错误导致的重大错报获取合理保证"。尽管合理保证并非绝对保证，但审计师至少应对公司未能严格依照会计准则和相关信息披露规则编制财务报告负有部分责任（Francis, et al.，2013）。高质量审计能够比低质量审计更好地发现客户财务报告中存在的重大错报，反过来，已审计报表中存在财务重述强有力地表明原先的审计是低质量的，因为，如果客户财务报表中存在重大差错而审计师没有发现并指出的话，则审计质量肯定存在不足（Palmrose and Scholz，2004；Francis，et al.，2013）。在这一意义上，与操控性应计等其他度量相比，可以从外界观察的财务重述能够更直接地反映审计质量（Francis，et al.，2013）。在控制了审计师不能控制的因素后，用财务重述度量审计质量具有较低的计量误差、较高的一致性（DeFond and Zhang，2014）。因此，本书将考察签字会计师个人经验对财务重述的影响，以了解个人经验对审计质量的作用。

邦纳和沃尔克（Bonner and Walker，1994）指出，审计师个体可以通过实施审计项目及在项目完成之后的反馈来获取知识。由此推论，随着所实施项目的增加，审计师对相关知识的理解将更为有效。弗雷德里克和利比（Frederick and Libby，1986）、秋和特罗特曼（Choo and Trotman，1991）、塔布斯（Tubbs，1992）等的实验都表明，经验丰富的审计师对于财务报表差错知识有更多了解。所罗门等（Solomon，et al.，1999）的实验表明，深度的直接经验有助于增强审计师对财务报表非差错性知识的了解。在审计判断和审计绩效方面，许多实验研究表明，个人经验以及与之相关的知识的提升有助于签字会计师在审计过程中提出更准确的假设，在运用分析程序等审计方法时更为有效，在审计过程中，能够更准确地利用信息而不会受到无关信息的干扰，这些都有助于提高审计绩效（Libby and Frederick，1990；Bonner，1990；Kaplan，et al.，1992；Shelton，1999；Knapp and Knapp，2001；Moroney and Carey，2011）。已有文献发现，财务重述发生的概率会受到审计努力程度的影响（Blankley，et al.，2014；Zhao，et al.，2017），而随着签字会计师个人经验的提升，审计绩效显著提高，在同样的时间投入情况下，财务报告中的错报被发现的可能性将大大提高，从而导致已审报表发生重述的可能性下降。经验不仅会影响审计师的胜任能力，而且会影响到审计师的独立性。经验更丰富的注册会计师更可能考虑审计风险，而不是从维持与客户的良好关系出发丧失独立性（Farmer，et al.，1987；Asare，et al.，2009；Brown and Johnstone，2009；Koch and Salterio，2017）。独立性的提高，会促使审计师在与管理层沟通时指出财务报告中存在的重大错报并要求其加以调整，从而降低之后财务重述的可能。

然而，有文献发现，签字会计师个人经验的提升非但不会提高审计质量，反而会降低审计质量，其原因在于：第一，随着经验的提升，审计师可能会变得过度自信。尽管有文献认为，经验会减少过度自信，因为随着经验的提升，一个人将会对自身的能力有更好的了解（Gervais and Odean，2001），但也有不少文献发现，有较多经验的专家比新手更容易产生过度自信（Kirchler and Maciejovsky，2002；Menkhoff，et al.，2013）。就审计而言，霍寿和怀格纳特（Owhoso and Weickgenannt，2009）的实验表明，经理和高级审计师都会高估其审计能力。过度自信意味着审计师可能会容忍客户较高的错报水平或者不实施充分的审计程序，从而提高财务报表中的错报水平，导致后面发生更多的重述。第二，随着经验的提升、在事务所中级别的提高，签字会计师可能会更多地考虑维持与客户的良好关系，而不是通过提高审计质量来规避法律风险。科赫等（Koch，et al.，2012）的实验表明，级别较高的个体审计师更关注客户保留压力，不大会对客户出具不利审计报告。哈迪斯等（Hardies，et al.，2016）则发现，合伙人的执业年数与其出具 GCO 审计意见的倾向呈显著负向关系。第三，职业生涯激励（career concern）消退的影响。关于职业生涯的研究表明，随着年龄、经验的增长，可能会缺乏足够的激励来维护声誉（Gibbons and Murphy，1992；Holmström，1999；Wan，et al.，2015）。按照这一理论，高年资审计师不太在意自身的职业声誉，他们在审计过程中可能不太勤勉尽职，或者即便发现客户财务报表中存在的问题，也不太愿意得罪客户。因此，审计师个人经验的提升未必会伴随着审计质量的提高，相应地，已审报表中的重大错报风险可能较高，未来发生财务重述的可能性也相应增大。

综上所述，对于审计师个人经验的提高是否意味着审计质量的提高，存在不同观点：如果随着签字会计师个人经验的提高，其发现客户财务报表中差错的能力将提升、独立性将增强，则公司经审计后财务报表存在重大差错的可能性降低，因为丰富的经验（尤其是行业经验）使他们能够在较短时间内更有效地发现这些错报（Che，et al.，2018）；但如果随着个人经验的提升会导致签字会计师产生过度自信或者过多地考虑客户利益（Haynes，et al.，1998；Koch，et al.，2012），则经审计后财务报表中的差错可能较多，财务报表重述的可能性上升。因此，签字会计师个人经验对财务重述的影响存在不确定性。故提出如下竞争性假说：

H4-1a：其他条件不变，签字会计师个人经验与财务重述的可能性呈负向关系。

H4-1b：其他条件不变，签字会计师个人经验与财务重述的可能性呈正向关系。

4.3 研 究 设 计

4.3.1 变量定义与模型设定

4.3.1.1 签字会计师个人经验的度量

从已有文献来看，签字会计师个人经验的替代指标主要有累计签发报告数（吴溪，2009；韩维芳，2016，2017；Knechel，et al.，2013；García-Blandon，et al.，2020）、累计签字年数（Chen，et al.，2010；Ke，et al.，2015；Cahan and Sun，2015；Chi，et al.，2017；吴溪，2009；原红旗和韩维芳，2012；王晓珂等，2016；韩维芳，2016）、取得全科证书或注册年数（Ye，Yuan，and Cheng，2014；Ye，Cheng，and Gao，2014；Sonu，et al.，2019；Che，et al.，2018；Lennox，et al.，2020）、签字会计师的层级（Farmer，et al.，1987；Ashton，1991；Ramsay，1997；Tan and Libby，1997；Knapp and Knapp，2001；Yen，2002；Trotman，et al.，2009；Koch，et al.，2012）。我国存在大量非执业会员，这意味着许多人在获得注册会计师资格证书以后可能并未马上在会计师事务所执业，因此，用取得全科证书年数度量经验并不合适；即便在事务所执业并获得注册，作为助理人员参与项目，在审计项目中的作用、通过项目所获取的知识和技能也都有限，因此，用注册年数度量也不十分合适。尽管层级可以在一定程度上反映经验，且被广泛地运用于实验研究或调查研究中，但就经验研究而言，我们难以获取详细的签字会计师层级的数据，且不同事务所中层级的划分可能存在较大差异，更重要的是，事务所中同层级的注册会计师实际执业经验可能差异很大，用层级度量可能不能反映真正的差异性。因此，我们不采用这一度量方法。根据"干中学"理论，经验是随着所实施的审计项目而不断积累的。所负责审计项目越多，对特定知识的重复曝光次数越多，积累的经验及财务报表错报相关知识越丰富。因此，参考相关文献（Cahan and Sun，2015；Chi，et al.，2017；原红旗和韩维芳，2012；韩维芳，2016，2017；王晓珂等，2016），本书将用签字会计师在样本年度之前累计已签发审计报告数 *EXPR* 以及累计从业年数 *EXPY*（从首次签发报告到样本年度前年数）度量其个人经验①。实际上，成为签字会计师，意味着注册会计师能够独当一面地负责审计项目，其个人经验对项目的影响才真正重要。

在我国，审计报告中需要由两位或者多位注册会计师签字。那么，究竟以谁的经验来度量？对此，有如下几种方法可供选择：第一，取两位签字会计师经验的总和（剔除签字会计师超过 2 位的样本）度量签字会计师经验（Cahan and Sun，2015）。第二，取签字会计师中经验最高者度量签字会计师经验（Chi，et al.，2017；王晓珂等，2016；闫焕民，2016）。第三，用几位签字会计师经验的均值度量（Ye，et al.，2014；Ke，et al.，2015；王晓珂等，2016）。第四，分别度量项目负责人、复核合伙人的一般经验（吴溪，2009；原红旗和韩维芳，2012；韩维芳，2017）。这四种方法中，第一、第三两种方法基本相似，其差别仅在于第三种方法下不需要剔除 3 位以上签字会计师的情况；第二、第四两种方法也有相似之处，因为签字会计师中经验最高者往往是复核合伙人，这两种方法的差异仅在于是否同时考察项目负责人经验的影响。我们首先采用第三种方法，再用第四种方法分别考察项目负责人和复核合伙人经验的作用。

4.3.1.2 模型设定

参考金成隆和纪心怡（Chin and Chi，2009）、弗朗西斯等（Francis，et al.，2013）、何威风和刘启亮（2010）、黄志忠等（2010）、戴亦一等（2011）、马晨等（2015）、李春涛等（2018）等文献，本书采用如下 Logistic 模型考察签字会计师个人经验对公司财务重述的影响。

---

① 一些实验研究表明，审计师执业年数并不能很好地度量其审计专长（Bonner & Lewis，1990），而根据认知理论（cognitive script approach），对特定知识的重复曝光程度可以较好地反映审计师的专长（Choo，1996）。在这一意义上，签发审计报告数反映了重复曝光程度，因而要比担任签字会计师年数更为合适。但签发审计报告数可能会存在数据完整性问题，一方面，一些公司审计报告中缺失签字会计师姓名，另一方面，注册会计师的客户既包括上市公司，也包括非上市公司，而我们只能看到上市公司的数据，因此，签发上市公司审计报告数可能会低估签字会计师的经验。自首次签发审计报告以来年数一定程度上可以缓解这一问题（尽管其仍然忽略了在担任上市公司该签字会计师之前负责非上市公司审计业务的经验）。因此，本书同时采用这两种度量方法，但以签发审计报告数为主（在后面相关章节中，以签发报告数为主检验，以累计执业年数为稳健性检验）。

$$LogitRESTATE = \alpha_0 + \alpha_1 EXP + \alpha_2 SIZE + \alpha_3 LEV + \alpha_4 ROA + \alpha_5 MTB$$
$$+ \alpha_6 DIRNUM + \alpha_7 INDDIR + \alpha_8 CR1 + \alpha_9 SOE$$
$$+ \alpha_{10} BIG4 + \alpha_{11} TENURE + Industry \& Year + \varepsilon \quad (4-1)$$

其中，EXP 为签字会计师的个人（一般）经验，具体包括 $EXPR$ 和 $EXPY$。本书控制了如下影响财务重述的因素：

（1）公司规模（$SIZE$）。一方面，大公司更容易受到监管部门和公众的关注，这使大公司更可能发生财务重述（Blankley, et al., 2014）；另一方面，大公司的内部控制相对较好、盈余质量较高，这可能导致其更少发生财务重述（Francis, et al., 2013）。从实证文献来看，弗朗西斯等（Francis, et al., 2013）、布兰克利等（Blankley, et al., 2014）、李春涛等（2018）、袁蓉丽等（2018）发现，公司规模与财务重述呈显著负向关系，而戴亦一等（2011）、杨清香等（2015）没有发现公司规模与财务重述之间存在显著关系。因此，我们控制公司规模（$SIZE$），但不预期其方向。

（2）财务杠杆（LEV）。财务杠杆高的公司处于债务契约压力之下，有更强的动力操纵盈余，发生财务重述的可能性更高。布兰克利等（Blankley, et al., 2014）、何威风和刘启亮（2010）、戴亦一等（2011）、马晨等（2015）、李春涛等（2018）发现，财务杠杆与财务重述呈显著正向关系。因此，本书控制财务杠杆，并预期其方向为正。

（3）盈利水平（ROA）。盈利水平差的公司舞弊的压力更大，更可能发生财务重述。金成隆和纪心怡（Chin and Chi, 2009）、何威风和刘启亮（2010）、黄志忠等（2010）、戴亦一等（2011）、马晨等（2015）、袁蓉丽等（2018）均发现，盈利水平与财务重述呈显著负向关系。本书控制盈利水平（ROA），并预期其方向为负。

（4）成长性（MTB）。成长性高的公司更可能发生财务重述，金成隆和纪心怡（Chin and Chi, 2009）发现，成长性与财务重述呈显著正向关系，但弗朗西斯等（Francis, et al., 2013）发现，成长性与财务重述呈正向关系，卡赛罗等（Carcello, et al., 2011）则未发现成长性与财务重述之间具有显著关联。故本书控制成长性（MTB），但不预期其方向。

（5）股权结构与公司治理因素，包括：董事会规模（$DIRNUM$）、独立董事所占比重（$INDDIR$）、股权集中度（$CR1$）、产权性质（SOE）。规模大的董事会容易产生董事会监督的"搭便车"问题，从而导致公司盈余质量下降、财务重述的可能提高，曹等（Cao，et al.，2012）发现，董事会规模与财务重述呈正向关系，袁蓉丽等（2018）则发现，董事会规模与财务重述呈负向关系，卡赛罗等（Carcello，et al.，2011）则未发现董事会规模与财务重述之间存在显著关联，因此，本书控制董事会规模（*DIRNUM*），但不预期其方向；曹等（Cao，et al.，2012）、黄志忠等（2010）发现，董事会独立性与财务重述呈负向关系，本书控制独立董事会所占比重（*INDDIR*），并预期其方向为负；黄志忠等（2010）、何威风和刘启亮（2010）发现，股权集中度与财务重述呈显著负向关系，本书控制股权集中度（*CR1*），并预期其符号为负；黄志忠等（2010）、马晨等（2015）等文献均发现，国有上市公司更可能发生财务重述，故本书控制产权性质（*SOE*），并预期其符号为正。

（6）会计师事务所特征，包括事务所规模（*BIG4*）、事务所审计任期（*TENURE*）。依照准租理论、"深口袋"理论，规模较大的事务所审计质量更高，黄志忠等（2010）、杨清香等（2015）、袁蓉丽等（2018）发现，"四大"与财务重述呈显著负向关系，因此，本书控制事务所规模（*BIG4*），并预期其符号为负。对于事务所任期对审计质量的影响，存在学习效应和经济依赖效应两种理论：依照学习效应理论，事务所任期的延长有助于提高审计质量，减少财务重述的发生；而依照经济依赖效应理论，事务所任期的延长将会损害审计独立性，从而导致财务重述的可能性提高。从已有文献来看，马晨等（2015）发现，事务所任期与财务重述呈显著负向关系，卡赛罗等（Carcello，et al.，2011）则未发现事务所任期与财务重述之间具有显著关联，因此，本书控制事务所审计任期（*TENURE*）对财务重述的影响，但不预期其符号。

此外，本书还控制了行业（*Industry*）和年份（*Year*）。相关变量的具体定义如表 4 - 1 所示。

表 4 - 1   变量定义

符号	含义	具体定义
RESTATE	财务重述	虚拟变量，如果公司发生会计差错更正，*RESTATE* 为 1，否则为 0
EXPR	个人经验 1	两位或三位签字会计师资产负债表日前平均签发的报告数 +1 取自然对数

符号	含义	具体定义
EXPY	个人经验2	两位或三位签字会计师资产负债表日前平均从业年数 +1 取自然对数
SIZE	公司规模	期末资产总额的自然对数
LEV	财务杠杆	资产负债率 = 期末负债总额/期末资产总额（%）
ROA	营利性	资产报酬率 = 净利润/本期平均总资产（%）
MTB	市净率	普通股每股市价/每股净资产
DIRNUM	董事会规模	公司董事会成员人数
INDDIR	独立董事会所占比重	董事独立性公司董事会中独立董事所占的比重
CR1	股权集中度	截止到资产负债表日，第一大股东持股比例（小数）
SOE	产权性质	虚拟变量，如果公司为国有控股，*SOE* = 1；否则，*SOE* = 0
BIG4	事务所规模	虚拟变量，如果事务所为国际"四大"事务所，则 *BIG4* = 1；否则，*BIG4* = 0
TENURE	事务所任期	会计师事务所对公司连续审计年数 +1 之后的自然对数
Industry	行业	虚拟变量，依照上市公司所属证监会 2012 年行业分类定义，其中，制造业细分到次类行业，其余各章同
Year	年份	虚拟变量，样本期所属年份的虚拟变量，其余各章同

4.3.2　样本选择与数据来源

鉴于我国 2006 年前后会计准则存在显著差异，本书采用 2007～2017 年 A 股非金融类上市公司数据，考察签字会计师个人经验对财务重述的影响。

签字会计师个人经验数据由数据库中审计报告信息经手工整理而来。在度量签字会计师个人经验时，我们将追溯深交所和上交所自成立以来的所有审计报告。对于重名现象，借鉴王晓珂等（2016）的做法，依照"同年同姓名同事务所认定为同一人，同年同姓名不同事务所认定为不同人"的原则加以区分，同时，我们也利用私人渠道获取的包含各个注册会计师 ID 的内部数据进行了比对，并对同名者加上城市名或事务所名称为后缀进行区分。对于跨年同名现象，我们依照后缀及 ID 确定是否同一人。对于因缺少 ID 等原因而无法判定的，依照"不同年度同事务所中同一姓名确定为同一人"的原则确定并计算相应经验的积累；对不同年度不同事务所中的同名现象则首先依照同年度下的确定原则来确定是否存在跳槽情形，进而确定是否同一人并计算经验积累。公司所在行业代码和事务所数据来自国泰安数据库（CSMAR），其他数据均来自万得（Wind）资讯金融终端。

　　原始样本共 33147 条记录，在依次剔除 IPO 日前记录[①]、缺失行业类型公司和金融行业公司、缺失相关数据记录后，剩余 24135 条公司 - 年记录用于检验（见表 4 - 2）。为减少奇异值的影响，我们对连续变量在 1% 和 99% 位置进行了缩尾处理。

表 4 - 2　　　　　　　　　　　　**样本筛选过程**

项目	样本数（条）
原始样本	40513
剔除：IPO 日前记录（空白字段）	(14789)
缺失行业类型和金融行业公司	(492)
缺失审计师个人经验等相关数据	(1097)
最终样本数	24135

4.4　实证结果与分析

4.4.1　描述性统计和差异性检验

　　表 4 - 3 报告了关键变量的描述性统计结果。为了更直观地理解签字会计师个人经验数据，我们同时报告了 *EXPR* 和 *EXPY* 未加 1 取自然对数时的原

---

　　① 之所以会剔除 14789 条记录，与 Wind 数据库结构有关。就本书而言，Wind 数据库下载的原始数据包括了所有公司 2007 ~ 2017 年的记录，但实际上，大量 2007 年之后上市的公司 IPO 前记录为空白字段，这些包括空白字段的记录自然应当剔除。

值（*RAWEXPR*、*RAWEXPY*）。从表4-3中可以看到，*RESTATE* 的均值为 0.033，表明有3.3%的样本发生了财务重述（会计差错更正），从表4-4中可以看到，除2008年和2010年重述公司比例较高外，多数年份发生财务重述的比例在2%左右，这与胡丹（2018）的统计结果相似；*EXPR* 的均值和中位数分别为2.492和2.565，*RAWEXPR* 的均值和中位数分别为16.228和12.000（份）；*EXPY* 的均值和中位数分别为1.918和2.015，*RAWEXPY* 的均值和中位数分别为6.796和6.500（年）。*EXPR* 和 *EXPY* 的最小值之所以会为0，是因为其度量的是审计师在样本期之前的经验。

表4-3　　　　　　　　　主要变量的描述性统计

变量符号	样本数	最小值	下四分位数	平均值	中位数	上四分位数	最大值	标准差
RESTATE	24135	0.000	0.000	0.033	0.000	0.000	1.000	0.178
EXPR	24135	0.000	1.946	2.492	2.565	3.135	4.234	0.899
EXPY	24135	0.000	1.609	1.918	2.015	2.303	2.833	0.565
RAWEXPR	24135	0.000	6.000	16.228	12.000	22.000	120.000	14.388
RAWEXPY	24135	0.000	4.000	6.796	6.500	9.000	23.000	3.628
SIZE	24135	19.226	20.964	21.892	21.739	22.634	25.820	1.284
LEV	24135	4.781	26.665	44.241	43.538	60.748	99.936	22.042
ROA	24135	−20.019	1.466	4.434	4.049	7.435	23.010	6.147
MTB	24135	−1.470	2.202	4.749	3.458	5.563	32.625	4.635
DIRNUM	24135	5.000	8.000	8.791	9.000	9.000	15.000	1.744
INDDIR	24135	0.300	0.333	0.370	0.333	0.400	0.571	0.052
CR1	24135	9.230	23.830	35.716	33.770	46.130	75.000	14.956
SOE	24135	0.000	0.000	0.419	0.000	1.000	1.000	0.493
BIG4	24135	0.000	0.000	0.052	0.000	0.000	1.000	0.222
TENURE	24135	0.693	1.099	1.435	1.386	1.792	2.773	0.575

表 4 – 4   各年度财务重述公司所占比例   单位：%

项目	年份										
	2007	2008	2009	2010	2011	2012	2013	2014	2015	2016	2017
比例	4.43	8.04	2.05	5.66	3.90	4.25	3.34	1.68	2.05	2.04	1.85

表 4 – 5 报告了连续变量依照 *RESTATE* 分组 t 检验和 Wilcoxon 检验的结果。从表 4 – 5 中可以看出，财务重述组的 *EXPR*、*EXPY* 显著更低，这意味着，签字会计师个人经验的提高有助于减少财务重述；此外，财务重述组的公司财务杠杆和董事会规模显著更高，而公司规模、盈利水平、股权集中度和事务所任期显著更低。

表 4 – 5   连续变量独立样本 T-test 和 Wilcoxon 检验

变量符号	*RESTATE* = 0		*RESTATE* = 1		Meandiff （0 – 1）	Wilcoxon Z
	样本数	均值	样本数	均值		
EXPR	23348	2.501	787	2.224	0.278 ***	7.739 ***
EXPY	23348	1.924	787	1.749	0.174 ***	7.703 ***
SIZE	23348	21.90	787	21.66	0.241 ***	4.603 ***
LEV	23348	43.99	787	51.77	– 7.782 ***	– 8.903 ***
ROA	23348	4.508	787	2.232	2.277 ***	10.736 ***
MTB	23348	4.744	787	4.906	– 0.162	3.343 ***
DIRNUM	23348	8.787	787	8.907	– 0.120 *	– 2.101 **
INDDIR	23348	0.370	787	0.369	0.001	0.972
*CR*1	23348	35.80	787	33.16	2.643 ***	4.997 ***
TENURE	23348	1.440	787	1.313	0.127 ***	6.530 ***

注：*、**、*** 分别为10%、5%、1%水平显著。

表 4 – 6 报告了虚拟变量（*SOE*、*BIG*4）卡方检验的结果。从表 4 – 6 中可以看出，国有公司发生财务重述的可能显著高于非国有公司，"四大"审计的公司发生财务重述的可能显著低于非"四大"审计的公司。

表 4 - 6 χ^2 检验

变量符号	定义值	RESTATE			
		0	1	合计	Pearson chi2（1）
SOE	0	13627（97.24%）	387（2.76%）	14014	26.411***
	1	9721（96.05%）	400（3.95%）	10121	
BIG4	0	22107（96.6%）	777（3.40%）	22884	25.341***
	1	1241（99.20%）	10（0.80%）	1251	

注：*、**、***分别为10%、5%、1%水平显著。

4.4.2 相关性分析

表 4 - 7 报告了相关分析的结果。从表 4 - 7 中可以看到，EXPR、EXPY 均与 RESTATE 显著负相关，表明签字会计师的个人经验较高时，公司更少发生财务重述，这一结果支持了假说 H4 - 1a。

从相关系数矩阵还可以看到，相关性最高的自变量存在于 INDDIR 与 DIRNUM 之间，Pearson 相关系数为 - 0.430，Spearman 相关系数为 - 0.485。在 Logit 回归时，我们采用 OLS 模型计算了各变量的方差膨胀因子，结果均低于 10。因此，变量间不存在严重的多重共线性问题。

4.4.3 Logit 多元回归分析

表 4 - 8 报告了 Logit 多元回归结果。从表 4 - 8 中第 1 列和第 4 列可以看到，在没有控制其他因素的情况下，EXP 对 RESTATE 具有显著负向影响；从表中第 2 列和第 5 列可以看到，在控制了公司规模等其他因素后，EXP 仍然对 RESTATE 具有显著负向影响。这表明，签字会计师个人经验的提高有助于降低公司发生财务重述的可能、提高审计质量，假说 H4 - 1a 得到支持。这一结果，与卡恩和孙（Cahan and Sun，2015）、戚务君等（Chi，et al.，2017）、原红旗和韩维芳（2012）、王晓珂等（2016）、闫焕民（2016）、韩维芳（2017）从操控性应计等角度研究的结果一致。

表 4 - 7

相关系数矩阵

变量符号	RESTATE	EXPR	EXPY	SIZE	LEV	ROA	MTB	DIRNUM	INDDIR	CR1	SOE	BIG4	TENURE
RESTATE		-0.050 ***	-0.050 ***	-0.030 ***	0.057 ***	-0.069 ***	-0.022 ***	0.014 **	-0.006	-0.032 ***	0.033 ***	-0.032 ***	-0.042 ***
EXPR	-0.050 ***		0.799 ***	-0.004	-0.035 ***	0.007	0.011 *	-0.007	-0.011	-0.058 ***	-0.074 ***	-0.175 ***	0.168 ***
EXPY	-0.055 ***	0.835 ***		0.064 ***	-0.021 ***	-0.008	-0.005	-0.010	0.008	-0.052 ***	-0.052 ***	-0.119 ***	0.152 ***
SIZE	-0.033 ***	-0.022 ***	0.044 ***		0.428 ***	-0.055 ***	-0.390 ***	0.231 ***	-0.005	0.203 ***	0.328 ***	0.275 ***	0.227 ***
LEV	0.063 ***	-0.034 ***	-0.020 ***	0.395 ***		-0.440 ***	-0.114 ***	0.157 ***	-0.025 ***	0.033 ***	0.318 ***	0.093 ***	0.124 ***
ROA	-0.066 ***	0.014 **	0.008	0.005	-0.417 ***		0.234 ***	-0.020 ***	-0.020 ***	0.117 ***	-0.190 ***	0.024 ***	-0.161 ***
MTB	0.006	-0.002	-0.007	-0.328 ***	0.037 ***	0.070 ***		-0.127 ***	0.023 ***	-0.075 ***	-0.201 ***	-0.112 ***	-0.085 ***
DIRNUM	0.012 *	-0.015 **	-0.019 ***	0.261 ***	0.159 ***	-0.012 *	-0.095 ***		-0.485 ***	0.011 *	0.272 ***	0.091 ***	-0.001
INDDIR	-0.003	-0.014 **	-0.002	0.016	-0.021 ***	-0.010	0.031 ***	-0.430 ***		0.026 **	-0.071 ***	0.016 **	0.029 ***
CR1	-0.031 ***	-0.057 ***	-0.049 ***	0.249 ***	0.029 ***	0.122 ***	-0.086 ***	0.030 ***	0.043 ***		0.207 ***	0.138 ***	-0.088 ***
SOE	0.033 ***	-0.076 ***	-0.058 ***	0.339 ***	0.311 ***	-0.153 ***	-0.120 ***	0.282 ***	-0.067 ***	0.207 ***		0.143 ***	0.088 ***
BIG4	-0.032 ***	-0.172 ***	-0.114 ***	0.348 ***	0.088 ***	0.030 ***	-0.071 ***	0.111 ***	0.031 ***	0.147 ***	0.143 ***		0.066 ***
TENURE	-0.039 ***	0.184 ***	0.172 ***	0.206 ***	0.120 ***	-0.123 ***	-0.052 ***	-0.002	0.031 ***	-0.089 ***	0.095 ***	0.072 ***	

注：左下方为 Pearson 相关系数，右上方为 Spearman 相关系数，*、**、*** 分别为10%、5%、1%水平显著。

表 4-8　　　　　　　　　　　　**Logit 多元回归结果**

变量符号	预期符号	EXP = EXPR			EXP = EXPY		
EXPSQR	?			0.021 (0.607)			0.018 (0.228)
EXP	?	-0.282*** (-6.909)	-0.275*** (-6.675)	-0.258*** (-5.167)	-0.364*** (-5.991)	-0.351*** (-5.870)	-0.335*** (-3.627)
SIZE	?		-0.071 (-1.461)	-0.071 (-1.462)		-0.070 (-1.434)	-0.070 (-1.435)
LEV	+		0.012*** (4.952)	0.012*** (4.963)		0.012*** (5.005)	0.012*** (5.005)
ROA	-		-0.028*** (-3.924)	-0.027*** (-3.910)		-0.028*** (-3.974)	-0.028*** (-3.968)
MTB	?		0.003 (0.349)	0.003 (0.341)		0.003 (0.335)	0.003 (0.334)
DIRNUM	?		0.000 (0.016)	0.000 (0.000)		-0.001 (-0.048)	-0.001 (-0.053)
INDDIR	-		0.762 (0.837)	0.755 (0.828)		0.773 (0.849)	0.772 (0.848)
CR1	-		-0.012*** (-3.688)	-0.012*** (-3.687)		-0.012*** (-3.711)	-0.012*** (-3.709)
SOE	+		0.219** (2.203)	0.219** (2.198)		0.231** (2.325)	0.231** (2.320)
BIG4	-		-1.495*** (-4.429)	-1.495*** (-4.426)		-1.427*** (-4.222)	-1.427*** (-4.222)
TENURE	?		-0.274*** (-3.264)	-0.272*** (-3.235)		-0.308*** (-3.710)	-0.307*** (-3.693)
Industry & Year		已控制	已控制	已控制	已控制	已控制	已控制
常数项		-2.538*** (-15.120)	-1.157 (-1.128)	-1.855* (-1.816)	-2.583*** (-15.229)	-1.190 (-1.157)	-1.864* (-1.816)
Wald chi2		291.305	456.424	465.838	280.604	445.255	450.635
Pseudo R²		0.043	0.074	0.074	0.040	0.072	0.072
样本数		24135	24135	24135	24135	24135	24135

注：括号内数字为 Z 值；标准误依照公司进行了聚类调整；*、**、***分别为10%、5%、1%水平显著。

刘和徐（Liu and Xu，2021）利用 Form AP 报告中所披露的项目合伙人信息，研究了美国公司项目合伙人经验对审计质量和审计费用的影响，结果发现，项目合伙人经验与审计质量、审计费用呈倒 U 形关系。这表明，在合伙人职业早期阶段，经验的提升将有助于提高审计质量，而在职业后期阶段，经验的提升反而会导致审计质量的下降。其原因在于，在职业生涯的早期，合伙人有动力提高审计质量以提升其职业声誉；而到了职业生涯的晚期，随着年龄的增长，合伙人职业生涯顾虑的激励作用下降，他们运用其职业经验来提高审计质量的动力由强变弱。对于处于职业生涯末期的审计合伙人来说，他们已经是会计师事务所的顶级员工，在行业内工作的时间足够长，他们追求额外成功的动力较弱，这可能使其审计质量低于事业高峰期的合伙人。那么，在我国，签字会计师个人经验与财务重述之间是否会呈非线性关系？我们对 *EXP* 进行中心化处理后，在模型中加入其平方项（*EXPSQR*），结果表明，*EXPSQR* 的系数并不显著（见表 4 – 8 中第 3 列和第 6 列），而 *EXP* 的系数仍然显著为负。因此，在我国，审计师个人经验与审计质量（客户会计信息质量）之间并未表现出非线性关系。我国之所以没有像美国那样呈非线性关系，原因可能在于两国审计环境的不同。

就控制变量而言，*BIG4*、*TENURE*、*ROA*、*CR*1 的系数均在 1% 水平显著为负，*LEV*、*SOE* 的系数分别在 1% 和 5% 水平显著为正。*BIG4* 回归系数为负表明规模较大的事务所能够减少客户财务重述的可能，审计质量更高；*TENURE* 回归系数为负表明事务所任期的提高非但不会降低审计质量，反而会提高审计质量，从而支持了学习效应；*ROA* 系数为负表明盈利性高的公司较少发生财务重述，*CR*1 系数为负表明股权集中度高的公司更少发生财务重述，*LEV* 系数为正表明财务杠杆高的公司更可能发生财务重述，*SOE* 系数为正表明国有企业更容易发生财务重述，均与预期一致。不过，董事会规模（*DIRNUM*）及独立董事所占比重（*INDDIR*）均不显著，董事会规模不显著可能是因为其与公司治理质量的关系本身存在不确定性，董事会独立性不显著可能与我国独立董事制度实际效果不理想有关。

4.4.4 进一步分析

4.4.4.1 考虑签字会计师客户特定经验（任期）的影响

签字会计师为特定客户服务的时间越长，对客户相关的知识越了解，因此，签字会计师的任期实际上也是一种经验——客户特定经验（Chi，et al.，2017）。在理论上，签字会计师任期对审计质量的影响具有两面性：一方面，任期反映了签字会计师对客户的特定经验，任期越长，签字会计师对特定客户的知识积累越多，这有助于其设计和实施有效的审计程序来发现客户财务报表中的错报，从而提高审计质量、降低财务重述；另一方面，太长的任期可能会损害到审计独立性，签字会计师为客户提供服务的时间越长，越可能与客户形成亲密关系，从而损害审计质量。从现有文献来看，合伙人任期的延长有助于提高审计质量，从而支持了学习效应假说（Chen，et al.，2008；Chi，et al.，2017），但也有文献发现，合伙人任期的延长会降低审计质量，从而支持了独立性假说（Carey and Simnett，2006；Fitzgerald，et al.，2018）。卡恩和孙（Cahan and Sun，2015）则发现，签字会计师任期与操控性应计之间存在负向但不显著的关系。在上面的检验中，只考虑了签字会计师的一般经验，而没有考虑其客户特定经验。为了了解签字会计师客户前一般经验和客户特定经验对财务重述的影响，本书在模型（4-1）中加入签字会计师的特定经验，即任期（CLIENTEXP）。CLIENTEXP 的定义是几位签字会计师对公司平均审计年数（含当年）+1 后的自然对数。

从表4-9中第1列和第4列可以看出，在加入了 CLIENTEXP 之后，EXP 的系数仍然在1%的水平显著为负，同时，CLEINTEXP 自身的系数也显著为负，表明签字会计师的客户特定经验也有助于降低客户财务重述的可能，这一结果与戚务君等（Chi，et al.，2017）一致，从而支持了学习效应。这一结果表明，无论签字会计师的一般经验还是客户特定经验，都有助于提高审计质量。

我们还进一步检验了一般经验与客户特定经验的交互作用。我们预期，在客户特定经验较短时，一般经验更为重要，随着审计任期延长，审计师对客户更为了解，一般经验的作用将逐渐降低，同时，审计任期延长导致审计师独立性下降也会降低一般经验的作用。由于 Logit 模型下交互项将难以解释，我们采用了分组检验。具体而言，我们检验了客户特定经验较短（等于 1 年，即两位会计师都是首年为客户提供审计服务）和较长（大于 4 年）时，一般经验的影响[①]。从表 4-9 中第 2 列和第 5 列可以看出，在签字会计师任期第一年，EXP 显著为负；从表 4-9 中第 3 列和第 6 列可以看出，在签字会计师任期较长时，EXP 不再显著为负。这表明，在客户特定经验较短时，一般经验的作用更为明显。

表 4-9　　　　进一步检验：考虑签字会计师客户特定经验的影响

变量符号	$EXP = EXPR$			$EXP = EXPY$		
	控制任期	任期首年	任期较长	控制任期	任期首年	任期较长
EXP	-0.242 *** (-5.330)	-0.314 *** (-5.061)	-0.239 (-1.358)	-0.285 *** (-4.455)	-0.406 *** (-4.837)	-0.155 (-0.436)
$CLIENTEXP$	-0.209 * (-1.710)			-0.284 ** (-2.400)		
$SIZE$	-0.065 (-1.334)	-0.114 (-1.451)	-0.109 (-0.895)	-0.063 (-1.276)	-0.112 (-1.436)	-0.112 (-0.911)
LEV	0.012 *** (4.981)	0.017 *** (3.750)	0.000 (0.050)	0.013 *** (5.040)	0.017 *** (3.819)	0.001 (0.103)
ROA	-0.028 *** (-3.947)	-0.030 ** (-2.267)	-0.032 * (-1.735)	-0.028 *** (-4.004)	-0.031 ** (-2.281)	-0.032 * (-1.721)
MTB	0.004 (0.390)	-0.001 (-0.076)	-0.004 (-0.184)	0.004 (0.394)	-0.002 (-0.113)	-0.005 (-0.198)
$DIRNUM$	-0.000 (-0.013)	0.008 (0.149)	0.034 (0.490)	-0.002 (-0.076)	0.008 (0.160)	0.029 (0.425)

---

①　之所以要以 1 年和 4 年来划分，原因在于，1 年意味着是首年，而我国规定，签字会计师任期达到 5 年时需要轮换（实际中，合伙人可以通过停止签发报告 1 年后又回来以规避 5 年轮换的限制，故我们计算出来签字会计师的平均任期有大于 5 年的情况），两位会计师平均任期超过 4 年，仅比强制轮换的 5 年少 1 年，意味着其任期已经较长。从样本量来看，两组也非常接近。此外，对上下五分位进行分组检验，结果一致。之所以不是以中位数来分组，是为了提高检验的效力。

变量符号	EXP = EXPR			EXP = EXPY		
	控制任期	任期首年	任期较长	控制任期	任期首年	任期较长
INDDIR	0.752 (0.824)	−0.633 (−0.387)	1.415 (0.682)	0.759 (0.832)	−0.583 (−0.359)	1.441 (0.698)
CR1	−0.012 *** (−3.792)	−0.010 * (−1.776)	−0.004 (−0.567)	−0.012 *** (−3.846)	−0.010 * (−1.834)	−0.004 (−0.542)
SOE	0.232 ** (2.311)	0.104 (0.607)	0.067 (0.301)	0.248 ** (2.474)	0.119 (0.696)	0.067 (0.300)
BIG4	−1.521 *** (−4.499)	−0.887 * (−1.950)	−14.441 *** (−38.331)	−1.470 *** (−4.342)	−0.835 * (−1.810)	−14.058 *** (−41.173)
TENURE	−0.221 ** (−2.564)	−0.422 ** (−2.193)	0.143 (0.816)	−0.230 *** (−2.671)	−0.430 ** (−2.200)	0.119 (0.682)
Industry & Year	已控制	已控制	已控制	已控制	已控制	已控制
常数项	−1.187 (−1.155)	0.044 (0.026)	−1.093 (−0.436)	−1.233 (−1.199)	−0.035 (−0.021)	−1.389 (−0.551)
Wald chi2	458.511	3687.002	5561.042	447.873	3708.651	6217.191
Pseudo R^2	0.074	0.109	0.063	0.073	0.106	0.061
样本数	24135	4844	4164	24135	4844	4164

注: 括号内数字为 Z 值; 标准误依照公司进行了聚类调整; * 、 ** 、 *** 分别为 10% 、 5% 、 1% 水平显著。

4.4.4.2 签字会计师行业经验与非行业经验影响的差异

签字会计师的一般经验包括行业经验和非行业经验。行业特定知识可以增强审计师对客户所在行业经营和会计问题的了解,提高审计师非差错频率知识(Solomon, et al., 1999),从而有助于审计师更好地发现客户报表中的差错。莫洛尼和凯里(Moroney and Carey, 2011)的实验表明,与项目经验相比,行业经验对审计绩效的影响更为显著,因此,在某个行业中持续接触更多客户能够提高审计绩效。车丽梅等(Che, et al., 2018)发现,合伙人的行业经验与审计努力程度呈负向关系,表明具有较多行业经验的合伙人只需要花费较少时间进行审计就可以达到审计目的。闫焕民（2016）发现，只有行业经验才有助于提高审计质量。那么，签字会计师行业经验和非行业经验对财务重述的影响是否存在差异呢？本书进一步将签字会计师的一般经验区分为行业一般经验（INDEXP）和非行业一般经验（NON-INDEXP），以考察这两种经验对于财务重述的影响。我们用签字会计师在某行业中累计签发报告数量（或执业年数）来度量其行业经验（INDEXP），用签字会计师在样本公司所处行业之外的行业所签发报告数（或执业年数）度量非行业经验（NON-INDEXP）[①]。

从表 4 - 10 中可以看出，INDEXP、NON-INDEXP 的系数均在 1% 水平显著为负，表明无论是行业经验还是非行业经验，均对财务重述具有显著负向影响。因此，即便是其他行业的执业经验，也有助于提高审计师发现被审计单位财务报告中错报的能力，这一结果支持了莫洛尼和凯里（Moroney and Carey，2011）的实验发现，而与闫焕民（2016）有所差异。不过，从系数上来看，行业经验的影响确实更为明显。

表 4 - 10　　　进一步检验：签字会计师行业经验和非行业经验对财务重述的影响

变量符号	EXP = EXPR	EXP = EXPY
INDEXP	- 0. 189 *** （ - 3. 056）	- 0. 298 *** （ - 5. 379）
NON-INDEXP	- 0. 153 *** （ - 3. 573）	- 0. 228 *** （ - 4. 122）
SIZE	- 0. 068 （ - 1. 397）	- 0. 070 （ - 1. 428）
LEV	0. 012 *** （4. 943）	0. 012 *** （5. 011）

① 其具体定义为：INDEXP：二位或三位签字会计师本年资产负债表日前在本行业内平均签发的报告数（执业年数）+1 之后的自然对数；NON-INDEXP：二位或三位签字会计师本年资产负债表日前在行业外平均签发的报告数（执业年数）+1 之后的自然对数。此外，车丽梅等（Che, et al., 2018）及卡恩和孙（Cahan and Sun, 2015）采用签字会计师在某个行业中所审计客户的收入占该行业所有客户收入之和的比重来衡量签字会计师的行业经验，考虑到这与签字会计师行业专长的度量高度重合，故本文不采用这一方法。

变量符号	EXP = EXPR	EXP = EXPY
ROA	-0.028 *** (-3.980)	-0.028 *** (-4.026)
MTB	0.003 (0.335)	0.003 (0.320)
DIRNUM	0.001 (0.042)	0.000 (0.001)
INDDIR	0.791 (0.868)	0.776 (0.855)
CR1	-0.012 *** (-3.702)	-0.012 *** (-3.736)
SOE	0.226 ** (2.261)	0.233 ** (2.343)
BIG4	-1.492 *** (-4.435)	-1.445 *** (-4.308)
TENURE	-0.261 *** (-3.117)	-0.290 *** (-3.486)
Industry & Year	已控制	已控制
常数项	-1.319 (-1.283)	-1.259 (-1.220)
Wald chi2	453.339	452.424
Pseudo R^2	0.074	0.073
样本数	24135	24135

注：括号内数字为 Z 值；标准误依照公司进行了聚类调整；*、**、*** 分别为 10%、5%、1% 水平显著。

4.4.4.3 复核合伙人和项目负责人经验影响的差异

我国审计报告中的签字会计师包括复核合伙人和项目负责人[1]，少数事

---

[1] 2016 年 12 月修订的《中国注册会计师审计准则第 1501 号——对财务报表形成审计意见和出具审计报告》已不再区分复核合伙人和项目负责人，不过，本书样本期基本为新审计准则之前，因此，本书仍沿用之前的称谓。由于本书是依照经验多寡以及排序来确定复核合伙人和项目负责人，因此，本书的结论仍适用于新准则下项目合伙人和其他签字注册会计师。

务所出具的审计报告上还有三位注册会计师签字（通常为复核合伙人、部门经理和项目负责人）。复核合伙人和项目负责人在审计过程中的角色有所差异：项目负责人具体负责外勤工作，指导、监督与执行审计业务，而复核合伙人则是对项目组识别的审计风险及其应对措施、审计报告的适当性等重大问题加以复核。从已有文献来看，吴溪（2009）认为，经验较高的签字会计师决定了复核环节的质量，而经验较少的签字会计师主要影响外勤工作的质量。原红旗和韩维芳（2012）、韩维芳（2017）发现，项目负责人的经验对操控性应计或出具非标意见的倾向有显著影响，而复核会计师经验的作用不显著；而金成隆和纪心怡（Chin and Chi，2009）、纪心怡和金成隆（Chi and Chin，2011）对我国台湾地区公司的研究则发现，主审会计师的行业专长对审计质量具有显著影响，而副审会计师的行业专长对审计质量没有显著影响。在前面的检验中，我们对签字会计师个人经验是用几位签字会计师的均值度量，那么，对于财务重述而言，复核合伙人与项目负责人的个人经验何者作用更大？

本书将采用如下两种方法确定复核合伙人和项目负责人，进而考察其个人经验对财务重述的影响：第一，参考吴溪（2009）的做法，将几位签字会计师中经验较高者（签发报告数较多、从业年数较长）确定为复核合伙人，另一位确定为项目负责人。其依据是，《质量控制准则》（CSQC5101）规定，会计师事务所在安排复核工作时，应当由项目组内经验较多的人员复核经验较少的人员的工作。从实务来看，一般也是事务所中较资深的会计师复核低年资会计师的工作。第二，参考原红旗和韩维芳（2012）、苏锡嘉和吴溪（Su and Wu，2016）、何贤杰等（He，et al.，2018）、古尔等（Gul，et al.，2019）、丘齐等（Church，et al.，2020）的做法，将排名在前的签字会计师确定为复核合伙人，排名在后的确定为项目负责人[①]。

表 4-11 报告了复核合伙人个人经验（REVEXP）、项目负责人个人经验（ENGEXP）对财务重述的影响[②]，在检验时，我们剔除了签字会计师为三位

[①] 复核合伙人在前，项目负责人在后，只是一种普遍的做法。在一些事务所中，可能并不严格遵循这一惯例，正因为此，本书同时用两种方法确定复核合伙人和项目负责人。不过，依照中国传统文化，位卑者签名一般不能位于位尊者之前。

[②] 在采用依照签发报告数多少区分复核合伙人和项目负责人时，个人经验用签发报告数+1取自然数度量；在用执业年数多少区分时，个人经验用执业年数+1取自然数度量；用签字时的排序区分时，个人经验同时采用签发报告数+1取自然对数、从业年数+1取自然对数两种方法度量。

的样本，因为此时难以确定何为复核合伙人，何为项目负责人。从表 4 – 11 中可以看到，复核合伙人个人经验（*REVEXP*）的系数显著为负，而项目负责人的个人经验（*ENGEXP*）不显著。这表明，签字会计师个人经验对财务重述的作用主要来自复核合伙人，而非项目负责人。这一结果与原红旗和韩维芳（2012）、韩维芳（2017）不一致，而与王晓珂等（2016）[①]、陈小林等（Chen, et al., 2017）一致。对此，我们认为，尽管负责外勤工作的项目负责人对于审计项目也很重要，但就财务重述而言，公司需要专门进行会计差错更正的一般是较为重大的问题，此时，负责对审计项目组工作进行总体复核的复核合伙人的经验可能更为重要；从审计团队内部协作关系来看，经验更丰富、更资深的复核人可能会指出经验较少的项目负责人未发现的客户财务报告中存在的错报，从而减少财务重述的发生，而反过来，经验较少的项目负责人难以影响复核人的判断，因此，复核人的经验决定了整个项目的质量。在这一意义上，经验较丰富的复核合伙人在审计团队中的作用更为重要。

表 4 – 11　　　进一步检验：复核合伙人与项目负责人个人经验对财务重述的影响

变量符号	*EXP = EXPR*（签发报告较多者确定为复核人）	*EXP = EXPY*（从业年数较久者确定为复核人）	*EXP = EXPR*（审计报告中首位签名者确定为复核人）	*EXP = EXPY*（审计报告中首位签名者确定为复核人）
REVEXP	− 0.243 ***（− 5.841）	− 0.286 ***（− 4.530）	− 0.185 ***（− 5.840）	− 0.226 ***（− 4.972）
ENGEXP	0.007（0.160）	− 0.033（− 0.584）	− 0.054（− 1.467）	− 0.073（− 1.614）
SIZE	− 0.070（− 1.431）	− 0.069（− 1.397）	− 0.068（− 1.377）	− 0.067（− 1.365）
LEV	0.012 ***（4.993）	0.013 ***（5.021）	0.012 ***（4.980）	0.013 ***（5.019）

———————

　　① 如果本书在模型中仅放入经验较丰富签字会计师的个人经验，*EXP* 的估计系数依然显著为负。

续表

变量符号	EXP = EXPR（签发报告较多者确定为复核人）	EXP = EXPY（从业年数较久者确定为复核人）	EXP = EXPR（审计报告中首位签名者确定为复核人）	EXP = EXPY（审计报告中首位签名者确定为复核人）
ROA	− 0.028 *** （− 3.947）	− 0.028 *** （− 4.006）	− 0.028 *** （− 3.951）	− 0.028 *** （− 4.011）
MTB	0.003 （0.335）	0.003 （0.320）	0.004 （0.385）	0.003 （0.364）
DIRNUM	0.000 （0.006）	− 0.001 （− 0.038）	− 0.001 （− 0.020）	− 0.002 （− 0.061）
INDDIR	0.684 （0.743）	0.704 （0.765）	0.672 （0.730）	0.683 （0.743）
CR1	− 0.011 *** （− 3.491）	− 0.012 *** （− 3.523）	− 0.011 *** （− 3.500）	− 0.012 *** （− 3.523）
SOE	0.220 ** （2.192）	0.231 ** （2.302）	0.219 ** （2.183）	0.230 ** （2.293）
BIG4	− 1.481 *** （− 4.395）	− 1.420 *** （− 4.214）	− 1.466 *** （− 4.356）	− 1.409 *** （− 4.190）
TENURE	− 0.284 *** （− 3.365）	− 0.316 *** （− 3.791）	− 0.291 *** （− 3.473）	− 0.318 *** （− 3.820）
Industry & Year	已控制	已控制	已控制	已控制
常数项	− 1.104 （− 1.069）	− 1.152 （− 1.114）	− 1.256 （− 1.217）	− 1.282 （− 1.241）
Wald chi2	455.942	438.882	447.039	436.917
Pseudo R^2	0.074	0.072	0.073	0.071
样本数	23378	23378	23378	23378

注：括号内数字为 Z 值；标准误依照公司进行了聚类调整；*、**、*** 分别为 10%、5%、1% 水平显著。

4.4.4.4 不同规模会计师事务所中签字会计师个人经验作用的差异

在不同会计师事务所中，签字会计师个人的作用可能存在差异。库拉纳等（Khurana，et al.，2011）指出，大型事务所中的注册会计师普遍拥有更多的知识、经验和数据库，并拥有有助于提高整个事务所执业标准的知识资本。他们会接受更严格的训练、拥有结构化的审计流程、更多的分享审计经验的机会。大型事务所更高的法律风险也会迫使其中的注册会计师更努力。这些都会使大型事务所中的审计人员更有效地实施审计程序，不同审计项目之间的质量差异相对较小。因此，在规模较大的事务所中，审计质量本身较高，签字会计师个人经验的增量作用自然就不那么明显。阿齐兹卡尼等（Azizkhani，et al.，2013）发现，会计师事务所规模（"四大"）会弱化合伙人任期对公司事前权益资本成本的影响。孔特苏托等（Contessotto，et al.，2019）发现，在美国，"四大"倾向于为在同一行业中少数几家大客户工作，因此，审计师个人经验的差异较小，而中等规模事务所在同一行业中的客户数要少于"四大"，因此，合伙人将不得不跨若干个行业来实施审计，这将会降低其在某一个行业中的经验。这一差异，一方面意味着由于客户数较少，中小规模事务所中合伙人的经验差距可能更大，另一方面意味着中小规模事务所中合伙人经验可能较少体现在行业经验上。龚光明等（Gong，et al.，2019）发现，仅在非"十大"事务所中，合伙人以往的负面审计失败经历才对公司债券利差具有显著影响，这也表明了事务所规模会削弱签字会计师个人的影响。鲜于等（Sonu，et al.，2019）发现，在"四大"中，审计师个人经验对审计质量的影响相对较小，原因在于，"四大"中会计师更密集的培训、结构化的审计程序和更多的知识分享机会会削弱审计质量对单个合伙人经验的依赖程度。因此，我们预期，在非"四大"事务所中，签字会计师个人经验对财务重述的影响更为明显。为此，我们对"四大"和非"四大"进行分组检验，结果如表 4－12 所示。可以看出，只有在非"四大"中，EXP 才显著为负，与预期相符。

4.4.4.5 不同法治环境下签字会计师个人经验作用的差异

在不同的法律环境下，审计师的法律风险不同，其提高审计质量以降低自身法律风险的动力也就不同。这一差异，会影响到其在迎合客户要求与坚持独立之间的权衡。在法律环境较好地区，审计师更有动力提高执业质量，因为一旦发生审计失败，更容易受到相关的调查与处罚，因此，经验丰富的签字会计师会提高审计质量、要求客户调整重大错报，以免为自身和事务所带来法律风险；而在法律环境较差地区，审计师提高审计质量的动力不够强，有经验的审计师甚至会利用自身的经验帮助客户进行盈余管理，以迎合客户。据此，签字会计师个人经验的作用在法律环境较好地区会更加明显。另外，地区法律环境也会影响到企业自身的行为。在法律环境较好地区，由于违规行为的成本较高，企业发生违规行为的机会也会降低，这将会降低审计师个人经验对财务重述的影响，据此，签字会计师个人经验在法律环境较差地区更为明显。因此，法律环境对于签字会计师个人经验作用的影响具有不确定性。那么，在法律环境不同地区，签字会计师个人经验对财务重述的影响是否存在差异呢？我们依照《中国分省份市场化指数报告》（王小鲁等，2018）中的"各省维护市场的法治环境"度量公司所在地区法律环境，并依据该指数是否大于年度样本中位数定义法律环境较好地区和较差地区。从表 4 – 13 中可以看到，两组中 EXP 的系数均显著为负，表明无论法律环境好坏，签字会计师个人经验都会降低公司发生财务重述的可能。本书采用 SUEST 分组差异性检验，反复 100 次，结果显示仅当 $EXP = EXPY$ 时，两组才有显著差异，差异值为 0.178（显著性水平为 0.080）。因此，本书仅发现了较弱的证据表明审计师个人经验对财务重述的抑制作用在法治环境好的情况下更为明显。

表 4 – 12   进一步检验：不同规模会计师事务所中签字
会计师个人经验的作用

变量符号	RESTATE			
	$EXP = EXPR$		$EXP = EXPY$	
	$BIG4 = 0$	$BIG4 = 1$	$BIG4 = 0$	$BIG4 = 1$
EXP	− 0.275 *** （− 6.604）	− 0.230 （− 1.010）	− 0.357 *** （− 5.916）	0.033 （0.079）
SIZE	− 0.064 （− 1.290）	− 0.130 （− 0.598）	− 0.063 （− 1.264）	− 0.239 （− 1.102）
LEV	0.012 *** （4.813）	0.023 （1.028）	0.012 *** （4.870）	0.020 （0.897）
ROA	− 0.029 *** （− 4.132）	0.077 （1.206）	− 0.030 *** （− 4.181）	0.096 （1.517）

变量符号	RESTATE			
	EXP = EXPR		EXP = EXPY	
	BIG4 = 0	BIG4 = 1	BIG4 = 0	BIG4 = 1
MTB	0.004 (0.381)	−0.032 (−0.356)	0.003 (0.364)	−0.012 (−0.187)
DIRNUM	0.003 (0.112)	−0.263* (−1.664)	0.001 (0.048)	−0.147 (−1.070)
INDDIR	1.008 (1.112)	−16.216 (−1.601)	1.018 (1.123)	−19.535 (−1.253)
CR1	−0.012*** (−3.713)	−0.017 (−0.555)	−0.012*** (−3.740)	−0.011 (−0.469)
SOE	0.216** (2.151)	0.847 (1.108)	0.227** (2.267)	0.098 (0.163)
TENURE	−0.257*** (−3.052)	−1.609** (−2.050)	−0.290*** (−3.485)	−1.590** (−2.000)
Industry & Year	已控制	已控制	已控制	已控制
常数项	−1.407 (−1.353)	−7.532 (−1.055)	−1.428 (−1.370)	−4.790 (−0.528)
Wald chi2	445.538	1380.665	436.903	1855.552
Pseudo R^2	0.071	0.233	0.069	0.185
样本数	22884	1251	22884	1251

注：括号内数字为 Z 值；标准误依照公司进行了聚类调整；*、**、*** 分别为 10%、5%、1% 水平显著。

表 4 – 13　　进一步检验：不同地区法治环境下签字会计师个人经验的作用

变量符号	RESTATE			
	EXP = EXPR		EXP = EXPY	
	法律环境差	法律环境好	法律环境差	法律环境好
EXP	−0.241*** (−4.694)	−0.287*** (−4.138)	−0.274*** (−3.673)	−0.452*** (−4.473)

续表

变量符号	RESTATE			
	EXP = EXPR		EXP = EXPY	
	法律环境差	法律环境好	法律环境差	法律环境好
SIZE	−0.082 (−1.380)	−0.004 (−0.050)	−0.079 (−1.333)	−0.002 (−0.027)
LEV	0.011 *** (3.950)	0.013 *** (2.618)	0.011 *** (4.005)	0.013 *** (2.631)
ROA	−0.023 *** (−2.750)	−0.039 *** (−3.051)	−0.023 *** (−2.808)	−0.039 *** (−3.043)
MTB	−0.004 (−0.380)	0.023 (1.469)	−0.004 (−0.398)	0.023 (1.442)
DIRNUM	−0.013 (−0.416)	0.002 (0.044)	−0.016 (−0.505)	0.001 (0.026)
INDDIR	−0.078 (−0.069)	1.783 (1.145)	−0.074 (−0.065)	1.756 (1.141)
CR1	−0.011 *** (−2.716)	−0.013 ** (−2.385)	−0.011 *** (−2.722)	−0.013 ** (−2.423)
SOE	0.094 (0.774)	0.403 ** (2.471)	0.101 (0.829)	0.417 ** (2.557)
BIG4	−1.220 *** (−2.822)	−1.766 *** (−3.307)	−1.159 *** (−2.670)	−1.701 *** (−3.189)
TENURE	−0.135 (−1.404)	−0.601 *** (−4.096)	−0.167 * (−1.761)	−0.627 *** (−4.265)
Industry & Year	已控制	已控制	已控制	已控制
常数项	−0.527 (−0.401)	−2.984 * (−1.912)	−0.616 (−0.468)	−2.908 * (−1.877)
Wald chi2	273.596	247.346	265.136	250.634
Pseudo R^2	0.066	0.098	0.063	0.098
样本数	13088	11047	13088	11047

注：括号内数字为 Z 值；标准误依照公司进行了聚类调整；*、**、*** 分别为 10%、5%、1% 水平显著。

4.4.4.6　签字会计师性别的影响

社会心理学认为，女性更加厌恶风险、更遵循相关规则，这一差异也体现在职业活动中。已有文献发现，女性合伙人的审计质量显著高于男性（Ittonen, et al.，2013；Hardies, et al.，2016；Garcia-Blandon, et al.，2019）。那么，签字会计师个人经验对财务重述的影响是否会受到其性别的影响？我们将样本分为两位签字会计师都是女性（$FEMALE = 1$）和包含男性组（$FEMALE = 0$），我们剔除了签字会计师有两位以上的样本（757 个），分组检验结果表明，当两位签字会计师全部为女性时，EXP 的系数虽然为负，但不显著，当签字会计师中包含男性时，EXP 仍然显著为负（见表 4 - 14）。其原因在于，女性合伙人本身就比较稳健、审计质量更高，这在一定程度上降低了个人经验的作用。

表 4 - 14　　　　　进一步检验：审计师性别的调节作用

变量符号	RESTATE			
	EXP = EXPR		EXP = EXPY	
	FEMALE = 0	FEMALE = 1	FEMALE = 0	FEMALE = 1
EXP	- 0.264 *** (- 6.133)	- 0.202 (- 1.183)	- 0.329 *** (- 5.197)	- 0.328 (- 1.347)
SIZE	- 0.081 (- 1.572)	0.024 (0.140)	- 0.080 (- 1.546)	0.028 (0.162)
LEV	0.013 *** (5.059)	0.010 (1.002)	0.013 *** (5.096)	0.010 (1.037)
ROA	- 0.026 *** (- 3.556)	- 0.054 * (- 1.840)	- 0.026 *** (- 3.629)	- 0.053 * (- 1.826)
MTB	0.001 (0.098)	0.028 (0.955)	0.001 (0.077)	0.029 (0.971)
DIRNUM	- 0.002 (- 0.081)	0.031 (0.326)	- 0.004 (- 0.145)	0.036 (0.380)
INDDIR	0.332 (0.341)	5.280 * (1.653)	0.336 (0.346)	5.468 * (1.747)

续表

变量符号	RESTATE			
	EXP = EXPR		EXP = EXPY	
	FEMALE = 0	FEMALE = 1	FEMALE = 0	FEMALE = 1
CR1	−0.011 *** (−3.284)	−0.019 (−1.487)	−0.011 *** (−3.308)	−0.019 (−1.512)
SOE	0.207 ** (2.018)	0.465 (1.319)	0.220 ** (2.144)	0.461 (1.303)
BIG4	−1.337 *** (−3.932)	−15.311 *** (−25.260)	−1.262 *** (−3.707)	−15.347 *** (−24.570)
TENURE	−0.278 *** (−3.179)	−0.397 (−1.343)	−0.312 *** (−3.623)	−0.401 (−1.388)
Industry & Year	已控制	已控制	已控制	已控制
常数项	−0.854 (−0.781)	−4.535 (−1.280)	−0.894 (−0.818)	−4.637 (−1.320)
Wald chi2	423.471	2991.566	413.229	2888.061
Pseudo R^2	0.074	0.157	0.071	0.158
样本数	21847	1531	21847	1531

注：括号内数字为 Z 值；标准误依照公司进行了聚类调整；＊、＊＊、＊＊＊分别为 10%、5%、1% 水平显著。

4.4.5　内生性与稳健性检验

4.4.5.1　倾向得分匹配法（PSM）

本书可能存在自选择问题，即经验丰富的签字会计师有可能会选择性地接受低风险（盈余质量更高、更少存在会计差错）客户，这样的话，签字会计师个人经验与财务重述之间的负向关系就不是因为经验丰富的签字会计师更能发现客户财务报告中的错报从而减少财务重述的发生所致，而是由于经验丰富的签字会计师承接的客户本身盈余质量较高、不大可能发生财务重述所致。借鉴王晓珂等（2016）的做法①，本书将通过 PSM 方法来缓解签字会计师个人经验的自选择问题。具体做法是：改用虚拟变量 *EXPDUM*（用年度中位数定义）度量审计师个人经验，并用 Logit 模型估计公司签字会计师经验的影响因素（自变量包括公司规模、财务杠杆、盈利性、市净率、产权性质、独立董事所占比重、事务所规模、年份、行业），然后根据倾向得分采用最近距离法对高经验、低经验样本进行 1∶1 匹配，进而再对匹配后样本进行回归。平衡性检验表明，匹配后相关变量的组间差异显著降低且不再有显著差异。PSM 匹配后回归结果如表 4－15 所示。从表 4－15 中可以看到，在采用 PSM 缓解签字会计师个人经验的自选择问题后，签字会计师的个人经验依然对财务重述具有显著负向影响。

表 4－15　　　　　　　　　　PSM 匹配后样本回归

变量符号	EXP = EXPR	EXP = EXPY
EXPDUM	－ 0. 400 *** （－ 4. 595）	－ 0. 289 *** （－ 3. 232）
SIZE	－ 0. 046 （－ 0. 807）	－ 0. 024 （－ 0. 426）
LEV	0. 012 *** （4. 205）	0. 009 *** （3. 131）
ROA	－ 0. 028 *** （－ 3. 254）	－ 0. 036 *** （－ 4. 302）
MTB	0. 004 （0. 400）	0. 004 （0. 330）
DIRNUM	0. 005 （0. 174）	－ 0. 005 （－ 0. 165）
INDDIR	1. 501 （1. 507）	0. 950 （0. 901）

---

①　卡恩和孙（Cahan and Sun, 2015）采用的是 Heckman 检验，但 Heckman 检验更适合不可观测样本选择偏误，由于经验不同的签字会计师审计的客户财务报告是否发生重述均可见，采用 Heckman 检验来解决可观测样本偏误问题实际上是不妥的。Heckman 处理效应模型才是解决自选择问题的方法。

续表

变量符号	EXP = EXPR	EXP = EXPY
CR1	-0.011 *** (-2.867)	-0.007 * (-1.850)
SOE	0.252 ** (2.237)	0.301 *** (2.630)
BIG4	-1.848 ** (-2.511)	-1.276 *** (-2.668)
TENURE	-0.274 *** (-2.821)	-0.267 *** (-2.760)
Industry & Year	已控制	已控制
常数项	-2.566 ** (-2.181)	-2.786 ** (-2.312)
Wald chi2	318.354	287.322
Pseudo R^2	0.065	0.062
样本数	18389	17836

注:括号内数字为 Z 值;标准误依照公司进行了聚类调整;＊、＊＊、＊＊＊分别为 10%、5%、1% 水平显著。

4.4.5.2 工具变量二阶段回归

为了缓解反向因果、遗漏变量等原因造成的内生性问题,本书采用当年事务所内审计师个人经验的中位数(MEDEXPR、MEDEXPY)作为工具变量,进而用工具变量二阶段回归来解决可能的内生性问题。我们首先进行了外生性检验和弱工具变量检验,结果表明,当年事务所内审计师个人经验的中位数可以用来作为工具变量①。第一阶段回归结果表明,工具变量 MEDEXPR 和 MEDEXPY 分别与 EXPR 和 EXPY 在 1% 水平呈显著正向关系(表略),工

① 在用 EXP1 度量签字会计师个人经验、相应地用 MEDEXP1 做工具变量时,Wald 检验卡方值为 49.73,在 1% 水平拒绝外生性假设,弱工具变量检验结果表明,Wald 卡方值是 87.22,在 1% 水平拒绝弱工具变量假设;在用 EXP2 度量避税程度、相应地用 MEDEXP2 做工具变量时,Wald 检验卡方值为 45.35,在 1% 水平拒绝外生性假设,弱工具变量检验 Wald 卡方值是 70.78,在 1% 水平拒绝弱工具变量假设。

具变量二阶段回归结果表明，*EXP* 仍然与公司财务重述呈显著负向关系（见表 4 - 16 中第 1 列和第 2 列）。

表 4 - 16　　　　　　　内生性问题：工具变量二阶段回归和残差法

变量符号	工具变量二阶段回归		二阶段残差介入法	
	EXP = EXPR	*EXP = EXPY*	*EXP = EXPR*	*EXP = EXPY*
EXP	- 0. 370 *** (- 9. 339)	- 0. 570 *** (- 8. 413)		
RESEXP			- 0. 275 *** (- 6. 658)	- 0. 351 *** (- 5. 869)
控制变量	已控制	已控制	已控制	已控制
常数项	- 0. 535 (- 1. 332)	- 0. 470 (- 1. 166)	- 1. 677 (- 1. 642)	- 1. 641 (- 1. 599)
Wald (LR) chi^2	510. 891	495. 715	454. 764	443. 986
样本数	24135	24135	24135	24135

注：括号内数字为 Z 值；标准误依照公司进行了聚类调整；*、**、*** 分别为 10%、5%、1% 水平显著。

4.4.5.3　二阶段残差法

本书还借鉴韩维芳（2017）的做法，估计出签字会计师个人经验的残差（自变量与 PSM 第一阶段一致），进而考察残差（*RESEXP*）对财务重述的影响。从表 4 - 16 中第 3 列和第 4 列可以看到，个人经验的残差仍然对财务重述具有显著负向影响。

4.4.5.4　改变签字会计师个人经验的定义方法

首先，参考卡恩和孙（Cahan and Sun，2015）的做法，用两位签字会计师签发报告、执业年度总数度量经验。鉴于有的公司审计报告中有两位签字会计师，有的公司审计报告中有三位签字会计师，为了保持可比，将三位签字会计师的样本剔除。从表 4 - 17 中可以看到，签字会计师个人经验仍与财务重述呈显著负向关系。其次，用虚拟变量 *EXPDUM* 度量签字会计师个人经验：如果签字会计师的个人经验大于中位数，则 *EXPDUM* = 1，否则，*EXP-DUM* = 0。从表 4 – 17 中可以看到，结果与主检验一致。

表 4 – 17　　　　稳健性检验：改变签字会计师个人经验的定义方法

项目	*EXPR*	*EXPY*
用两位签字会计师经验之和度量	– 0.237 *** (– 6.492)	– 0.280 *** (– 5.511)
用虚拟变量度量签字会计师个人经验	– 0.460 *** (– 5.848)	– 0.315 *** (– 3.984)

注：括号内数字为 Z 值；标准误依照公司进行了聚类调整；* 、** 、*** 分别为 10% 、5% 、1% 水平显著。

4.5　结论与讨论

4.5.1　研究结论与启示

审计是一个高度依赖个人判断的专业化活动。因此，经验对于审计而言具有十分重要的意义。那么，审计师的个人经验对于审计质量究竟具有何种影响？从现有文献来看，早期许多文献运用试验研究或调查方法，考察了注册会计师个人经验对其知识、能力的影响，但并未取得一致结论；近年来，一些学者利用中国、韩国等国家或地区关于注册会计师须在审计报告上签字的规定，考察了签字会计师个人经验对审计质量的影响，但这些研究往往采用操控性应计作为审计质量的度量，且有限的文献对于签字会计师经验究竟是提高还是降低审计质量的结论并不完全一致。财务重述与审计师能够发现财务报告中的错报直接相联系，且具有不依赖特定估计模型、可以事后观察等优点，因此，本书利用手工整理的累计签发审计报告数和累计执业年数度量签字会计师的一般个人经验，进而利用 A 股非金融类上市公司 2007 ~ 2017 年数据，考察了签字会计师个人经验对客户公司发生财务重述的影响，结果发现，签字会计师的一般个人经验与财务重述呈显著负向关系。进一步研究发现，在控制了签字会计师任期（即签字会计师的客户特定经验）之后，签字会计师的一般经验仍然显著为负，且一般经验的作用会随着客户特定经验的增加而削弱；签字会计师一般经验中，行业经验与非行业经验均与财务重述呈显著负向关系；签字会计师一般经验与财务重述的负向关系主要来自于复核合伙人，项目负责人的经验并没有显著影响；签字会计师个人经验对财务重述的抑制作用，仅存在于非"四大"中。此外，我们发现，无论地区法律环境如何，签字会计师个人经验都对财务重述具有显著抑制作用，仅有较微弱的证据表明，签字会计师个人经验的作用在法律环境较好地区更为明显；女性合伙人会弱化签字会计师个人经验对财务重述的影响。

本章的研究结果具有如下启示：

（1）随着签字会计师经验的提高，其发现客户财务报告中重大错报的能力显著提高（客户随后发生财务重述的可能性降低）。由于财务重述可以后验地表明审计质量，本章的结果表明，签字会计师个人经验确实有助于审计质量的提高。其原因可能在于，经验丰富的注册会计师对客户财务报告相关差错的知识具有更好的了解，能够更有效地发现错报。这一发现的现实意义在于，会计师事务所是一个典型的智慧型人合组织，经验丰富的注册会计师是会计师事务所宝贵的人力资源，会计师事务所要采取积极的措施，吸引、培养、留住经验丰富的资深注册会计师。并且，在分配项目时，要注意将这些经验丰富的注册会计师配置到高风险客户项目审计小组中，以有效控制整个事务所的风险。规模较小的事务所，更要重视注册会计师经验的培养以及业务委派过程中对经验的考量，尤其是对于男性注册会计师。对具有高质量审计服务需求的上市公司而言，在购买审计服务时，也应注意到不同经验水平签字会计师审计质量的差异。

（2）本章的研究发现，签字会计师的一般经验和客户特定经验均有助于提高其发现客户财务报告中重大错报的能力，且在客户特定经验较少时，一般经验的作用更为明显，这表明，对于新客户，委派经验较丰富的注册会计师担任签字会计师更能保证审计质量。

（3）签字会计师的行业经验和非行业经验均对财务重述具有显著负向影响（尽管相比而言，行业经验的作用更为明显），因此，在经验以及相关的知识、技能形成过程中，无论是行业项目经验还是非行业项目经验都具有积极意义，经验的作用并非仅限于行业之中。这意味着，在培养签字会计师经验时，特定行业项目和非特定行业项目都是有意义的，事务所在分配项目过程中，对签字会计师经验的考虑也不一定仅限于行业经验。

（4）本章的结果表明，与项目负责人相比，复核合伙人的个人经验对财务重述的影响更为明显，因此，在审计团队中，复核合伙人的作用可能更为重要。这意味着，事务所在质量控制中，要注重选择经验丰富的合伙人担任质量控制（复核）合伙人，以有效控制事务所的审计风险。我国新审计报告准则实施以后，签字会计师的称呼已经改为"项目合伙人和其他负责审计项目的注册会计师"，而不再叫作"复核合伙人"和"项目负责人"，但本章是依据经验值高低和签字排序来区分两位签字会计师，因此，上述发现在新的签字规则下依然具有启示意义。例如，事务所可以让经验丰富的注册会计师担任项目合伙人，另一位负责审计项目的签字会计师的经验则可以稍微欠缺，以达到"老带新"的目的。

4.5.2　研究不足与未来研究方向

本章存在如下局限：

（1）个人经验难以准确度量，本章参考已有文献的普遍做法，同时采用累计签发报告数、累计执业年数两个方法度量签字会计师个人经验，但其仍可能存在一定的噪声，例如，本章将不同规模、不同复杂性的客户视为同质的，可能并不完全妥当。

（2）尽管本章采用了 PSM、二阶段回归等方法，但可能并不能完全排除反向因果以及其他原因导致的内生性问题的影响。

（3）尽管与操控性应计等度量相比，财务重述（会计差错更正）具有不依赖特定的估计模型、可从外部观察等优点，但其也存在发生率较低、不能揭示符合准则的盈余管理行为、审计的固有限制决定审计师难以发现所有舞弊等缺陷，因而并不能完全准确地刻画审计质量（DeFond and Zhang，2014）。因此，保守地说，本章的结果只能说明签字会计师个人经验与财务重述之间具有负向关系，但这是否就可以完全归结为审计质量的提高，尚有待进一步的证据。此外，由于数据的限制，本章未能进一步区分不同类型（会计科目及影响的报表）、不同程度的会计差错更正项目，进而研究签字会计师个人经验对不同类型财务重述的影响。

第 5 章

签字会计师个人经验对隐蔽性盈余
管理的影响：真实盈余管理视角

5.1 问题提出

近年来，一些学者利用中国等少数国家或地区存在合伙人须在审计报告上签字的要求，实证检验了签字会计师个人经验对审计行为的影响，许多文献发现，审计师个人经验会显著抑制客户的应计盈余管理行为（Cahan and Sun, 2015；Chi, et al., 2017；Sonu, et al., 2019；原红旗和韩维芳，2012；王晓珂等，2016；闫焕民，2016）。然而，公司管理层盈余管理的方法有很多，应计盈余管理只是其中一种。尤其是，随着监管强度的提高，管理层越来越倾向于采用真实盈余管理等法律与监管风险更低、更为隐蔽的盈余管理方式来实现短期盈余目标（Cohen and Zarowin, 2010；Chi, et al., 2011；Burnett, et al., 2012；李江涛和何苦，2012）。因此，即便签字会计师的个人经验确实有助于抑制应计盈余管理，但还存在另外一种潜在的可能，即经验丰富的签字会计师可能会促使客户在降低应计盈余管理的同时转而采用更隐蔽的盈余管理方式（如真实盈余管理、分类转移）来实现盈余目标①。实际上，经验丰富的签字会计师对行业和客户更为了解、拥有更充分的会计和经营知识，并且知道如何在维持客户关系的基础上更有效地防范风险，因而确实有可能会利用自己的经验，促使客户采用更隐蔽、风险更小的盈余管理方式，从而实现维护客户关系与降低自身风险之间的平衡。真实盈余管理行为虽然较为隐蔽，但实际上是以牺牲企业未来发展来满足短期盈余目标，对于公司未来现金流和企业价值都具有负面影响，其负面作用甚至不亚于应计盈余管理。如果是这样的话，就不能说"签字会计师的个人经验提高了审计质量"。因此，尽管现有文献大多发现签字会计师个人经验与公司的应计盈余管理呈负向关系，但签字会计师的个人经验对公司盈余管理以及进一步的审计质量的影响究竟如何，尚有待进一步的经验证据。

本书在考虑管理层可能同时运用应计盈余管理与真实盈余管理来实现盈余管理目标的基础上，进一步考察签字会计师个人经验对真实盈余管理的影响，试图揭开"个人经验较丰富的审计师究竟是会同时抑制两类不同的盈余管理，还是只会抑制较为明显、风险较高的应计盈余管理"这一谜题，以期更全面、深入地理解审计师个人经验对客户会计信息质量以及审计质量的影响。本书的贡献具体包括：首先，在已有的签字会计师个人经验与应计盈余管理之间关系的文献的基础上，实证考察了签字会计师个人经验对真实盈余管理的影响，从而可以进一步推进签字会计师个人经验与审计质量之间关系的文献；其次，本书的结果表明，与一般经验相比，行业经验可能更为重要，这一发现拓展了闫焕民（2016）的研究，可以进一步加深对审计师不同经验的作用的理解；最后，本书还发现，签字会计师经验对真实盈余管理的影响与事务所规模、公司所在地区法律环境等因素有关，这有助于理解不同环境下的审计师经验的作用。

---

① 这种促使有两种可能，一种是高质量审计使客户的应计盈余管理很容易被发现，从而迫使客户管理层选择更隐蔽的真实盈余管理，还有一种是审计师在迎合客户和规避风险之间形成平衡，主动建议客户采用风险较小的真实盈余管理来实现盈余目标。

5.2 理论分析与研究假说

5.2.1 审计师个人经验对审计质量的影响

（1）许多文献表明，个人经验对签字会计师对知识和技能的获取、审计判断与绩效、审计独立性均有促进作用。第一，在知识方面，阿什顿（Ashton，1991）指出，特定领域的专门知识（例如，关于财务报表差错发生频率的知识）是审计师行业专长的基本决定因素，而这些专业知识需要通过多年的实际工作经验来获取。邦纳和沃尔克（Bonner and Walker，1994）指出，审计师个体可以通过实施审计项目及项目完成之后的反馈来获取知识。弗雷德里克和利比（Frederick and Libby，1986）、秋和特罗特曼（Choo and Trotman，1991）、塔布斯（Tubbs，1992）等的实验均表明，经验丰富的审计师对于财务报表差错知识有更多的了解。所罗门等（Solomon，et al.，1999）的实验表明，深度的直接经验有助于增强审计师对财务报表非差错性知识的了解。莫洛尼和凯里（Moroney and Carey，2011）指出，经验对于获取有助于提高审计绩效的知识而言非常重要，无论是行业知识还是项目知识，都有助于审计绩效的提高。第二，在审计判断和审计绩效方面，许多实验研究表明，个人经验以及与之相关的知识的提升有助于签字会计师在审计过程中提出更准确的假设、更为有效地运用分析程序等审计方法、更准确地利用相关信息而不会受到无关信息的干扰，而这些都有助于提高审计绩效（Libby and Frederick，1990；Bonner，1990；Kaplan，et al.，1992；Shelton，1999；Knapp and Knapp，2001；Moroney and Carey，2011）。第三，在独立性方面，有实验研究表明，经验更丰富的注册会计师更可能考虑审计风险，而不是从维持与客户的良好关系角度出发从而丧失独立性（Farmer，et al.，1987；Asare，et al.，2009；Brown and Johnstone，2009；Koch and Salterio，2017）。此外，经验较丰富的审计师年龄往往较大，因而更厌恶风险，他们更不愿意因为执业过程中未能勤勉尽职而对其职业生涯造成负面影响。综上所述，签字会计师个人经验的提升有助于提高审计质量，其作用路径既包括经验以及相关知识（既包括行业知识，也包括项目知识；既包括与财务报表错报相关的知识，也包括与财务报表错报无关的知识）和技能的提高使其能够更有效地收集和评价审计证据、更准确地作出审计判断从而提高审计效率，也包括在谈判、报告过程中更能坚持立场而不屈从于客户的压力，他们会要求管理层对财务表中的重大错报（包括过于激进的盈余管理行为）加以调整，从而降低经审计财务报表中的错报水平。

（2）签字会计师个人经验的提升也可能会导致审计质量降低。其原因在于：第一，随着经验的提升，审计师可能会变得过度自信。因为，拥有较多经验的老手更容易产生过度自信（Kirchler and Maciejovsky，2002；Menkhoff，et al.，2013）。过度自信意味着审计师可能容忍较高的错报水平，或者不实施充分的审计程序从而导致不能发现财务报表中的错报。第二，随着经验的提升以及在事务所中级别的提高，注册会计师可能会更多地考虑维持与客户的良好关系，而不是提高审计质量（Koch，et al.，2012；Hardies，et al.，2016）。第三，职业生涯激励消退的影响。随着年龄的增长，审计师的职业生涯激励可能会日益消散（Gibbons and Murphy，1992；Holmström，1999；Wan，et al.，2015），导致资深审计师不太在意自身职业声誉，他们在审计过程中可能不如年轻审计师勤勉尽职，或者即便发现客户财务报表中的问题，也不太愿意得罪客户。

由此可见，对于审计师个人经验与审计质量之间的关系，存在不同的理论预期。

5.2.2 审计师个人经验对真实盈余管理的影响

真实盈余管理是管理层通过偏离正常的经营活动来实现特定盈余目标的管理行为（Roychowdhury，2006），其手段具体包括过量销售、费用操控、生产操控、资产出售、股票回购等。由于很难将真实盈余管理活动与基于最优经营决策目的而进行的正常经营调整区分开来，很多时候，只要相关交易在财务报表中得到了恰当的披露，监管者难以对其实施调查或处罚行动。因此，与应计盈余管理相比，真实盈余管理具有隐蔽性较好、监管与法律风险较低的优势（Roychowdhury，2006；Cohen and Zarowin，2010；Gunny，2010；Chi， et al.，2011）。① 正因如此，在较为严格的监管与法律环境下，应计盈余管理的空间被大大压缩，管理层可能会转而采用更多的真实盈余管理来实现盈余目标（Cohen，et al.，2008；Cohen and Zarowin，2010；Chi，et al.，2011；Zang，2012）。

那么，审计师个人经验与真实盈余管理之间是何种关系呢？签字会计师经验对真实盈余管理具有直接影响和间接影响两个渠道。

在直接影响方面，有经验的审计师更容易发现客户的激进性真实盈余管理行为，从而有助于抑制过于激进的真实盈余管理。之所以审计师会关注真实盈余管理，是因为：第一，真实盈余管理对公司未来现金流量和长期业绩、企业价值都有负面影响（Cohen and Zarowin，2010；Mizik and Jacobson，2007；Mizik，2010；李增福等，2011），过高的真实盈余管理会提高企业未来发生财务困境的可能，这不仅会提高企业的经营风险，而且将减少审计师未来的业务机会（Kim and Park，2014），并可能会导致针对审计师的诉讼，因为一旦公司经营出现问题，遭受损失的投资者可能会对包括审计师在内的主体发起诉讼（Kim and Park，2014）；第二，真实盈余管理还会提高审计风险，因为过度生产会导致存货升、过度的信用销售会提高应收账款，这二者都会提高审计风险；第三，过于激进的真实盈余管理反映了管理层在财务报告问题上的机会主义（Kim and Park，2014），如果管理层会为了实现短期盈余目标而不惜牺牲公司的长期价值去实施真实盈余管理，其诚信就很值得怀疑（Herda，et al.，2012），因此，如果真实盈余管理过高，公司财务报告的可信度就可能存在疑问；第四，与应计盈余管理一样，真实盈余管理也会对投资者和债权人产生误导（Herda，et al.，2012），因为，真实盈余管理会误导外部会计信息使用者对公司未来现金流的评估、降低公司的透明度，使投资者等难以正确评价企业未来的业绩（Kim and Sohn，2013），这也会导致公司财务风险和融资成本的提高；第五，真实盈余管理还可能会放大应计盈余管理相关的风险，因为管理层在应计盈余管理之外另外运用真实盈余管理，将比单纯使用应计盈余管理时更能扭曲公司盈余，并可能产生推高股价等不利

---

① 不过，从中国证监会《关于做好首次公开发行股票公司 2012 年度财务报告专项检查工作的通知》（2012 年）及近年相关 IPO 被否原因统计来看，我国证券监管机构对于公司故意压低员工薪金、推迟正常经营管理所需费用开支等真实盈余管理行为同样也是关注的。因此，真实盈余管理的风险较低是相对的。

后果。因此，过高的真实盈余管理同样意味着较高的风险，这意味着审计师也必须要关注客户过高的真实盈余管理及相关的风险（Kim and Park，2014），他们会通过提高审计收费、主动辞聘等手段来控制真实盈余管理相关的风险（Kim and Park，2014；Greiner，et al.，2017）。尽管将真实盈余管理与正常的生产经营决策相区分有一定难度，但对有经验的审计师而言，通过实施分析程序等手段，仍然可以发现管理层削减研发支出等行为（Greiner，et al.，2017）。尽管相关审计准则并未要求审计师对真实盈余管理活动做出直接的反应①，但审计师一旦发现管理层的真实盈余管理行为，还是会将相关信息纳入其判断与决策之中，包括与治理层进行沟通（Commerford，et al.，2016）。实际上，原先许多文献认为审计师不大关注真实盈余管理是建立在审计师难以发现真实盈余管理或者发现真实盈余管理需要花费太多精力的基础上，而审计师经验的提升会改变这一情况：如果审计师不需要花费太多精力就较容易发现真实盈余管理，他们就有可能会抑制真实盈余管理，以降低自身风险。从这一意义上来说，审计师个人经验将有助于抑制真实盈余管理。当然，以上推论建立在签字会计师个人经验的提升确实有助于提高审计质量（包括专业胜任能力和独立性两个方面）的前提上。

从间接影响角度来说，签字会计师个人经验可能通过影响应计盈余管理来影响真实盈余管理。不同盈余管理方式之间可能存在替代关系，当管理层存在较强的盈余管理动机时，如果应计盈余管理的空间被压缩，管理层可能会转而采用更为隐蔽、不大会引起监管部门调查的真实盈余管理来实现盈余目标（Cohen，et al.，2008；Cohen and Zarowin，2010；Chi，et al.，2011；Zang，2012；Burnett，et al.，2012；李增福和曾懋，2017）。因此，如果签字会计师个人经验的提升确实会导致应计盈余管理行为受到抑制，可能会导致管理层转而采用更多的真实盈余管理，从这一角度，签字会计师个人经验与真实盈余管理之间将呈正向关系。不过，对于应计盈余管理与真实盈余管

---

① 实际上，在我国，监管部门也关注企业削减压低员工薪资、延迟成本费用等真实盈余管理行为，在《关于做好首次公开发行股票公司 2012 年度财务报告专项检查工作的通知》（2012 年）中，中国证监会要求会计师事务所在开展自查工作时应关注企业的真实盈余管理行为。这可能会促使我国审计师在审计过程中对客户的盈余管理活动加以约束。

理之间的关系，除了替代性假说外，还存在互补假说①。尤其是在我国，一些文献发现，这两种盈余管理方式之间是互补关系（周晓苏和陈沉，2016；刘笑霞和李明辉，2018），高质量审计等治理机制能够同时抑制应计和真实盈余管理（Zhu，et al.，2015；范经华等，2013）。如果是这样的话，签字会计师个人经验的提升即便有助于抑制客户的应计盈余管理行为，也未必会导致真实盈余管理上升，而可能同样是抑制作用。因此，审计师个人经验对应计盈余管理具有抑制作用是否意味着管理层会增加真实盈余管理，存在不确定性。

综上所述，一方面，签字会计师个人经验的提高是否确实有助于提高审计质量，尚未可知；另一方面，应计盈余管理与真实盈余管理之间的关系也存在两种可能，高质量审计对真实盈余管理的影响也存在不确定性。因此，我们无法准确预期审计师个人经验对真实盈余管理影响的方向，故提出如下竞争性假说：

H5 - 1a： 其他条件不变，签字会计师的个人经验与公司的真实盈余管理水平呈负向关系。

H5 - 1b： 其他条件不变，签字会计师的个人经验与公司的真实盈余管理水平呈正向关系。

5.3 研究设计

5.3.1 模型设定与变量定义

5.3.1.1 签字会计师个人经验的度量

审计师的经验主要通过执行审计项目来积累，所执行的项目越多，经验越丰富。参考陈世敏等（Chen，et al.，2010）、卡恩和孙（Cahan and Sun，2015）、柯滨等（Ke，et al.，2015）、王艳艳等（Wang，et al.，2015）、吴

---

① 当然，互补假说的作用机理应该来自审计质量对真实盈余管理的直接影响，而非间接影响，只是由于互补假说和替代假说是一组对立的假说，故在此一并予以阐述。

溪（2009）、原红旗和韩维芳（2012）、王晓珂等（2016）、韩维芳（2017），我们同时用签字会计师截止到样本期前累计已签发报告数、累计已签发报告年数（即距离首次签发审计报告时年数）两个指标度量签字会计师的个人经验。由于我国审计报告需要由复核合伙人和项目负责人同时签字，我们用两位签字会计师个人经验的均值来度量签字会计师经验，对于少数有三位签字会计师的样本，我们予以剔除。

5.3.1.2 检验模型

参考戚务君等（Chi, et al., 2011）、臧蕴智（Zang, 2012）、卡恩和孙（Cahan and Sun, 2015）、戚务君等（Chi, et al., 2017）等文献，我们在控制影响应计盈余管理成本的变量（上期 Z 指数 $LagZ$、上期市场份额 $LagMshare$）、影响真实盈余管理成本的变量（事务所规模 $BIG4$、事务所任期 $TENURE$、上期经营周期 $LagCycle$）、公司规模（$SIZE$）、财务杠杆（LEV）、上期是否报告亏损（$LagLoss$）、公司成长性（$GROWTH$）、市净率（MTB）、实际控制人性质（SOE）以及行业（$Industry$）、年份（$Year$）的基础上，用模型（5-1）检验审计师个人经验（EXP）对真实盈余管理（RM）及应计盈余管理（AM）的影响：

$$EM = \alpha_0 + \alpha_1 EXP + \alpha_2 SIZE + \alpha_3 LEV + \alpha_4 LagLoss + \alpha_5 GROWTH + \alpha_6 MTB$$
$$+ \alpha_7 LagCycle + \alpha_8 LagMshare + \alpha_9 LagZ + \alpha_{10} SOE + \alpha_{11} BIG4$$
$$+ \alpha_{12} TENURE + Industry + Year + \varepsilon \qquad (5-1)$$

其中，EM 为盈余管理，具体包括应计盈余管理（AM）和真实盈余管理（RM）。相关变量的具体定义如表 5-1 所示。

表 5-1 变量定义

符号	含义	具体定义
RM	真实盈余管理	$RM = RM_{CFO} + RM_{PROD} + RM_{DISX}$，其中，$RM_{CFO}$ 为根据真实盈余管理计量模型（Roychowdhury 模型）估计的操控性销售，即异常经营现金流乘以 -1；RM_{PROD} 为根据 Roychowdhury 模型估计的操控性生产，即异常生产成本；RM_{DISX} 为根据 Roychowdhury 模型估计的操控性费用，即异常裁决性费用乘以 -1
AM	应计盈余管理	用截面修正琼斯模型估计的操控性应计额的绝对值

符号	含义	具体定义
EXPR	个人经验1	两位签字会计师本年资产负债表日前平均签发报告数 + 1 后取自然对数
EXPY	个人经验2	两位签字会计师本年资产负债表日前平均签发报告年数 + 1 后取自然对数
SIZE	公司规模	期末资产总额的自然对数
LEV	财务杠杆	资产负债率 = 期末长短期借款与应付债券之和/期末资产总额
LagLoss	上年是否亏损	虚拟变量，若上年净利润 < 0，则 LagLoss = 1；否则 LagLoss = 0
GROWTH	收入增长率	以营业收入增长率度量
MTB	市净率	普通股每股市价/每股净资产
LagCycle	上期营运周期	营运周期 = ln（存货周转天数 + 应收账款周转天数）
LagMshare	上期市场份额	公司的市场份额 = 公司营业收入/该行业上市公司营业收入之和
LagZ	上期 Z 指数	Z 指数是根据阿尔坦（Altman，1968）模型计算的反映公司财务困境概率的指数
SOE	产权性质	虚拟变量，如果公司为国有控股，SOE = 1；否则，SOE = 0
BIG4	事务所规模	虚拟变量，如果事务所为国际"四大"，则 BIG4 = 1；否则，BIG4 = 0
TENURE	事务所任期	会计师事务所对公司连续审计年数 + 1 之后的自然对数

5.3.2 数据来源和样本选择

本书利用沪深两市 2009～2017 年 A 股非金融类上市公司数据（因估计真实盈余管理须用到滞后二期数据，因此实际涉及 2007～2017 年数据），检验签字会计师个人经验对真实盈余管理的影响。

签字会计师个人经验数据依据数据库中审计报告信息经手工整理而来。在度量签字会计师个人经验时，我们将追溯到深交所和上交所自成立以来所有审计报告，对于重名现象，借鉴王晓珂等（2016）的做法，依照"同年同姓名同事务所认定为同一人，同年同姓名不同事务所认定为不同人"的原则加以区分。公司所在行业代码数据来自国泰安数据库（CSMAR），其余数据均来自万得（Wind）资讯金融终端。

原始样本共33831条记录，在依次剔除 IPO 日前记录、金融行业及缺失行业类型公司、审计报告中签字会计师数量超过2人、缺失相关数据记录后，剩余 17764 条公司 – 年记录用于检验（见表 5 – 2）。为减少奇异值的影响，我们对连续变量在1%和99%位置进行了缩尾处理。

表 5 – 2　　　　　　　　　　　　　**样本筛选过程**

项目	样本数（条）
原始样本	33831
剔除：缺失 IPO 日期和 IPO 日前记录	（11193）
缺失行业类型、金融行业公司	（445）
资产总额、营业收入及营业成本小于等于0	（39）
审计报告中签字会计师数量超过两位	（657）
年度行业内上市公司少于十五家或缺失相关数据导致无法估计真实和应计盈余管理	（1288）
缺失审计师个人经验等相关数据	（2445）
最终样本数	17764

5.4　实证结果与分析

5.4.1　描述性统计

表 5 – 3 报告了主要变量描述性统计结果（鉴于下文将检验行业经验的作用，这里也报告行业经验的描述性统计结果）。从表 5 – 3 中可以看到，$EXPR$ 的均值和中位数分别为 2.510 和 2.603（原值 $RAWEXPR$ 的均值和中位数分别为 16.437 份和 12.5 份）[①]，$EXPY$ 的均值和中位数分别为 1.943 和 2.015（原

[①]　由于对数计算的特性，原值 $RAWEXP$ 的均值并不能由 EXP 倒算得到。

值 *RAWEXPY* 的均值和中位数分别为 6.957 年和 6.500 年），这一结果与王晓珂等（2016）相似；行业经验 *INDEXPR* 的均值和中位数分别为 1.443 和 1.386（原值 *RAWINDEXPR* 的均值和中位数分别为 4.766 份和 3.000 份），*IN-DEXPY* 的均值和中位数分别为 1.467 和 1.609（原值 *RAWINDEXPY* 的均值和中位数分别为 4.494 年和 4.000 年）；*SOE* 的均值为 0.420，表明有 42% 的样本为国有企业；*BIG4* 的均值为 0.054，表明 5.4% 的样本由国际"四大"审计。

表 5 – 3   主要变量的描述性统计

变量符号	样本数	最小值	下四分位数	平均值	中位数	上四分位数	最大值	标准差
RM	17764	− 0.889	− 0.097	0.012	0.027	0.145	0.757	0.247
AM	17764	− 0.000	0.025	0.075	0.054	0.100	0.362	0.073
EXPR	17764	0.000	1.946	2.510	2.603	3.157	4.263	0.887
RAWEXPR	17764	0.000	6.000	16.437	12.500	22.500	120.000	14.587
EXPY	17764	0.000	1.657	1.943	2.015	2.351	2.862	0.556
RAWEXPY	17764	0.000	4.250	6.957	6.500	9.500	22.000	3.663
INDEXPR	17764	0.000	0.916	1.443	1.386	2.015	3.761	0.796
RAWINDEXPR	17764	0.000	1.500	4.766	3.000	6.500	42.000	4.826
INDEXPY	17764	0.000	0.916	1.467	1.609	2.079	3.068	0.734
RAWINDEXPY	17764	0.000	1.500	4.494	4.000	7.000	20.500	3.518
SIZE	17764	19.575	21.142	22.055	21.883	22.785	25.979	1.277
LEV	17764	0.000	0.032	0.170	0.146	0.273	0.585	0.149
LagLoss	17764	0.000	0.000	0.095	0.000	0.000	1.000	0.293
GROWTH	17764	− 0.567	− 0.032	0.160	0.108	0.272	1.998	0.361
MTB	17764	0.682	2.175	4.446	3.326	5.255	26.601	3.886
LagCycle	17764	2.498	4.548	5.136	5.134	5.705	7.980	1.004
LagMshare	17764	0.000	0.000	0.006	0.001	0.004	0.128	0.017
LagZ	17764	0.019	2.083	7.595	3.941	8.080	65.926	10.672
SOE	17764	0.000	0.000	0.420	0.000	1.000	1.000	0.494
BIG4	17764	0.000	0.000	0.054	0.000	0.000	1.000	0.226
TENURE	17764	0.693	1.099	1.516	1.386	1.946	2.833	0.549

5.4.2 相关分析

表 5 - 4 报告了相关分析结果。从表 5 - 4 中可以看到，*EXP* 与 *RM* 没有显著相关关系，表明两位签字会计师的平均经验对真实盈余管理并无显著抑制作用；*EXP* 与应计盈余管理 *AM* 的 Spearman 相关系数显著为负，但 Pearson 相关系数不显著。不过，签字会计师个人经验与盈余管理的关系究竟如何，还应当在控制其他相关因素的基础上进一步考察。

从表 5 - 4 中可以看出，自变量间相关系数绝对值最高的为 *SIZE* 与 *LagMshare* 之间的 Spearman 相关系数（0.594）。此外，在回归时，我们计算了各变量的方差膨胀因子，结果均低于 10，因此，变量间不存在严重的多重共线性问题。

5.4.3 多元回归分析结果

5.4.3.1 签字会计师平均经验、平均行业经验对盈余管理的影响

表 5 - 5 报告了多元回归分析的结果。为便于对比，我们同时报告了签字会计师个人经验对应计盈余管理和真实盈余管理影响的结果。从表 5 - 5 中可以看出，签字会计师平均个人经验对应计盈余管理和真实盈余管理的影响均较弱。其中，就应计盈余管理而言，仅在用签发审计报告数度量个人经验时在 10% 水平显著为负。这一结果之所以要弱于已有文献，是因为一些文献只考虑经验较高的签字会计师（王晓珂等，2016；闫焕民，2016），其往往反映了复核合伙人的经验；就真实盈余管理而言，*EXP* 的系数均为负但不显著。假说 H5 - 1a、假说 H5 - 1b 均未得到支持。

从控制变量来看，就真实盈余管理而言，*SIZE*、*GROWTH*、*MTB*、*LagZ*、*BIG4* 的估计系数均显著为负，而 *LEV*、*LagLoss*、*LagMshare*、*SOE* 均与真实盈余管理呈显著正向关系，*LagCycle*、*TENURE* 则不显著。*SIZE* 显著为负，表明大公司更少进行盈余管理，这与戚务君等（Chi, et al., 2011）、李江涛与何苦（2012）、周泽将等（2017）、李增福和曾慧（2017）的发现一致，而与臧蕴智（Zang, 2012）、崔等（Choi, et al., 2018）、刘启亮等（2011）、范

表 5 - 4

相关系数矩阵

变量符号	RM	AM	EXPR	EXPY	SIZE	LEV	LagLoss	GROWTH	MTB	LagCycle	LagMshare	LagZ	SOE	BIG4	TENURE
RM		0.127***	-0.009	0.001	-0.047***	0.238***	0.108***	-0.133***	-0.107***	0.004	-0.044***	-0.153***	0.032**	-0.080***	0.007
AM	0.144***		-0.017**	-0.018***	-0.070***	0.039***	0.068***	0.063***	0.087***	0.058***	-0.055***	0.008	-0.039***	-0.049***	-0.034***
EXPR	-0.005	-0.017**		0.805***	-0.011	-0.004	-0.019**	-0.009	0.016**	0.012	-0.033***	0.031***	-0.084***	0.187***	0.188***
EXPY	-0.007	-0.018***	0.834***		0.054***	0.003	-0.009	-0.014*	-0.007	0.006	-0.005	0.006	-0.041***	0.114***	0.161***
SIZE	-0.032***	-0.082***	-0.028***	0.038***		0.385***	-0.086***	0.057***	-0.415***	-0.130***	0.594***	-0.491***	0.323***	0.285***	0.172***
LEV	0.242***	0.051***	-0.009	-0.002	0.354***		0.121***	-0.024**	-0.163***	-0.050***	0.282***	-0.655***	0.180***	0.052***	0.077***
LagLoss	0.084***	0.087***	-0.024***	-0.016**	-0.084***	0.136***		-0.074***	0.059***	0.020**	-0.081***	-0.229***	0.070***	-0.023***	0.000
GROWTH	-0.090***	0.109***	-0.007	-0.010	0.038***	-0.017**	-0.013*		0.122***	0.081***	-0.053***	0.132***	-0.126***	-0.007	-0.030***
MTB	-0.050***	0.106***	-0.006	-0.013*	-0.354***	-0.067***	0.126***	0.075***		0.120***	-0.250***	0.355***	-0.191***	-0.132***	-0.052***
LagCycle	0.013*	0.073***	0.010	0.003	-0.095***	-0.031***	0.032***	0.134***	0.066***		-0.321***	0.042***	-0.198***	-0.118***	-0.014*
LagMshare	-0.003	-0.009	-0.051***	-0.032***	0.415***	0.125***	-0.041***	-0.025**	-0.097***	-0.148***		-0.367***	0.335***	0.233***	0.088***
LagZ	-0.105***	-0.009	0.003	-0.008	-0.348***	-0.430***	-0.111***	0.081***	0.195***	0.011	-0.121***		-0.371***	-0.126***	-0.081***
SOE	0.044***	-0.046***	-0.085***	-0.050***	0.335***	0.186***	0.070***	-0.118***	-0.118***	-0.171***	0.185***	-0.260***		0.145***	0.028***
BIG4	-0.071***	-0.047***	-0.180***	-0.105***	0.362***	0.042***	-0.023***	-0.016*	-0.088***	-0.099***	0.264***	-0.086***	0.145***		0.062***
TENURE	0.012	-0.045***	0.202***	0.182***	0.158***	0.067***	-0.000	-0.027***	-0.042***	-0.011	0.039***	-0.096***	0.036***	0.069***	

注：左下方为 Pearson 相关系数，右上方为 Spearman 相关系数；*、**、*** 分别为 10%、5%、1% 水平显著。

经华等（2013）、崔云和唐雪松（2015）、张婷婷等（2018）不同。其原因可能在于规模较大的公司在融资方面较为便利，因而其盈余管理的动机弱于小公司，此外，大公司的内部控制往往较好，这也会降低其盈余管理的机会。*GROWTH* 显著为负，表明成长性高的公司更少进行真实盈余管理，这与李江涛和何苦（2012）、郭照蕊和黄俊（2015）的发现不同，但与崔等（Choi，et al.，2018）、李增福和曾嬿（2017）、刘笑霞和李明辉（2018）的结果一致。*MTB* 显著为负，表明市净率高的公司较少采用真实盈余管理，这与戚务君等（Chi，et al.，2011）、臧蕴智（Zang，2012）、崔等（Choi，et al.，2018）、周泽将等（2017）、李增福和曾嬿（2017）的结果一致；*LagZ* 显著为负，表明财务状况好的公司较少进行真实盈余管理，这与臧蕴智（Zang，2012）的结果不同，可能在于财务状况好的公司盈余管理动机较弱；*BIG4* 的估计系数显著为负，表明"四大"会抑制客户的真实盈余管理行为，而没有像西方一些文献发现的那样对真实盈余管理产生显著正向影响（Chi，et al.，2011），这一结果与崔等（Choi，et al.，2018）、刘启亮等（2011）、郭照蕊和黄俊（2015）、周泽将等（2017）、谢德仁等（2018）、张婷婷等（2018）、刘笑霞和李明辉（2018）一致。其原因可能在于，在我国监管部门也会关注客户的真实盈余管理，因此，真实盈余管理也会提高审计师的法律与监管风险。此外，真实盈余管理对公司未来绩效的负向影响，意味着会提高公司的经营风险，这也会间接提高审计师的风险。因此，"四大"会抑制客户的真实盈余管理。*LEV* 显著为正，原因在于财务杠杆高的公司有更高的盈余管理动机，这与范经华等（2013）、崔云和唐雪松（2015）、周泽将等（2017）、李增福和曾嬿（2017）、谢德仁等（2018）、张婷婷等（2018）的发现一致。*LagLoss* 显著为正，原因可能在于上期亏损的公司有更大的动力进行盈余管理，以避免连续两年亏损，这与谢德仁等（2018）的结果一致。*LagMshare* 显著为正，表明市场份额大的公司更容易进行盈余管理，其原因在于市场领先者进行真实盈余管理的成本更低（Zang，2012），这与刘笑霞和李明辉（2018）的结果一致；*SOE* 显著为正，表明国有企业真实盈余管理程度更高，这与郭照蕊和黄俊（2015）、张婷婷等（2018）的发现一致。就应计盈余管理而言，*SIZE*、*LagCycle*、*SOE*、*BIG4*、*TENURE* 的系数显著为负，*LEV*、*LagLoss*、*GROWTH*、*MTB*、*LagMshare* 的系数显著为正。

表5-5　　多元回归分析：签字会计师平均个人经验对两类盈余管理的影响

变量符号	被解释变量：AM		被解释变量：RM	
	EXP = EXPR	EXP = EXPY	EXP = EXPR	EXP = EXPY
EXP	-0.001 * (-1.734)	-0.001 (-0.762)	-0.005 (-1.415)	-0.007 (-1.507)
SIZE	-0.006 *** (-7.408)	-0.006 *** (-7.419)	-0.043 *** (-10.163)	-0.043 *** (-10.163)
LEV	0.037 *** (6.703)	0.037 *** (6.710)	0.516 *** (20.117)	0.516 *** (20.132)
LagLoss	0.017 *** (7.196)	0.017 *** (7.220)	0.026 *** (3.666)	0.026 *** (3.682)
GROWTH	0.020 *** (9.434)	0.020 *** (9.437)	-0.049 *** (-5.767)	-0.049 *** (-5.772)
MTB	0.001 *** (5.406)	0.001 *** (5.418)	-0.007 *** (-6.161)	-0.007 *** (-6.147)
LagCycle	-0.002 ** (-2.152)	-0.002 ** (-2.140)	0.005 (1.048)	0.005 (1.046)
LagMshare	0.095 ** (1.968)	0.095 ** (1.971)	0.953 *** (4.956)	0.952 *** (4.948)
LagZ	-0.000 (-1.412)	-0.000 (-1.411)	-0.001 * (-1.700)	-0.001 * (-1.706)
SOE	-0.006 *** (-3.936)	-0.005 *** (-3.859)	0.026 *** (3.309)	0.026 *** (3.349)
BIG4	-0.006 ** (-2.100)	-0.005 * (-1.869)	-0.045 *** (-2.597)	-0.044 ** (-2.533)
TENURE	-0.003 *** (-2.788)	-0.004 *** (-3.050)	-0.002 (-0.276)	-0.002 (-0.357)
Industry & Year	已控制	已控制	已控制	已控制
常数项	0.218 *** (11.241)	0.217 *** (11.172)	0.868 *** (8.906)	0.868 *** (8.899)

续表

变量符号	被解释变量：AM		被解释变量：RM	
	EXP = EXPR	EXP = EXPY	EXP = EXPR	EXP = EXPY
F 值	23.987	23.886	19.710	19.560
R^2	0.076	0.076	0.108	0.108
样本数	17764	17764	17764	17764

注：括号内数字为 t 值；依照公司对标准误进行了聚类调整；＊、＊＊、＊＊＊分别为 10%、5%、1% 水平显著。

莫洛尼和凯里（Moroney and Carey，2011）的实验表明，与项目经验相比，行业经验对审计绩效的影响更为显著。闫焕民（2016）发现，签字会计师的行业经验对审计质量具有显著影响，而非行业经验则没有显著影响。那么，签字会计师的行业经验是否会对真实盈余管理产生显著影响呢？为此，我们进一步考察签字会计师的平均行业经验（INDEXP）对盈余管理的影响。具体而言，本书用两位签字会计师样本期前在公司所在行业内平均签发报告数 +1 取自然对数以及两位签字会计师在公司所在行业内平均从业年数 +1 取自然对数两种方法度量其平均行业经验。从表 5－6 中可以看到，IN-DEXP 的系数均显著为负，即签字会计师的平均行业经验对两类盈余管理均具有显著抑制作用。因此，尽管签字会计师的平均个人经验对盈余管理没有显著作用，但签字会计师的平均行业经验对应计和真实盈余管理都具有显著的抑制作用。这意味着，随着签字会计师行业经验的提高，其确实能够有助于更有效地抑制客户的盈余管理行为，并且，有较高行业经验的签字会计师在抑制客户应计盈余管理行为的同时，并不会导致客户通过更多的隐蔽性更强的真实盈余管理来实现盈余目标。这一结果表明，不区分行业的项目经验对于签字会计师执业质量的促进作用有限，行业内部的执业经验对于提高会计师执业质量的作用更加明显，从而支持了莫洛尼和凯里（Moroney and Carey，2011）与闫焕民（2016）的结论。假说 H5 －1a 部分得到支持。

表 5 - 6   签字会计师平均行业经验对两类盈余管理的影响

变量符号	被解释变量：AM		被解释变量：RM	
	EXPR	EXPY	EXPR	EXPY
INDEXP	-0.002 ** (-2.482)	-0.002 * (-1.908)	-0.007 * (-1.823)	-0.011 *** (-2.742)
SIZE	-0.006 *** (-7.364)	-0.006 *** (-7.339)	-0.043 *** (-10.147)	-0.043 *** (-10.104)
LEV	0.037 *** (6.730)	0.037 *** (6.720)	0.517 *** (20.131)	0.516 *** (20.138)
LagLoss	0.017 *** (7.168)	0.017 *** (7.179)	0.026 *** (3.633)	0.026 *** (3.608)
GROWTH	0.020 *** (9.422)	0.020 *** (9.418)	-0.049 *** (-5.778)	-0.049 *** (-5.804)
MTB	0.001 *** (5.387)	0.001 *** (5.406)	-0.007 *** (-6.170)	-0.007 *** (-6.150)
LagCycle	-0.002 ** (-2.158)	-0.002 ** (-2.141)	0.005 (1.047)	0.005 (1.052)
LagMshare	0.095 ** (1.986)	0.095 ** (1.983)	0.956 *** (4.972)	0.957 *** (4.981)
LagZ	-0.000 (-1.471)	-0.000 (-1.464)	-0.001 * (-1.731)	-0.001 * (-1.757)
SOE	-0.006 *** (-3.889)	-0.005 *** (-3.861)	0.026 *** (3.359)	0.026 *** (3.362)
BIG4	-0.006 ** (-2.122)	-0.005 ** (-2.027)	-0.044 ** (-2.569)	-0.046 *** (-2.643)
TENURE	-0.003 ** (-2.468)	-0.003 *** (-2.698)	-0.001 (-0.120)	0.000 (0.017)
Industry & Year	已控制	已控制	已控制	已控制
常数项	0.218 *** (11.262)	0.217 *** (11.200)	0.865 *** (8.890)	0.864 *** (8.873)
F 值	23.931	23.905	19.674	19.708
R^2	0.076	0.076	0.108	0.109
样本数	17764	17764	17764	17764

注：括号内数字为 t 值；依照公司对标准误进行了聚类调整；*、**、*** 分别为 10%、5%、1% 水平显著。

5.4.3.2　复核合伙人与项目负责人个人经验对真实盈余管理影响的差异

在 2016 年审计报告准则修订之前，我国审计报告中的签字会计师包括复核合伙人和项目负责人，对于这两者究竟谁对审计质量更有显著影响，现有文献结论不一。纪心怡和金成隆（Chi and Chin，2011）对我国台湾地区公司的研究发现，主审会计师的行业专长对审计质量具有显著影响，而副审的行业专长与审计质量没有显著关联。国内一些文献发现，项目负责人的经验或行业专长对审计质量具有显著关联，而复核合伙人的经验或行业专长则不显著（原红旗和韩维芳，2012；韩维芳，2017；闫焕民，2015）。此外，一些文献（闫焕民，2016；王晓珂等，2016）没有区分复核合伙人和项目负责人，但在度量时采用了经验较高者的个人经验，因此，其发现签字会计师的个人经验有助于抑制客户的应计盈余管理实际上表明了复核合伙人的经验对应计盈余管理具有显著负向影响。为此，本书进一步考察了复核人及项目负责人的经验对真实盈余管理的影响。从表 5 - 7 中可以看到，复核合伙人的个人经验对应计和真实盈余管理都有显著抑制作用，而项目负责人的个人经验对两类盈余管理均无显著影响。因此，两位签字会计师的平均经验对盈余管理没有显著作用可能是由于项目负责人的作用不明显所致。这一结果表明，复核合伙人的个人经验对于项目的审计质量更为重要。这一结果还表明，经验丰富的复核合伙人对两类盈余管理均有显著抑制作用，而不会在抑制应计盈余管理的同时采用更多的真实盈余管理。

表 5 - 7　　复核合伙人和项目负责人各自的个人经验对两类盈余管理的影响

变量符号	被解释变量：AM				被解释变量：RM			
	EXPR		EXPY		EXPR		EXPY	
	REV	ENG	REV	ENG	REV	ENG	REV	ENG
EXP	- 0.001 ** (- 2.249)	0.000 (0.442)	- 0.001 * (- 1.772)	0.001 (0.886)	- 0.005 * (- 1.827)	- 0.001 (- 0.354)	- 0.008 ** (- 2.169)	- 0.001 (- 0.308)
SIZE	- 0.006 *** (- 7.400)	- 0.006 *** (- 7.451)	- 0.006 *** (- 7.389)	- 0.006 *** (- 7.457)	- 0.043 *** (- 10.154)	- 0.043 *** (- 10.197)	- 0.043 *** (- 10.138)	- 0.043 *** (- 10.202)
LEV	0.037 *** (6.718)	0.037 *** (6.715)	0.037 *** (6.715)	0.037 *** (6.717)	0.516 *** (20.134)	0.516 *** (20.130)	0.516 *** (20.145)	0.516 *** (20.130)

续表

变量符号	被解释变量：AM				被解释变量：RM			
	EXPR		*EXPY*		*EXPR*		*EXPY*	
	REV	*ENG*	*REV*	*ENG*	*REV*	*ENG*	*REV*	*ENG*
LagLoss	0.017 *** (7.181)	0.017 *** (7.225)	0.017 *** (7.196)	0.017 *** (7.218)	0.026 *** (3.647)	0.027 *** (3.702)	0.026 *** (3.651)	0.027 *** (3.703)
GROWTH	0.020 *** (9.434)	0.020 *** (9.441)	0.020 *** (9.436)	0.020 *** (9.444)	− 0.049 *** (− 5.773)	− 0.049 *** (− 5.758)	− 0.049 *** (− 5.776)	− 0.049 *** (− 5.758)
MTB	0.001 *** (5.399)	0.001 *** (5.421)	0.001 *** (5.408)	0.001 *** (5.417)	− 0.007 *** (− 6.167)	− 0.007 *** (− 6.144)	− 0.007 *** (− 6.154)	− 0.007 *** (− 6.144)
LagCycle	− 0.002 ** (− 2.150)	− 0.002 ** (− 2.129)	− 0.002 ** (− 2.140)	− 0.002 ** (− 2.124)	0.005 (1.050)	0.005 (1.061)	0.005 (1.053)	0.005 (1.060)
LagMshare	0.095 ** (1.982)	0.095 ** (1.987)	0.095 ** (1.978)	0.096 ** (1.992)	0.956 *** (4.970)	0.954 *** (4.961)	0.956 *** (4.969)	0.954 *** (4.961)
LagZ	− 0.000 (− 1.387)	− 0.000 (− 1.398)	− 0.000 (− 1.392)	− 0.000 (− 1.388)	− 0.001 * (− 1.682)	− 0.001 * (− 1.703)	− 0.001 * (− 1.684)	− 0.001 * (− 1.703)
SOE	− 0.006 *** (− 3.956)	− 0.005 *** (− 3.816)	− 0.006 *** (3.897)	− 0.005 *** (− 3.816)	0.026 *** (3.294)	0.026 *** (3.385)	0.026 *** (3.323)	0.026 *** (3.391)
BIG4	− 0.006 ** (− 2.109)	− 0.005 * (− 1.689)	− 0.005 * (− 1.916)	− 0.004 * (− 1.651)	− 0.045 *** (− 2.585)	− 0.042 ** (− 2.437)	− 0.043 ** (− 2.505)	− 0.042 ** (− 2.428)
TENURE	− 0.003 *** (− 2.750)	− 0.004 *** (− 3.203)	− 0.004 *** (− 2.952)	− 0.004 *** (− 3.246)	− 0.001 (− 0.239)	− 0.003 (− 0.537)	− 0.002 (− 0.314)	− 0.003 (− 0.547)
Industry & Year	已控制	已控制	已控制	已控制	已控制	已控制	已控制	已控制
常数项	0.219 *** (11.269)	0.216 *** (11.149)	0.218 *** (11.231)	0.216 *** (11.145)	0.868 *** (8.912)	0.860 *** (8.830)	0.869 *** (8.916)	0.860 *** (8.825)
F 值	24.068	23.945	23.950	23.943	19.748	19.509	19.620	19.498
R^2	0.076	0.076	0.076	0.076	0.109	0.108	0.109	0.108
样本数	17764	17764	17764	17764	17764	17764	17764	17764

注：括号内数字为 t 值；依照公司对标准误进行了聚类调整；*、**、*** 分别为 10%、5%、1%水平显著。

表 5 − 6 的结果表明，两位签字会计师的平均行业经验对盈余管理具有显著影响，那么，复核合伙人的行业经验是否也是如此呢？本书进一步考察了

复核合伙人行业经验对盈余管理的影响。从表 5－8 中可以看出，复核合伙人的行业经验对两类盈余管理都具有显著负向影响。因此，复核合伙人的行业经验确实有助于提高审计质量。这一结果，进一步拓展了闫焕民（2016）、王晓珂等（2016）的研究。

表 5－8　　　　　　　　复核合伙人的行业经验对两类盈余管理的影响

变量符号	被解释变量：AM		被解释变量：RM	
	EXPR	EXPY	EXPR	EXPY
INDEXP	－0.002 ** （－2.476）	－0.002 ** （－2.381）	－0.006 ** （－2.080）	－0.008 *** （－2.758）
SIZE	－0.006 *** （－7.382）	－0.006 *** （－7.335）	－0.043 *** （－10.151）	－0.043 *** （－10.112）
LEV	0.037 *** （6.731）	0.037 *** （6.720）	0.517 *** （20.133）	0.516 *** （20.131）
LagLoss	0.017 *** （7.175）	0.017 *** （7.171）	0.026 *** （3.628）	0.026 *** （3.608）
GROWTH	0.020 *** （9.424）	0.020 *** （9.419）	－0.049 *** （－5.790）	－0.049 *** （－5.807）
MTB	0.001 *** （5.389）	0.001 *** （5.399）	－0.007 *** （－6.177）	－0.007 *** （－6.158）
LagCycle	－0.002 ** （－2.161）	－0.002 ** （－2.144）	0.005 （1.041）	0.005 （1.051）
LagMshare	0.097 ** （2.008）	0.097 ** （2.009）	0.960 *** （4.993）	0.962 *** （5.008）
LagZ	－0.000 （－1.450）	－0.000 （－1.453）	－0.001 * （－1.721）	－0.001 * （－1.733）
SOE	－0.006 *** （－3.898）	－0.006 *** （－3.884）	0.026 *** （3.345）	0.026 *** （3.344）
BIG4	－0.005 ** （－2.039）	－0.005 ** （－2.011）	－0.044 ** （－2.541）	－0.045 ** （－2.571）

续表

变量符号	被解释变量：AM		被解释变量：RM	
	EXPR	EXPY	EXPR	EXPY
TENURE	-0.003 *** (-2.584)	-0.003 *** (-2.692)	-0.001 (-0.122)	-0.000 (-0.067)
Industry & Year	已控制	已控制	已控制	已控制
常数项	0.218 *** (11.260)	0.217 *** (11.210)	0.866 *** (8.898)	0.864 *** (8.867)
F 值	23.954	23.939	19.814	19.795
R²	0.076	0.076	0.109	0.109
样本数	17764	17764	17764	17764

注：括号内数字为 t 值；依照公司对标准误进行了聚类调整；*、**、*** 分别为 10%、5%、1% 水平显著。

5.4.4　进一步检验

5.4.4.1　不同规模会计师事务所中审计师个人经验对盈余管理影响的差异

大型事务所中的注册会计师拥有更多的知识、经验和数据库，并拥有能够提高整个事务所执业标准的知识资本。他们会接受更严格的训练、拥有结构化的审计流程、更多分享审计经验的机会。大型事务所内部的质量控制程序、信息化审计技术等也会降低签字会计师个人的影响。大型事务所更高的法律风险也会迫使其中的会计师普遍更加努力。这些都会使大型事务所中的审计人员普遍更有效地实施审计程序，不同审计项目之间的质量差异相对较小。因此，在大型事务所中，注册会计师个人经验对审计质量的影响相对较小（Sonu, et al., 2019）。因此，我们预期会计师事务所规模会弱化签字会计师个人经验对盈余管理的影响。

为了检验这一假说，我们将样本分为"四大"和非"四大"两个子样本分开检验签字会计师经验对真实盈余管理的影响。从表 5 – 9 和表 5 – 10 中可以看到，在非"四大"子样本中，签字会计师的平均个人经验、平均行业经验以及复核合伙人的经验均与真实盈余管理呈显著负向关系，而在"四大"

子样本中，签字会计师经验与真实盈余管理未呈显著负向关系，在用签发报告数量经验时，两位签字会计师的平均行业经验、复核人的个人经验甚至对真实盈余管理具有显著正向作用[1]。因此，仅在非"四大"中，签字会计师的经验（包括平均经验和平均行业经验）、复核人的经验对真实盈余管理具有显著抑制作用。

表 5 – 9   "四大"和非"四大"中签字会计师经验对真实盈余管理的作用（$EXP = EXPR$）

变量符号	平均经验		平均行业经验		复核合伙人经验	
	$BIG4 = 0$	$BIG4 = 1$	$BIG4 = 0$	$BIG4 = 1$	$BIG4 = 0$	$BIG4 = 1$
EXP（$INDEXP$）	-0.006 * (-1.932)	0.021 (1.619)	-0.008 ** (-2.127)	0.035 ** (2.472)	-0.006 ** (-2.305)	0.017 * (1.729)
$SIZE$	-0.045 *** (-10.167)	-0.018 (-1.233)	-0.045 *** (-10.136)	-0.017 (-1.177)	-0.045 *** (-10.158)	-0.018 (-1.231)
LEV	0.514 *** (19.417)	0.572 *** (6.707)	0.515 *** (19.429)	0.570 *** (6.791)	0.514 *** (19.439)	0.572 *** (6.728)
$LagLoss$	0.026 *** (3.476)	0.038 (1.178)	0.025 *** (3.448)	0.039 (1.239)	0.026 *** (3.458)	0.039 (1.197)
$GROWTH$	-0.047 *** (-5.456)	-0.090 ** (-2.521)	-0.047 *** (-5.466)	-0.087 ** (-2.434)	-0.047 *** (-5.463)	-0.090 ** (-2.534)
MTB	-0.007 *** (-5.808)	-0.030 *** (-3.903)	-0.007 *** (-5.811)	-0.029 *** (-3.824)	-0.007 *** (-5.814)	-0.030 *** (-3.919)
$LagCycle$	0.004 (0.823)	0.008 (0.621)	0.004 (0.827)	0.009 (0.659)	0.004 (0.828)	0.008 (0.635)

---

[1] 其原因可能在于"四大"以及其中经验丰富的签字会计师抑制了公司应计盈余管理，从而迫使管理层选择通过更多的真实盈余管理来实现盈余目标，而非"四大"对应计盈余管理的抑制程度可能不像"四大"那么明显，因此，并不会促使管理层选择更多的真实盈余管理。当然，也不能排除"四大"可能并未将真实盈余管理看成高风险性活动，经验丰富的签字会计师甚至可能利用自己的经验帮助客户通过真实盈余管理来实现盈余目标，以达到迎合客户和规避（较为明显的应计盈余管理相关）风险之间的平衡。但从前面的主检验来看，$BIG4$ 对真实盈余管理具有显著负向影响，因此，后一个原因的可能性相对较低。

续表

变量符号	平均经验		平均行业经验		复核合伙人经验	
	BIG4 = 0	BIG4 = 1	BIG4 = 0	BIG4 = 1	BIG4 = 0	BIG4 = 1
LagMshare	1. 149 *** (4. 561)	− 0. 489 (− 1. 163)	1. 146 *** (4. 557)	− 0. 482 (− 1. 178)	1. 153 *** (4. 579)	− 0. 494 (− 1. 174)
LagZ	− 0. 001 * (− 1. 875)	− 0. 001 (− 0. 435)	− 0. 001 * (− 1. 914)	− 0. 001 (− 0. 420)	− 0. 001 * (− 1. 851)	− 0. 001 (− 0. 431)
SOE	0. 022 *** (2. 722)	0. 096 *** (2. 755)	0. 022 *** (2. 802)	0. 099 *** (2. 836)	0. 021 *** (2. 710)	0. 097 *** (2. 766)
TENURE	− 0. 000 (− 0. 008)	− 0. 023 (− 1. 088)	0. 001 (0. 102)	− 0. 033 (− 1. 515)	0. 000 (0. 013)	− 0. 023 (− 1. 094)
Industry & Year	已控制	已控制	已控制	已控制	已控制	已控制
常数项	0. 919 *** (9. 006)	0. 294 (0. 843)	0. 914 *** (8. 956)	0. 269 (0. 786)	0. 919 *** (9. 002)	0. 294 (0. 843)
F 值	18. 637	6. 158	18. 545	7. 109	18. 686	6. 300
R²	0. 104	0. 262	0. 104	0. 265	0. 105	0. 262
样本数	16808	956	16808	956	16808	956

注：括号内数字为 t 值；依照公司对标准误进行了聚类调整；*、**、*** 分别为 10%、5%、1% 水平显著。

表 5 – 10   "四大"和非"四大"中签字会计师经验对真实盈余管理的作用（EXP = EXPY）

变量符号	平均一般经验		平均行业经验		复核合伙人个人经验	
	BIG4 = 0	BIG4 = 1	BIG4 = 0	BIG4 = 1	BIG4 = 0	BIG4 = 1
EXP（INDEXP）	− 0. 009 * (− 1. 916)	0. 021 (1. 317)	− 0. 013 *** (− 3. 168)	0. 030 ** (2. 458)	− 0. 009 ** (− 2. 500)	0. 012 (0. 936)
SIZE	− 0. 045 *** (− 10. 169)	− 0. 018 (− 1. 239)	− 0. 045 *** (− 10. 091)	− 0. 018 (− 1. 224)	− 0. 045 *** (− 10. 142)	− 0. 018 (− 1. 225)
LEV	0. 514 *** (19. 432)	0. 571 *** (6. 700)	0. 514 *** (19. 439)	0. 573 *** (6. 731)	0. 514 *** (19. 445)	0. 569 *** (6. 701)

续表

变量符号	平均一般经验		平均行业经验		复核合伙人个人经验	
	BIG4 = 0	BIG4 = 1	BIG4 = 0	BIG4 = 1	BIG4 = 0	BIG4 = 1
LagLoss	0.026 *** (3.497)	0.034 (1.064)	0.025 *** (3.414)	0.035 (1.096)	0.026 *** (3.469)	0.035 (1.079)
GROWTH	−0.047 *** (−5.460)	−0.091 ** (−2.509)	−0.048 *** (−5.490)	−0.087 ** (−2.392)	−0.047 *** (−5.463)	−0.091 ** (−2.536)
MTB	−0.007 *** (−5.790)	−0.030 *** (−3.914)	−0.007 *** (−5.788)	−0.029 *** (−3.874)	−0.007 *** (−5.797)	−0.030 *** (−3.912)
LagCycle	0.004 (0.824)	0.008 (0.629)	0.004 (0.834)	0.008 (0.600)	0.004 (0.834)	0.008 (0.619)
LagMshare	1.147 *** (4.555)	−0.487 (−1.168)	1.145 *** (4.557)	−0.496 (−1.206)	1.151 *** (4.573)	−0.487 (−1.164)
LagZ	−0.001 * (−1.884)	−0.001 (−0.586)	−0.001 * (−1.943)	−0.001 (−0.445)	−0.001 * (−1.856)	−0.001 (−0.573)
SOE	0.022 *** (2.778)	0.095 *** (2.740)	0.022 *** (2.802)	0.097 *** (2.779)	0.022 *** (2.751)	0.096 *** (2.753)
TENURE	−0.001 (−0.138)	−0.022 (−1.059)	0.001 (0.265)	−0.030 (−1.419)	−0.001 (−0.110)	−0.022 (−1.050)
Industry & Year	已控制	已控制	已控制	已控制	已控制	已控制
常数项	0.920 *** (8.994)	0.309 (0.897)	0.913 *** (8.941)	0.300 (0.882)	0.919 *** (8.997)	0.315 (0.911)
F 值	18.479	6.396	18.582	6.477	18.549	7.315
R^2	0.104	0.260	0.105	0.264	0.105	0.259
样本数	16808	956	16808	956	16808	956

注：括号内数字为 t 值；依照公司对标准误进行了聚类调整；*、**、*** 分别为 10%、5%、1% 水平显著。

5.4.4.2 不同法治环境下审计师个人经验对盈余管理的影响

法治环境既会影响到应计盈余管理的风险从而对管理层进行真实盈余管理的动机产生影响（Choi，et al.，2018），也会影响到真实盈余管理行为自身的风险。法治环境还会影响到审计师的独立性（Farmer, et al., 1987），从而影响到审计师对客户真实盈余管理行为的容忍程度。法治环境还会影响到审计师在职业退出阶段对审计风险和执业质量的关注，较好的法律环境会削弱职业退出阶段因为职业关注激励消退对审计质量的负面影响（Lee, et al., 2019）。为了了解不同法治环境下签字会计师个人经验对真实盈余管理的影响是否存在差异，本书进一步用王小鲁等（2019）《中国分省份市场化指数报告（2018）》中的"维护市场的法治环境"度量公司所在地区法律环境①，进而采用分组检验方法考察法治环境较好、较差情况下签字会计师个人经验对真实盈余管理的影响。具体而言，当公司所在省份的法治环境指数大于分年度地区中位数时，我们将该省份定义为法律环境较好地区，$LAW = 1$，否则，$LAW = 0$。

从表 5 - 11 和表 5 - 12 中可以看到，在法律环境较好地区，签字会计师的平均经验、平均行业经验以及复核人的经验与真实盈余管理均呈显著负向关系（在用签发报告年数度量经验时，$EXPY$ 的显著性水平是 0.116，接近显著），而在法律环境较差地区，签字会计师平均经验、平均行业经验以及复核人经验均不显著。这说明，只有当法治环境水平较高时，审计师个人经验才对真实盈余管理有一定的抑制作用。其原因在于，此时真实盈余管理的风险较大，有经验的签字会计师更为重视真实盈余管理，其经验的作用也才较明显。

表 5 - 11　不同法治环境下签字会计师经验对真实盈余管理的影响（$EXP = EXPR$）

变量符号	平均个人经验		平均行业经验		复核合伙人经验	
	$LAW = 0$	$LAW = 1$	$LAW = 0$	$LAW = 1$	$LAW = 0$	$LAW = 1$
EXP（$INDEXP$）	- 0.001 (- 0.146)	- 0.006 * (- 1.708)	- 0.001 (- 0.097)	- 0.009 ** (- 2.012)	- 0.003 (- 0.780)	- 0.005 * (- 1.829)
$SIZE$	- 0.040 *** (- 5.994)	- 0.045 *** (- 9.214)	- 0.040 *** (- 5.994)	- 0.045 *** (- 9.190)	- 0.040 *** (- 5.993)	- 0.045 *** (- 9.221)

① 由于该指数 2 年一次，即只有 2008 年、2010 年、2012 年、2014 年、2016 年这五年的数据，对于 2009 年、2011 年、2013 年、2015 年、2017 年均用相应的上年数据代替。

续表

变量符号	平均个人经验		平均行业经验		复核合伙人经验	
	LAW = 0	LAW = 1	LAW = 0	LAW = 1	LAW = 0	LAW = 1
LEV	0. 482 *** (11. 317)	0. 533 *** (17. 981)	0. 482 *** (11. 324)	0. 533 *** (17. 993)	0. 481 *** (11. 319)	0. 533 *** (18. 012)
LagLoss	0. 028 ** (2. 205)	0. 027 *** (3. 128)	0. 028 ** (2. 203)	0. 027 *** (3. 100)	0. 027 ** (2. 180)	0. 027 *** (3. 115)
GROWTH	− 0. 051 *** (− 3. 532)	− 0. 048 *** (− 4. 660)	− 0. 051 *** (− 3. 546)	− 0. 048 *** (− 4. 656)	− 0. 051 *** (− 3. 514)	− 0. 048 *** (− 4. 659)
MTB	− 0. 004 ** (− 2. 391)	− 0. 009 *** (− 6. 420)	− 0. 004 ** (− 2. 393)	− 0. 009 *** (− 6. 421)	− 0. 004 ** (− 2. 400)	− 0. 009 *** (− 6. 431)
LagCycle	− 0. 002 (− 0. 296)	0. 007 (1. 356)	− 0. 002 (− 0. 296)	0. 007 (1. 351)	− 0. 002 (− 0. 288)	0. 007 (1. 363)
LagMshare	1. 151 ** (2. 282)	0. 932 *** (4. 670)	1. 150 ** (2. 281)	0. 937 *** (4. 695)	1. 157 ** (2. 297)	0. 935 *** (4. 688)
LagZ	− 0. 000 (− 0. 268)	− 0. 001 ** (− 2. 060)	− 0. 000 (− 0. 267)	− 0. 001 ** (− 2. 101)	− 0. 000 (− 0. 271)	− 0. 001 ** (− 2. 041)
SOE	0. 023 * (1. 883)	0. 028 *** (2. 936)	0. 023 * (1. 889)	0. 028 *** (2. 995)	0. 022 * (1. 849)	0. 027 *** (2. 934)
BIG4	− 0. 016 (− 0. 563)	− 0. 051 *** (− 2. 612)	− 0. 016 (− 0. 552)	− 0. 050 ** (− 2. 565)	− 0. 018 (− 0. 636)	− 0. 050 ** (− 2. 559)
TENURE	0. 010 (1. 136)	− 0. 007 (− 1. 099)	0. 010 (1. 126)	− 0. 006 (− 0. 952)	0. 011 (1. 232)	− 0. 007 (− 1. 117)
Industry & Year	已控制	已控制	已控制	已控制	已控制	已控制
常数项	0. 798 *** (5. 094)	0. 917 *** (8. 333)	0. 798 *** (5. 112)	0. 913 *** (8. 290)	0. 803 *** (5. 145)	0. 916 *** (8. 316)
F 值	7. 654	16. 083	7. 687	15. 943	7. 671	16. 105
R^2	0. 107	0. 115	0. 107	0. 115	0. 108	0. 115
样本数	5098	12666	5098	12666	5098	12666

注：括号内数字为 t 值；依照公司对标准误进行了聚类调整；*、**、*** 分别为 10%、5%、1% 水平显著。

表5-12　不同法治环境下签字会计师经验对真实盈余管理的影响（*EXP = EXPY*）

变量符号	平均个人经验		平均行业经验		复核合伙人经验	
	LAW = 0	*LAW = 1*	*LAW = 0*	*LAW = 1*	*LAW = 0*	*LAW = 1*
EXP（*INDEXP*）	-0.004 (-0.478)	-0.009 (-1.574)	-0.002 (-0.315)	-0.014*** (-3.025)	-0.006 (-0.948)	-0.009** (-2.069)
SIZE	-0.040*** (-5.999)	-0.045*** (-9.222)	-0.040*** (-6.000)	-0.045*** (-9.117)	-0.040*** (-5.986)	-0.045*** (-9.212)
LEV	0.482*** (11.324)	0.533*** (17.994)	0.482*** (11.321)	0.533*** (17.979)	0.481*** (11.327)	0.533*** (18.016)
LagLoss	0.028** (2.201)	0.027*** (3.140)	0.028** (2.196)	0.027*** (3.076)	0.028** (2.188)	0.027*** (3.110)
GROWTH	-0.051*** (-3.516)	-0.048*** (-4.661)	-0.051*** (-3.542)	-0.049*** (-4.701)	-0.050*** (-3.508)	-0.048*** (-4.662)
MTB	-0.004** (-2.396)	-0.009*** (-6.403)	-0.004** (-2.391)	-0.009*** (-6.401)	-0.004** (-2.394)	-0.009*** (-6.419)
LagCycle	-0.002 (-0.298)	0.007 (1.364)	-0.002 (-0.297)	0.007 (1.370)	-0.002 (-0.293)	0.007 (1.373)
LagMshare	1.153** (2.289)	0.931*** (4.661)	1.152** (2.286)	0.937*** (4.694)	1.155** (2.293)	0.935*** (4.690)
LagZ	-0.000 (-0.272)	-0.001** (-2.073)	-0.000 (-0.275)	-0.001** (-2.128)	-0.000 (-0.267)	-0.001** (-2.050)
SOE	0.023* (1.868)	0.028*** (2.988)	0.023* (1.885)	0.028*** (3.001)	0.023* (1.854)	0.028*** (2.963)
BIG4	-0.017 (-0.600)	-0.049** (-2.502)	-0.016 (-0.577)	-0.051*** (-2.647)	-0.018 (-0.618)	-0.048** (-2.460)
TENURE	0.010 (1.200)	-0.008 (-1.237)	0.010 (1.199)	-0.005 (-0.790)	0.010 (1.229)	-0.008 (-1.208)
Industry & Year	已控制	已控制	已控制	已控制	已控制	已控制
常数项	0.803*** (5.107)	0.917*** (8.317)	0.799*** (5.113)	0.910*** (8.255)	0.804*** (5.147)	0.917*** (8.320)

续表

变量符号	平均个人经验		平均行业经验		复核合伙人经验	
	$LAW=0$	$LAW=1$	$LAW=0$	$LAW=1$	$LAW=0$	$LAW=1$
F 值	7.658	15.861	7.672	16.033	7.662	15.953
R^2	0.108	0.115	0.107	0.116	0.108	0.115
样本数	5098	12666	5098	12666	5098	12666

注：括号内数字为 t 值；依照公司对标准误进行了聚类调整；*、**、*** 分别为 10%、5%、1% 水平显著。

5.4.5 稳健性检验

5.4.5.1 内生性问题的考虑

签字会计师经验可能并非随机分派的结果，而可能会受到公司特质的影响。一方面，事务所可能会对那些高风险客户委派经验更丰富的审计师担任签字会计师，以有效控制事务所的风险（Johnstone and Bedard，2003；Asare，et al.，2005；Ye，Yuan，and Cheng，2014；Ke，et al.，2015）；另一方面，有经验的审计师也可能会故意规避高风险客户（吴溪，2009；韩维芳，2017），从而导致盈余管理程度高的公司反而由低经验审计师来审计。本书的结果已经排除了第一种可能，但仍然可能存在第二种可能。因此，本书可能存在自选择问题。对此，我们采用倾向得分匹配（PSM）法来加以缓解。其具体做法是：改用虚拟变量 *EXPDUM*（用年度中位数定义）度量审计师个人经验，并用 Logit 模型估计出公司签字会计师经验的影响因素（自变量包括 *SIZE*、*LEV*、*LagLoss*、*MTB*、*SOE*、*BIG4*，以及年份、行业），然后根据倾向得分，采用最近距离法对高经验、低经验样本进行 1:1 匹配，再对匹配后样本进行回归。从表 5-13 中可以看出，除了在用签发报告数度量经验时，平均个人经验也在 10% 水平显著为负外，其余结果（平均行业经验、复核人经验）均与主检验结果一致。因此，在采用 PSM 缓解自选择问题后，本书的研究结果依然成立。

表 5 – 13　　　　　　　　稳健性检验——PSM 匹配样本回归

变量符号	平均个人经验		平均行业经验		复核合伙人经验	
	EXPR	EXPY	EXPR	EXPY	EXPR	EXPY
EXP（INDEXP）	− 0. 011 * （− 1. 834）	− 0. 007 （− 1. 314）	− 0. 019 *** （− 3. 287）	− 0. 021 *** （− 3. 776）	− 0. 013 ** （− 2. 211）	− 0. 012 ** （− 2. 236）
SIZE	− 0. 044 *** （− 9. 815）	− 0. 045 *** （− 10. 081）	− 0. 045 *** （− 9. 957）	− 0. 045 *** （− 9. 601）	− 0. 044 *** （− 9. 901）	− 0. 045 *** （− 9. 948）
LEV	0. 528 *** （18. 901）	0. 522 *** （19. 412）	0. 487 *** （17. 532）	0. 506 *** （17. 869）	0. 535 *** （19. 610）	0. 533 *** （19. 649）
LagLoss	0. 029 *** （3. 761）	0. 026 *** （3. 432）	0. 031 *** （4. 009）	0. 025 *** （3. 294）	0. 026 *** （3. 347）	0. 026 *** （3. 239）
GROWTH	− 0. 045 *** （− 4. 942）	− 0. 041 *** （− 4. 469）	− 0. 040 *** （− 4. 088）	− 0. 045 *** （− 4. 594）	− 0. 050 *** （− 5. 367）	− 0. 049 *** （− 5. 346）
MTB	− 0. 007 *** （− 6. 088）	− 0. 007 *** （− 5. 919）	− 0. 008 *** （− 6. 084）	− 0. 007 *** （− 5. 751）	− 0. 007 *** （− 5. 592）	− 0. 008 *** （− 6. 764）
LagCycle	0. 003 （0. 575）	0. 000 （0. 066）	− 0. 001 （− 0. 108）	− 0. 001 （− 0. 257）	0. 002 （0. 445）	0. 003 （0. 700）
LagMshare	1. 024 *** （4. 352）	0. 981 *** （4. 411）	1. 300 *** （4. 743）	0. 970 *** （3. 879）	0. 945 *** （4. 086）	0. 993 *** （4. 795）
LagZ	− 0. 001 * （− 1. 750）	− 0. 000 （− 1. 238）	− 0. 001 ** （− 2. 461）	− 0. 001 ** （− 2. 479）	− 0. 001 （− 1. 393）	− 0. 001 （− 1. 643）
SOE	0. 023 *** （2. 835）	0. 026 *** （3. 262）	0. 028 *** （3. 344）	0. 028 *** （3. 324）	0. 023 *** （2. 874）	0. 024 *** （2. 990）
BIG4	− 0. 028 （− 1. 251）	− 0. 026 （− 1. 336）	− 0. 037 * （− 1. 961）	− 0. 028 （− 1. 441）	− 0. 026 （− 1. 209）	− 0. 035 ** （− 2. 075）
TENURE	0. 000 （0. 039）	− 0. 001 （− 0. 179）	0. 003 （0. 500）	0. 000 （0. 075）	0. 000 （0. 056）	− 0. 002 （− 0. 308）
Industry & Year	已控制	已控制	已控制	已控制	已控制	已控制
常数项	0. 898 *** （8. 627）	0. 932 *** （9. 008）	0. 953 *** （9. 153）	0. 959 *** （8. 722）	0. 892 *** （8. 693）	0. 909 *** （8. 710）

续表

变量符号	平均个人经验		平均行业经验		复核合伙人经验	
	EXPR	*EXPY*	*EXPR*	*EXPY*	*EXPR*	*EXPY*
F 值	17.884	17.636	16.935	17.205	17.603	18.694
R^2	0.110	0.107	0.112	0.114	0.111	0.116
样本数	13902	14250	13470	13640	13978	14518

注：括号内数字为 t 值；依照公司对标准误进行了聚类调整；*、**、*** 分别为 10%、5%、1% 水平显著。

本书还采用两阶段残差介入法来进一步缓解内生性问题，即用公司签字会计师经验决定的 Logit 模型估计出签字会计师个人经验的残差（*RESEXP*），进而考察残差对真实盈余管理的影响。从表 5-14 中可以看出，结果与主检验一致。

表 5-14   稳健性检验——两阶段残差法

变量符号	平均个人经验		平均行业经验		复核合伙人经验	
	（1）*EXPR*	（2）*EXPY*	（3）*EXPR*	（4）*EXPY*	（5）*EXPR*	（6）*EXPY*
RESEXP （*RESINDEXP*）	-0.004 （-1.367）	-0.007 （-1.482）	-0.007 * （-1.873）	-0.011 *** （-2.798）	-0.004 * （-1.754）	-0.007 ** （-2.112）

注：括号内数字为 t 值；依照公司对标准误进行了聚类调整；*、**、*** 分别为 10%、5%、1% 水平显著。

5.4.5.2　其他稳健性检验

本书还进行了如下稳健性检验：

（1）剔除签字会计师平均任期在 1 年内的样本。由于真实盈余管理主要在期中进行，而我国事务所聘任多数在下半年进行，如果签字会计师是在年底才新上任，则不大可能对公司的真实盈余管理产生很大的影响（但会对聘任后的真实盈余管理活动产生影响），为了消除这一影响，我们将签字会计师平均任期在 1 年内的样本予以剔除。从表 5-15 中可以看到，两位签字会计师的平均经验仍然不显著，而平均行业经验、复核人经验基本都显著为负（第 5 列中，在用签发报告数度量经验时，复核人经验显著性水平为 0.113，接近于边际显著），因此，结论与主检验基本一致。

表 5 – 15　　稳健性检验——剔除签字会计师任期少于等于 1 年样本
（被解释变量：*RM*）

变量符号	平均个人经验		平均行业经验		复核合伙人经验	
	(1) *EXPR*	(2) *EXPY*	(3) *EXPR*	(4) *EXPY*	(5) *EXPR*	(6) *EXPY*
EXP（*INDEXP*）	- 0. 005 (- 1. 236)	- 0. 008 (- 1. 388)	- 0. 010 ** (- 2. 446)	- 0. 017 *** (- 3. 783)	- 0. 004 (- 1. 584)	- 0. 008 * (- 1. 874)

注：括号内数字为 t 值；依照公司对标准误进行了聚类调整；＊、＊＊、＊＊＊分别为 10%、5%、1% 水平显著。

（2）放回有三位签字会计师的样本。在主检验中，我们剔除了审计报告中有三位签字会计师的样本。在稳健性检验时，我们将此类样本重新加回以检验签字会计师平均经验、平均行业经验对真实盈余管理的影响。从表 5 – 16 中可以看出，两位或三位签字会计师的平均个人经验对真实盈余管理的影响仍然较弱（只有在用签字年数度量时在 10% 水平显著为负），但签字会计师的平均行业经验仍然对真实盈余管理具有显著负向影响，这一结果与主检验基本一致。

表 5 – 16　　稳健性检验——把三位签字会计师的样本重新放入

变量符号	平均个人经验		平均行业经验	
	(1) *EXPR*	(2) *EXPY*	(3) *EXPR*	(4) *EXPY*
EXP（*INDEXP*）	- 0. 005 (- 1. 435)	- 0. 008 * (- 1. 659)	- 0. 007 * (- 1. 860)	- 0. 011 *** (- 2. 864)

注：括号内数字为 t 值；依照公司对标准误进行了聚类调整；＊、＊＊、＊＊＊分别为 10%、5%、1% 水平显著。

（3）改变真实盈余管理综合水平的计算。科恩和扎罗文（Cohen and Zarowin，2010）指出，生产操控和销售操控不可以加在一起，因为导致过量生产的活动也可能会同时导致异常低的现金流，因此，将生产操控和销售操控相加可能会存在重复计算的问题。尽管现有文献多采用三种分项真实盈余管理相加得到总的真实盈余管理水平的做法（Chi，et al.，2011；Zang，2012；Kim and Park，2014；Choi，et al.，2018；刘启亮等，2011；李江涛和何苦，

2012；范经华等，2013；崔云和唐雪松，2015；郭照蕊和黄俊，2015；周泽将等，2017；谢德仁等，2018；张婷婷等，2018），但考虑到上述重复计算问题，参考科恩和扎罗文（Cohen and Zarowin，2010）、程强等（Cheng, et al.，2016）、李增福和曾慜（2017）、刘笑霞和李明辉（2018）等的做法，我们改用如下两个变量度量真实盈余管理的综合水平（即费用操控与生产操控加总、销售操控与费用操控加总）：$RM_1 = RM_{DISX} + RM_{PROD}$，$RM_2 = RM_{CFO} + RM_{DISX}$。从表 5－17 和表 5－18 中可以看到，除在用签发报告数度量经验时，平均行业经验变得不显著为负、复核人经验在临界点显著为负（表 5－17 和表 5－18 第 5 列中 p 值分别为 0.109 和 0.100）外，其余结果与主检验一致[1]。

表 5－17　　　　稳健性检验——签字会计师个人经验对 *RM1* 的影响

变量符号	平均个人经验		平均行业经验		复核合伙人经验	
	（1）*EXPR*	（2）*EXPY*	（3）*EXPR*	（4）*EXPY*	（5）*EXPR*	（6）*EXPY*
EXP（*INDEXP*）	－0.003 （－1.180）	－0.006 （－1.421）	－0.004 （－1.430）	－0.007 ** （－2.207）	－0.003 （－1.603）	－0.006 ** （－2.226）

注：括号内数字为 t 值；依照公司对标准误进行了聚类调整；*、**、*** 分别为 10%、5%、1% 水平显著。

表 5－18　　　　稳健性检验——签字会计师个人经验对 *RM2* 的影响

变量符号	平均个人经验		平均行业经验		复核合伙人经验	
	（1）*EXPR*	（2）*EXPY*	（3）*EXPR*	（4）*EXPY*	（5）*EXPR*	（6）*EXPY*
EXP（*INDEXP*）	－0.002 （－1.155）	－0.002 （－0.914）	－0.002 （－1.289）	－0.004 ** （－2.160）	－0.002 （－1.644）	－0.003 * （－1.669）

注：括号内数字为 t 值；依照公司对标准误进行了聚类调整；*、**、*** 分别为 10%、5%、1% 水平显著。

（4）改用虚拟变量度量签字会计师个人经验。我们改用虚拟变量（以年份中位数定义）来定义签字会计师经验，从表 5－19 中可以看出，除了平均个人经验也在 10% 水平显著为负（第 1 列）外，结果与主检验一致。

---

① 未报告的结果显示，项目负责人的个人经验对真实盈余管理没有显著影响。

表 5 - 19　　　　　稳健性检验——用虚拟变量度量签字会计师个人经验

变量符号	平均个人经验		平均行业经验		复核合伙人经验	
	(1) EXPR	(2) EXPY	(3) EXPR	(4) EXPY	(5) EXPR	(6) EXPY
EXPDUM (INDEXPDUM)	-0.009* (-1.758)	-0.006 (-1.219)	-0.014*** (-2.732)	-0.017*** (-3.404)	-0.011** (-2.053)	-0.010** (-1.972)

注：括号内数字为 t 值；依照公司对标准误进行了聚类调整；*、**、*** 分别为 10%、5%、1% 水平显著。

（5）在检验签字会计师个人经验对真实盈余管理的影响时控制应计盈余管理。公司管理层会在对不同盈余管理的成本、收益进行权衡的基础上选择公司的盈余管理策略，因此，应计盈余管理与真实盈余管理之间并非完全独立的关系，而可能相互影响。就真实盈余管理而言，管理层会在对期末应计盈余管理的弹性进行估计的基础上预先安排真实盈余管理水平。为了控制两种盈余管理方式之间的相互关系，我们在检验个人经验对真实盈余管理的影响时增加控制应计盈余管理，结果表明（见表 5 - 20），在控制了 DA 后：首先，就一般经验而言，签字会计师的平均一般经验对真实盈余管理仍然只有较弱的关系（EXPY 在 10% 水平显著为负），复核人的一般经验仍显著为负，而项目负责人的一般经验不显著；其次，就行业经验而言，INDEXPY 在 5% 水平显著为负，INDEXPR 的系数接近于显著为负（显著性水平为 0.120）。此外，DA 的系数显著为正，前面的相关分析结果也表明，RM 与 AM 显著正相关，因此，在我国，真实盈余管理与应计盈余管理之间是互补关系，而非西方许多文献所发现的二者呈此消彼长的替代关系。以上结果表明，控制两种盈余管理之间的相互关系后并不改变本书的结论。

表 5 - 20　　　　　稳健性检验——检验个人经验对真实盈余管理时控制应计盈余管理的影响

变量符号	平均一般经验		平均行业经验		复核合伙人一般经验	
	EXPR	EXPY	EXPR	EXPY	EXPR	EXPY
EXP (INDEXP)	-0.005 (-1.545)	-0.008* (-1.722)	-0.005 (-1.556)	-0.009** (-2.544)	-0.005** (-2.079)	-0.009*** (-2.585)

注：括号内数字为 t 值；依照公司对标准误进行了聚类调整；*、**、*** 分别为 10%、5%、1% 水平显著。

（6）非线性关系的排除。审计师经验对于审计质量的影响存在不同预期意味着其与真实盈余管理之间可能会呈非线性关系。为了排除这一可能，我们在模型中加入签字会计师个人经验的平方项（为了避免回归时的多重共线性，个人经验全部进行了去中心化处理）。从表 5－21 中可以看出，首先，就一般经验而言，无论是平均值还是区分复核人、项目负责人，平方项 *EX-PSQR* 的系数均不显著，因此，签字会计师一般经验与真实盈余管理之间没有呈非线性关系；其次，就行业经验而言，*INDEXPSQR* 的系数也不显著（未列示的结果表明，在用签发报告数度量经验时，复核合伙人行业经验的平方项在 10% 水平显著为正）。因此，基本上可以排除非线性关系的存在。

表 5－21   稳健性检验——签字会计师个人经验与真实盈余
管理之间非线性关系的排除

变量符号	平均一般经验		平均行业经验		复核合伙人一般经验	
	EXPR	*EXPY*	*EXPR*	*EXPY*	*EXPR*	*EXPY*
EXP（*INDEXP*）	− 0. 003 （− 0. 977）	− 0. 005 （− 0. 761）	− 0. 007 * （− 1. 849）	− 0. 010 ** （− 2. 394）	− 0. 003 （− 1. 170）	− 0. 004 （− 0. 870）
EXPSQR （*INDEXPSQR*）	0. 003 （1. 510）	0. 005 （0. 924）	0. 005 （1. 597）	0. 002 （0. 505）	0. 002 （1. 313）	0. 003 （0. 992）

注：括号内数字为 t 值；依照公司对标准误进行了聚类调整；＊、＊＊、＊＊＊ 分别为 10%、5%、1% 水平显著。

5.5   结论与讨论

5.5.1   研究结论

已有一些文献考察了签字会计师个人经验对应计盈余管理的影响，并发现，签字会计师的个人经验可以显著抑制客户的应计盈余管理行为。然而，在应计盈余管理受到抑制的时候，管理层也可能会转而采用难以与正常经营活动相区分、监管风险较小的真实盈余管理。为了确定是否存在这一可能，本书利用手工收集、整理的签字会计师个人经验数据，考察了签字会计师个人经验对真实盈余管理的影响。结果发现，两位签字会计师的平均经验对真实盈余管理没有显著影响（事实上，其对应计盈余管理也仅有较弱的抑制作用）。进一步研究发现，签字会计师的平均行业经验可以显著抑制真实盈余管理，而复核合伙人的个人经验及行业经验也对真实盈余管理具有显著抑制作用。研究还发现，签字会计师经验与真实盈余管理的关系与事务所规模、地区法律环境有关。在非"四大"事务所中以及法律环境较好地区，签字会计师的个人经验对真实盈余管理具有抑制作用，而在"四大"、法律环境较差地区，签字会计师的经验并不能抑制真实盈余管理。

5.5.2 理论与政策启示

本书的研究具有如下启示：

（1）本书发现，尽管两位签字会计师的平均经验对真实盈余管理没有显著抑制作用，但其行业经验（无论是两位签字会计师的平均行业经验还是复核人的行业经验）却对真实盈余管理及应计盈余管理具有显著作用。这在一定程度上表明，与非行业经验相比，签字会计师的行业经验更为重要。其原因可能在于，行业经验有助于审计师了解相关行业财务报表及其差错的相关知识，从而有助于提高其审计效率和审计质量。因此，事务所应当着力培养审计师的行业经验，在分配任务时，应使审计师专注于少数行业，避免涉及太多行业。

（2）与项目负责人相比，经验较丰富的复核合伙人的经验可能更为重要。本书发现，尽管两位签字会计师的平均经验对真实盈余管理没有显著作用，但复核人的经验及行业经验却与两类盈余管理均呈显著负向关系，而项目负责人的经验却不显著。这表明，复核合伙人对整个审计项目的影响更大。因此，事务所在配备审计团队时，尤其应当重视复核人的经验。

（3）本书的研究结果表明，签字会计师平均行业经验、复核人经验及行业经验对应计盈余管理和真实盈余管理均具有显著抑制作用，这表明，拥有较多行业经验的签字会计师在抑制应计盈余管理的同时，并没有导致管理层转而采用更多更为隐蔽的、风险相对较小的真实盈余管理来实现短期盈余目标。因此，签字会计师（尤其是复核人）经验的提升确实一定程度上有助于抑制客户的盈余管理行为、提高审计质量。这一发现，可以消除"有经验的签字会计师在抑制应计盈余管理的同时是以提高真实盈余管理为代价"的疑问，从而弥补已有的签字会计师经验与应计盈余管理之间文献的不足。本书的结果也表明，我国注册会计师对于客户的真实盈余管理行为并非不关注。由于真实盈余管理也蕴含着较大的风险，加之我国监管部门也关注上市公司的真实盈余管理行为，因此，有经验的签字会计师会抑制客户过于激进的真实盈余管理行为。此外，本书的结果也在一定程度上表明，在我国，真实盈余管理与应计盈余管理之间可能更多地表现为一种互补关系，进一步地，签字会计师个人经验对真实盈余管理作用的路径，可能主要是直接效应，而非间接效应（通过影响应计盈余管理来影响真实盈余管理）。

（4）本书的结果还表明，在非"四大"中，签字会计师经验对于抑制真实盈余管理的作用更为明显，因此，对于本土会计师事务所而言，应当注重提高注册会计师的经验，采取各种措施留住经验丰富的注册会计师。此外，本书对于不同法律环境下签字会计师个人经验作用的结果也表明了加强法治建设以促使注册会计师更加注重执业风险的重要性。

第 6 章

签字会计师个人经验对隐蔽性盈余
管理的影响：分类转移视角

6.1 问题提出

分类转移主要是指利用利润表中不同项目之间的分类来提高核心盈余的方法（McVay，2006），其手段既包括将核心费用（尤其是销售成本）不当地分类进特别项目（McVay，2006；Fan and Liu，2017），也包括将非经营性活动的利得错误地分类进经营性收入（Malikov，et al.，2018），分类转移还包括将核心分部的费用分配至其他分部以提高核心分部的盈余（Lail，et al.，2014）等手段①。管理层进行分类转移的目的是利用市场尤其是不够成熟的投资者对核心盈余的

---

① 更广泛意义上的分类转移还包括通过现金流量表项目间的不当分类来提高经营活动现金流（Baik，et al.，2016），实际上，资产负债表中不同项目（如金融资产和负债）间的分类也存在分类转移的问题。不过，利润表中的分类转移行为是目前分类转移研究的重点。

关注[①]，对核心费用项目或者利得进行不当分类来提高核心盈余（Fan，et al.，2010）。与应计盈余管理和真实盈余管理相比，管理层实施分类转移的成本较低，因为分类转移既不会导致应计项目的转回，也不会像真实盈余管理那样因为放弃了机会而导致企业损失未来的收入，更重要的是，由于在特定账户间进行费用分配是主观的，审计师在核实适当分类方面的能力可能较为有限，并且，由于线下利润没有变化，审计师也不大会花费精力来识别或者（在识别以后）强制要求管理层进行调整（McVay，2006）。因此，分类转移是一种非常有吸引力的盈余管理手段。每种盈余管理手段都有其适用的条件和利弊，管理层会同时使用应计盈余管理、真实盈余管理和分类转移来实现盈余目标，但他们会在对不同盈余管理手段的成本、约束条件和时间安排进行权衡的基础上来选择盈余管理方式及其组合（Abernathy，et al.，2014）。当管理层进行应计盈余管理或者真实盈余管理的能力受到限制时，他们会转而采用分类转移盈余管理来实现目标盈余（Fan，et al.，2010；Abernathy，et al.，2014）。尽管分类转移的风险相对较小，但其同样会误导会计信息使用者，因为，包含了分类转移的利润表将不能真正反映企业的实际（McVay，2006），不便于报表使用者评估企业未来的获利能力（Behn，et al.，2013），已有文献表明，分类转移会导致市场对公司核心盈余过高定价（Alfonso，et al.，2015），降低核心盈余的持续性，并会导致公司价值被高估（李晓溪等，2015；贾巧玉和周嘉南，2016）。阿洛格诺斯拓普洛等（Anagnostopoulou，et al.，2021）发现，分类转移高的 IPO 公司未来更可能发生退市，因为分类转移错误地传递了公司在未来维持和产生核心盈余及创造现金流的能力的信号。

在我国，程富和王福胜（2015）、李晓溪等（2015）、周夏飞和魏炜（2015）、刘宝华等（2016）、贾巧玉和周嘉南（2016）、路军伟等（2019）等文献均发现，我国上市公司存在分类转移盈余管理行为。那么，有经验的签字会计师对公司管理层的分类转移行为将产生何种影响呢？具体来说，有经验的签字会计师究竟是更能发现公司的分类转移行为从而抑制这种隐蔽性盈余管理行为，还是会利用自身的经验帮助客户采用较为隐蔽、风险

[①] 之所以投资者更关注核心盈余，是因为核心盈余能够更好地预测未来盈余，而特殊项目往往具有不可持续性，其对于预测未来盈余并没有多少信息含量（Haw，et al.，2011）。

较低的分类转移来实现盈余目标，抑或是由于有经验的签字会计师对应计盈余管理、真实盈余管理的抑制作用迫使管理层转而采用更多的分类转移来实现盈余目标？根据我们的检索，尚无文献对此加以研究。实际上，识别管理层的分类转移行为是一项非常艰巨的任务。因为将费用作为核心经营性费用还是特殊经营性费用涉及大量的管理判断，这可能会受到管理层偏误的影响。而审计师如果没有充足的经验，要想发现这些偏误是极为困难的。并且，由于会计准则对此的相关规定往往较为宽松、模糊，审计准则也往往对审计师的职业判断留有较大的空间，审计师即便发现了也难以对管理层的行为提出质疑（Haw, et al., 2011；Eilifsen and Knivsflå, 2021）。因此，就分类转移这种盈余管理行为的发现和作出调整建议而言，审计师的个人胜任能力更加重要。基于以上考虑，本书将就签字会计师个人经验与分类转移之间的关系加以检验，以进一步了解签字会计师个人经验的提高究竟是确实有助于抑制管理层的机会主义会计行为，还是只是抑制较为明显的应计盈余管理行为而实质却是管理层转而采用其他的替代性手段来实现盈余管理目标。

本书从如下方面进一步推进了现有文献：第一，检验了签字会计师个人经验与分类转移行为的关系，这有助于揭示签字会计师经验对客户隐蔽性盈余管理行为的影响，从而在已有签字会计师经验与应计盈余管理之间关系相关文献的基础上，进一步揭开"有经验的签字会计师是否确实能够更好地提高审计质量，抑制客户的机会主义会计行为"之谜。第二，从分类转移的角度进一步推进了审计师个人层面的研究。由于分类转移行为更为复杂和隐蔽，其发现与报告对审计师职业判断的要求更高，因此，从签字会计师个人经验角度来研究审计对分类转移的影响，具有重要的理论意义。现有关于审计与分类转移之间关系的文献均侧重于事务所规模或行业专长，而没有深入到审计师个人经验层面。因此，本书的研究有助于从审计师个人经验角度丰富外部审计对分类转移的影响。第三，通过进一步考察客户重要性、分类转移盈余管理嫌疑对签字会计师个人经验与分类转移之间关系的影响，本书有助于进一步了解不同情境下审计师的决策。此外，通过考察签字会计师任期不同情况下个人经验作用的差异，本书也有助于加深对审计师的学习效应以及审计经验作用的理解。

6.2 文献回顾

6.2.1 分类转移的动机与影响因素

现有文献从达到分析师的盈利预测以及股权激励计划、债务契约中对核心盈余的要求、符合监管部门对再融资公司核心盈余的要求等角度研究了分类转移的动机。第一，分析师预测和核心盈余增长动机。麦克维（McVay，2006）、霍等（Haw, et al., 2011）发现，管理层会通过分类转移来提高核心盈余以达到分析师预测。卢等（Noh, et al., 2017）对韩国公司的研究发现，公司会通过分类转移来避免报告亏损或者利润下降，或达到分析师的预测。程富和王福胜（2015）也发现，管理层会通过分类转移来避免报告营业利润亏损或实现营业利润增长。扎拉塔和罗伯茨（Zalata and Roberts, 2017）则发现，管理层会通过将经常性项目误分类进非经常性项目来实现核心盈余的增长，但不大会通过分类转移来避免报告核心盈余亏损。第二，债务契约动机。范云等（Fan, et al., 2019）研究了公司债务契约对分类转移的影响，结果发现，当公司中与息税摊销前盈余（EBITDA）相关的债务条款接近于违约情形时，更可能对核心费用进行分类转移，尤其是在财务困境公司中，上述关系更为明显。马利科夫等（Malikov, et al., 2019）也发现，公司有息债务契约接近极限时，会进行更多的分类转移以提高收入；当公司债务契约是以 EBIDTA 为基础时，公司也会实施更多的分类转移。第三，股权激励动机。由于股权激励计划中往往包含基于核心盈余的业绩条款，为了达到行权条件，管理层会采用分类转移来提高核心盈余。刘宝华等（2016）、李星辰和姜英兵（2018）发现，股权激励尤其是限制性股票会促使管理层采用更多的分类转移。谢德仁等（2019）发现，股权激励"踩线"达标公司会通过将经常性费用藏匿于营业外支出（尤其是其他营业外支出）的方式进行分类操纵。徐沛勣（2020）发现，股权激励会诱使高管同时向下转移费用和向上转移利得。第四，迎合监管动机。由于我国监管部门对股票发行以及再融资公司有业绩要求，一些学者研究并发现上市公司会通过分类转移来满足监管部门对扣非后核心盈余的要求。例如，路军伟等（2019）发现，拟IPO公司会通过把核心费用（尤其是营业成本）分类转移至营业外支出以虚增核心盈余，以迎合发审委和机构投资者对核心盈余的关注。路军伟和卜小霞（2020）发现，上市公司会通过分类转移来迎合监管部门对于扣非后净利润的关注。

在分类转移的影响因素方面，现有文献从如下方面进行了研究：第一，国际财务报告准则（IFRS）的实施对分类转移的影响。例如，卢等（Noh，et al.，2017）研究了韩国强制实施国际财务报告准则对分类转移的影响①，结果发现，在准则转换期，韩国公司会实施更多的分类转移，并且，公司会通过其他损益项目而不是异常费用项目来提高营业利润。扎拉塔和罗伯茨（Zalata and Roberts，2017）、马利科夫等（Malikov，et al.，2018）对英国的研究也表明，实施国际财务报告准则后，管理层有更大的自由裁量权，他们会更多地通过将经常性项目误报为非经常性项目的手段来提高核心盈余。第二，公司治理对分类转移的影响。例如，霍等（Haw，et al.，2011）对东亚新兴市场的研究发现，存在控股股东尤其是家族控股的公司更容易进行分类转移，强有力的法律制度（普通法传统、严格的信息披露要求）会抑制分类转移，控股股东的两权分离度与分类转移呈正向关系。贝恩等（Behn，et al.，2013）对41国数据研究发现，无论是在投资者保护强的国家还是投资者保护弱的国家，都存在分类转移行为，但在投资者保护弱的国家，分类转移现象更为严重；分析师可以约束管理层的分类转移行为，尤其是在投资者保护较弱的国家。扎拉塔和罗伯茨（Zalata and Roberts，2016）发现，有效的董事会和审计委员会可以显著抑制管理层的分类转移行为。具体而言，董事会中有更多独立董事、董事任期较长以及审计委员会勤勉性更高、更具有财务专业性以及审计委员会中任期较长的董事较多时，公司的分类转移行为会被抑制。郑和张伯伦（Joo and Chamberlain，2017）也发现，由董事会及其委员会、外部审计所构成的公司治理质量较高时，公司会更少进行分类转移。程富和王福胜（2015）发现，股权集中度的提高、董事会独立性的提高、机构投资者持股比例的增加有助于抑制公司的分类转移操纵行为，徐沛勤（2020）则发现，有效的董事会以及法治环境、市场化水平、媒体监督、外

---

① 与韩国会计准则相比，国际财务报告准则允许管理层在报告营业利润时有更大的自由裁量权。

部审计可以抑制分类转移。第三，管理层特征对分类转移的影响。例如，扎拉塔等（Zalata, et al., 2019）发现，在 SOX 法案实施之前，公司分类转移水平均较高，且女性 CEO 公司的分类转移程度高于男性 CEO 公司；SOX 法案实施后，女性 CEO 公司的分类转移行为显著下降，而男性 CEO 公司仍然较多地使用分类转移。这表明，女性 CEO 更厌恶风险。第四，从不同盈余管理方式之间的关系角度考察相关因素对分类转移的影响。例如，阿伯内西等（Abernathy, et al., 2014）发现，当公司由于财务状况较差、机构投资者持股较高、市场份额较低而导致其实施真实盈余管理的能力受限时，会更多地采用分类转移。雷新途和汪宏华（2019）发现，反腐败会促使公司在减少应计盈余管理的同时选择更多的真实盈余管理和分类转移。

6.2.2 审计与分类转移的关系

纳尔逊等（Nelson, et al., 2002）对 253 位来自"五大"的审计师的调查表明，如果管理层的盈余管理行为经过规划，符合精准的准则（precise standard），或者虽然交易没有经过规划但当时并没有精准的准则，审计师将不会要求管理层作出调整。他们还发现，如果管理层的盈余管理行为不会提高当期盈余，则审计师一般不大会要求管理层进行调整。由于分类转移并不会提高公司的线下利润，因此，审计师不大会花费大量时间去识别分类转移或者强制要求管理层调整相关账户，尤其是在投资者保护较弱的环境下（Haw, et al., 2011）。

不过，从相关实证研究的结论来看，对于审计质量与分类转移之间的关系，有限的文献并未取得一致结论。一些文献发现，高质量审计能够抑制分类转移。例如，霍等（Haw, et al., 2011）发现，在大陆法系国家，高质量审计（"四大"）对于分类转移没有显著影响；但在普通法国家，高质量审计能够显著抑制分类转移。郑和张伯伦（Joo and Chamberlain, 2017）发现，当审计师由非"四大"变为"四大"时，分类转移的预期水平会下降；而当审计师由"四大"变为非"四大"时，分类转移水平会提高。谢德仁等（2019）发现，"十大"能够抑制业绩型股权激励公司通过分类转移实现业绩"达标"的行为。但也有文献发现，审计质量与分类转移呈正向关系，例如，程富和王福胜（2015）发现，聘用"十大"非但不会抑制公司分类转移的程度，反而会提高公司分类转移的程度。

6.2.3　签字会计师个人经验对盈余质量的影响

由于中国、韩国、瑞典等少数国家和地区数年前便已存在合伙人须在审计报告上签字的要求，这为学者们度量签字会计师个人经验并研究其对客户会计信息质量（审计质量）的影响提供了机会。卡恩和孙（Cahan and Sun，2015）、原红旗和韩维芳（2012）、王晓珂等（2016）对中国公司的研究发现，审计师的经验与客户公司操控性应计的绝对值呈负向关系。闫焕民（2016）进一步发现，签字会计师的行业经验对应计盈余管理具有显著的抑制作用，而非行业经验则没有显著影响。此外，基于中国台湾地区（Chi，et al.，2017）、韩国（Sonu，et al.，2019）、芬兰（Ittonen，et al.，2015）等国家或地区的研究也表明，签字会计师的个人经验与客户公司的操控性应计项目呈负向关系。由此可见，尽管在理论上签字会计师个人经验的提高是否意味着审计质量的提高，尚存有不同看法，但就应计盈余管理而言，现有文献的结论是基本一致的，即签字会计师经验的提升有助于抑制客户的应计盈余管理行为。

6.2.4　对现有文献的总结与评价

从以上分析可以看到，作为一种新型的盈余管理方式，分类转移正成为盈余管理研究的新的热门话题，现有文献从投资者保护法律制度、董事会和审计委员会特征等角度考察了公司治理对分类转移的影响，总的来说，已有文献支持公司治理机制对于分类转移行为具有一定的抑制作用。但就外部审计质量与分类转移之间的关系而言，现有文献却未取得相对一致的结论。因此，审计师究竟是会抑制客户的分类转移行为，还是利用自身的知识帮助客户采用较为隐蔽、风险较低的分类转移（或者虽然有经验的签字会计师没有主动帮助客户进行分类转移，但由于其明显地抑制了客户的应计盈余管理，从而迫使管理层选择更多的隐蔽性的分类转移）来实现盈余目标，是一个需要进一步研究的问题。并且，已有文献多是从事务所的规模和行业专长角度来研究审计与分类转移的关系，而没有进一步延伸到签字会计师层面。事实上，分类转移高度依赖审计师的职业判断，因此，签字会计师的个人经验对于识别分类转移而言显得非常重要，这意味着有必要进一步由事务所层面深入到签字会计师个人层面尤其是从经验的角度来研究审计对分类转移的影响。

就签字会计师个人经验而言，尽管已有一些文献研究了其对客户公司操控性应计的绝对值的影响，但尚无文献研究其对分类转移这样的隐蔽性较强的盈余管理的影响，因此，有经验的签字会计师是否会抑制客户的分类转移行为，还是由于其抑制了管理层应计盈余管理的空间从而迫使管理层转而采用更多的分类转移来实现盈余管理目标，甚至有经验的签字会计师主动利用其专业经验帮助管理层采用隐蔽性高、风险小的分类转移，尚未可知。对这一问题的回答十分重要，因为，如果有经验的签字会计师仅仅抑制较为明显的应计盈余管理却导致客户更多地进行分类转移，则签字会计师个人经验的作用就具有两面性。

本书对签字会计师个人经验与分类转移之间的关系进行探索性的实证检验，从签字会计师个人经验层面来研究审计对分类转移的影响，不仅可以进一步了解外部审计与公司隐蔽性盈余管理之间的关系，而且有助于加深对签字会计师个人经验对审计质量的作用的理解，从而揭开"经验丰富的签字会计师是否能够抑制各类盈余管理，还是仅仅能够抑制较为明显的应计盈余管理"这一问题的谜底。

6.3 制度背景

6.3.1 监管部门对扣非后净利润的关注

中国证监会《公开发行股票公司信息披露的内容与格式准则第二号〈年度报告的内容与格式〉》（1999 年修订稿）要求，上市公司须在年度报告中披露"扣除非经常性损益后的净利润"以及"扣除非经常性损益后的每股收益"，并同时说明所扣除的项目、涉及金额，按照该准则，"非经常性损益是指公司正常经营损益之外的一次性或偶发性损益，例如，资产处置损益、临时性获得的补贴收入、新股申购冻结资金利息、合并价差摊入等"。从 1999 年报开始，上市公司开始披露扣非后净利润及具体的非经常性损益项目。根据现行的《公开发行证券的公司信息披露内容与格式准则第 2 号——年度报告的内容与格式（2017 年修订）》，上市公司在年度报告中，应当在"主要会计数据和财务指标"部分，采用数据列表方式提供"截至报告期末公司近 3 年归属于上市公司股东的扣除非经常性损益的净利润"，并在"分季度主要财务指标"部分分季度报告"归属于上市公司股东的扣除非经常性损益后的净利润"，在"非经常性损益项目及金额"部分具体说明报告期内非经常性损益的项目及金额。2001 年 4 月 25 日，中国证监会颁布了《公开发行证券的公司信息披露规范问答第 1 号——非经常性损益》，对非经常性损益的含义和内容作了界定，并于 2004 年 1 月 15 日对部分内容作出修订。2007 年 2 月 2 日、2008 年 10 月 31 日，中国证监会又两次对该问答进行修订，并在 2008 年修订时将其名称修改为《公开发行证券的公司信息披露解释性公告第 1 号——非经常性损益》。根据该公告，非经常性损益是指"与公司正常经营业务无直接关系，以及虽与正常经营业务相关，但由于其性质特殊和偶发性，影响报表使用人对公司经营业绩和盈利能力作出正常判断的各项交易和事项产生的损益"，非经常性损益具体包括非流动性资产处置损益、非货币性资产交换损益、债务重组损益、企业重组费用等 21 个项目。

2001 年 3 月 15 日，中国证监会发布的《关于做好上市公司新股发行工作的通知》规定，上市公司申请配股、增发须满足"经注册会计师核验，公司最近 3 个会计年度加权平均净资产收益率平均不低于 6%；扣除非经常性损益后的净利润与扣除前的净利润相比，以低者作为加权平均净资产收益率的计算依据"；2002 年 7 月 24 日中国证监会发布的《关于上市公司增发新股有关条件的通知》规定，上市公司申请增发新股需要满足"最近三个会计年度加权平均净资产收益率平均不低于 10%，且最近一个会计年度加权平均净资产收益率不低于 10%。扣除非经常性损益后的净利润与扣除前的净利润相比，以低者作为加权平均净资产收益率的计算依据"。2006 年 4 月《上市公司证券发行管理办法》"公开发行证券的条件"中虽然不再要求近三年加权平均 ROE 不低于 10%，但仍要求"最近三个会计年度连续盈利。扣除非经常性损益后的净利润与扣除前的净利润相比，以低者作为计算依据"。"增发"及"发行可转换公司债券"的条件也包括"最近三个会计年度加权平均净资产收益率平均不低于 6%。扣除非经常性损益后的净利润与扣除前的净利润相比，以低者作为加权平均净资产收益率的计算依据"。这一规定，一直延续至今。

针对上市公司可能会通过非经常性项目来操纵核心盈余的问题，中国证监会在《公开发行证券的公司信息披露解释性公告第 1 号——非经常性损益》（2008 年）中规定，"注册会计师为公司招股说明书、定期报告、申请发行证券材料中的财务报告出具审计报告或审核报告时，应对非经常性损益项目、金额和附注说明予以充分关注，并对公司披露的非经常性损益及其说明的真实性、准确性、完整性及合理性进行核实"。这一规定意味着，审计师需要对客户的分类转移行为保持必要的关注。

6.3.2　股权激励方案中对核心盈余的关注

2005 年 9 月中国证监会颁布并于 2006 年开始实施的《上市公司股权激励管理办法（试行）》规定，"上市公司应当建立绩效考核体系和考核办法，以绩效考核指标为实施股权激励计划的条件"，不过，该办法并未规定具体的业绩考核指标。国务院国资委和财政部 2006 年 9 月发布的《国有控股上市公司（境内）实施股权激励试行办法》也只是要求，"实施股权激励计划应当以绩效考核指标完成情况为条件"，国务院国资委 2008 年度发布的《关于规范国有控股上市公司实施股权激励制度有关问题的通知》规定，上市公司股权激励的授予和行使（指股票期权和股票增值权的行权或限制性股票的解锁）环节均应设置应达到的业绩目标，并规定，反映股东回报和公司价值创造等综合性指标、反映公司赢利能力及市场价值等成长性指标以及反映企业收益质量的指标等三类业绩考核指标中原则上至少各选一个，"相关业绩考核指标的计算应符合现行会计准则等相关要求"，但未明确是否扣除非经常性损益项目。

2008 年 5 月中国证监会上市公司监管部发布的《股权激励有关事项备忘录 2 号》明确，实施股权激励的上市公司可根据自身情况设定适合本公司的绩效考核指标，"绩效考核指标如涉及会计利润，应采用按新会计准则计算、扣除非经常性损益后的净利润"。同年 9 月，中国证监会上市公司监管部出台的《股权激励有关事项备忘录 3 号》进一步规定，"上市公司股权激励计划应明确，股票期权等待期或限制性股票锁定期内，各年度归属于上市公司股东的净利润及归属于上市公司股东的扣除非经常性损益的净利润均不得低于授予日前最近三个会计年度的平均水平且不得为负"。[①]

从实践来看，我国许多上市公司的股权激励计划中规定的业绩考核指标都包含了扣非后净利润为基础的增长性指标[②]。例如，鞍钢股份（000898）《2020 年限制性股票激励计划》规定，解除限售期业绩考核条件包含上一财务年度净利润（以扣除非经常性损益后计算）增长率的下限；焦点科技（002315）公布的《2020 年股票期权激励计划（草案）》也规定，行权期内业绩考核指标包括营业收入增长率的下限或者归属于上市公司股东的扣除非经常性损益后净利润增长率的下限[③]。

6.3.3 利润表中营业利润、营业外收支构成的变化

根据《企业会计准则第 30 号——财务报表列报》以及 2014 年财政部颁布的应用指南，营业利润＝营业收入－营业成本－营业税金－管理费用－销售费用－财务费用－资产减值损失＋公允价值变动损益＋投资收益。"非流动资产处置损失"在"营业外支出"下单列。

2017 年 12 月 25 日，根据 2017 年施行的《企业会计准则第 42 号——持有待售的非流动资产、处置组和终止经营》和《企业会计准则第 16 号——政府补助》[④]的相关规定，财政部发布《关于修订印发一般企业财务报表格

---

① 中国证监会 2016 年修订的《上市公司股权激励管理办法》一定程度上放宽了业绩指标的要求，不再强调股权激励计划需要包含以扣非后净利润为基础的相关指标，只是规定"上市公司可以公司历史业绩或同行业可比公司相关指标作为公司业绩指标对照依据，公司选取的业绩指标可以包括净资产收益率、每股收益、每股分红等能够反映股东回报和公司价值创造的综合性指标，以及净利润增长率、主营业务收入增长率等能够反映公司盈利能力和市场价值的成长性指标"。

② 上市公司股权激励业绩考核的核心指标一般为净利润增长率指标和营业收入增长率指标，其中前者多于后者。

③ 实际中，也有少数公司股权激励计划中的业绩指标是以净利润而非扣非后净利润来计算的，例如，长安汽车（000625）2020 年 7 月发布的《重庆长安汽车股份有限公司 A 股限制性股票激励计划（草案）》规定的激励计划从净利润年复合增长率和当年净资产收益率的下限两个方面规定了主要业绩解锁条件，其中，净资产收益率明确为以归属于上市公司股东的净利润和加权平均净资产为计算依据。

④ 根据《企业会计准则第 16 号——政府补助》，对于政府补助，依照是否与企业日常活动相关，区别处理：与企业日常活动相关的政府补助，计入其他收益或冲减相关成本费用，与企业日常活动无关的政府补助，计入营业外收支。

式的通知》，对一般企业财务报表格式进行了修订。修改后，利润表中营业利润 = 营业收入 − 营业成本 − 税金及附加 − 销售费用 − 管理费用 − 财务费用 − 资产减值损失 + 公允价值变动收益 + 投资收益 + 资产处置收益 + 其他收益。"营业外收入"主要包括债务重组利得、与企业日常活动无关的政府补助、盘盈利得、捐赠利得等，"营业外支出"主要包括债务重组损失、公益性捐赠支出、非常损失、盘亏损失、非流动资产毁损报废损失等。

2018 年 6 月 15 日，针对 2018 年 1 月 1 日起我国分阶段实施的新金融准则①和新收入准则，财政部发布《关于修订印发 2018 年度一般企业财务报表格式的通知》，再次修改一般企业财务报表格式，将管理费用中的研发费用单独列出，纳入营业利润中。即：营业利润 = 营业收入 − 营业成本 − 税金及附加 − 销售费用 − 管理费用 − 研发费用 − 财务费用 − 资产减值损失 + 其他收益 + 投资收益 + 公允价值变动收益 + 资产处置收益。同时，将"非流动资产毁损报废利得"列入营业外收入，将"非流动资产毁损报废损失"列入营业外支出，即营业外收入包括债务重组利得、与企业日常活动无关的政府补助、盘盈利得、捐赠利得；营业外支出包括债务重组损失、公益性捐赠支出、非常损失、盘亏损失、非流动资产毁损报废损失等。

2019 年 4 月 30 日，财政部发布《关于修订印发 2019 年度一般企业财务报表格式的通知》，再次修订企业财务报表格式，修订后，营业利润 = 营业收入 − 营业成本 − 税金及附加 − 销售费用 − 管理费用 − 研发费用 − 财务费用 + 其他收益 + 投资收益 + 净敞口套期收益 + 公允价值变动收益 − 信用减值损失 − 资产减值损失 + 资产处置收益。债务重组利得和损失被纳入资产处置收益，营业外收入主要包括与企业日常活动无关的政府补助、盘盈利得、捐赠利得、非流动资产毁损报废利得，营业外支出包括公益性捐赠支出、非常损失、盘亏损失、非流动资产毁损报废损失等。

从以上分析可以看到，2017 年以来，我国企业利润表中营业利润和营业外收支的核算范围屡次发生变化，原先许多列入营业外收支的项目被逐渐纳入营业利润中，这在一定程度上反映了逐渐淡化日常活动与非日常活动的界限的趋势。不过，本章的样本期为 2008 ~ 2016 年，并且，用"扣除非经常性

---

① 具体包括《企业会计准则第 22 号——金融工具确认和计量》《企业会计准则第 23 号——金融资产转移》《企业会计准则第 24 号——套期会计》《企业会计准则第 37 号——金融工具列报》。

损益后净利润"来度量核心盈余，因而不会受到会计准则以及企业财务报表格式调整的影响。实际上，由于利润表中"营业利润"的口径不断变化，加之监管部门要求上市公司披露非经常性项目并在再融资等方面采用净利润与扣非后净利润孰低的方法，因此，以扣非后净利润来度量企业核心盈余更为合适，这也是国内文献较多采用的方法。我国近年对利润表中相关项目列报方式的变动情况，如表6-1所示。

表6-1　　　　　　我国近年对利润表中相关项目列报方式的变动

项目	2006 年	2017 年	2018 年	2019 年
营业利润构成的变化	—	资产处置损益从营业外收入纳入营业利润；新增其他收益（计入其他收益的政府补助）	研发费用从管理费用中分出	资产处置损益包含债务重组利得和损失
营业外收支构成的变化	非流动资产处置损益在"营业外收入""营业外支出"下单列	非流动资产毁损报废利得、损失包含在营业外收入、支出内	—	债务重组利得和损失纳入资产处置损益，不再包含在营业外收支内

6.4　理论分析与假说提出

为了迎合监管部门对核心盈余业绩门槛的要求，或者达到股权激励行权条件、债务契约对核心盈余的要求，并且，投资者在对管理层绩效进行评估时对核心盈余和非核心盈余的关注程度可能存在差异，管理层有动力进行分类转移，尤其是通过将经常性费用错误地列入非经常性项目来提高公司核心盈余。与应计盈余管理和真实盈余管理会对公司将来的盈余产生反转不同，分类转移只会改变利润表的结构（即改变核心盈余、非核心盈余的结构），而不会改变以后期间企业的利润或现金流量（Behn, et al., 2013），审计师和监管者都不会花费太多精力对其加以审查（McVay, 2006），因此，与应计盈余管理和真实盈余管理相比，分类转移具有隐蔽性好、风险小、成本低的特点。那么，签字会计师个人经验与分类转移之间是何种关系呢？

（1）签字会计师个人经验可能会对客户分类转移的程度产生正向影响。其原因在于：第一，尽管有经验的会计师可能拥有更多关于财务报表错报的知识和技能（Frederick and Libby，1986；Choo and Trotman，1991；Tubbs，1992；Solomon，et al.，1999）、审计效率更高（Frederick and Libby，1986；Libby and Frederick，1990；Bonner，1990；Shelton，1999；Moroney and Carey，2011），因而更能发现客户财务报表中的错报，但经验的积累也可能导致会计师过度自信或形成思维惯性（Kirchler and Maciejovsky，2002；Menkhoff，et al.，2013；Owhoso and Weickgenannt，2009），这可能会降低其发现客户报表中的差错的能力。此外，随着经验的积累，签字会计师在业内以及事务所内部的声誉已经形成，其通过提高业务质量来提升自身职业声誉的动力也将下降，这也会降低其在审计过程中勤勉尽责的动力，从而降低其审计质量。第二，不同盈余管理方式之间可能存在替代关系（Haw，et al.，2011；Abernathy，et al.，2014）。应计盈余管理更容易被监管部门和审计师发现，因而成本较高，随着法律监管、公司治理的不断加强，应计盈余管理的空间将会不断减小，而真实盈余管理不仅会对企业将来的盈利能力和现金流产生负面影响，而且也与企业的市场地位等因素有关，且真实盈余管理活动需要在平时就加以规划和实施，因此，应计盈余管理和真实盈余管理的空间不是没有边界的。当管理层应计盈余管理或者真实盈余管理能力受到限制时，他们可能会转而采用更为隐蔽、不大会引起监管部门调查、成本较低的分类转移来实现盈余管理目标（Abernathy，et al.，2014；Zalata，et al.，2019），由此可见，即便签字会计师个人经验的提升可能确实有助于抑制客户的应计盈余管理行为，其也可能会迫使管理层采用更多的分类转移来实现盈余目标。从现有文献来看，程富和王福胜（2015）发现，聘用"十大"会计师事务所审计会增加公司分类转移操纵的程度，其原因就在于管理层操纵应计项目的能力受到限制。第三，经验更丰富的签字会计师可能更善于在风险和收益之间加以平衡，并且，级别高的资深注册会计师的利益在更大程度上依赖于客户关系，因此，他们可能会比级别低的注册会计师更注重维持客户关系，尤其是在风险不是很大的项目上更多地迎合客户的要求（Farmer，et al.，1987；Haynes，et al.，1998；Koch，et al.，2012），由此推论，有经验的签字会计师可能会利用自身的经验，帮助客户采用风险较小的盈余管理手段来实现其盈余目标，从而达到降低自身审计风险和迎合管理层需要之间的平衡。

（2）签字会计师个人经验的提升可能有助于抑制客户的分类转移行为，其原因在于：第一，分类转移是一种机会主义行为，并非完全没有风险（Desai and Nagar，2016）。尽管分类转移并不改变总的利润和净利润，但其毕竟并不符合会计准则对费用与损失、利得与收入的划分，其实质与应计盈余管理并无差异，同样是一种利用准则规定的模糊性而做出的一种机会主义行为。分类转移不仅会对会计信息使用者形成误导，而且也违背了监管部门要求上市公司披露非经常性损益以及不同的利润构成的初衷。监管部门一旦发现，也会要求企业加以纠正。因此，所谓分类转移的风险和成本较低，是相对于应计盈余管理而言的，并不是说分类转移完全没有风险。这意味着审计师需要关注分类转移。第二，原先许多文献认为审计师不大关注分类转移，实际上是建立在审计师难以发现分类转移或者发现分类转移需要花费太多精力这一假设的基础上，而审计师经验的提升会改变这一情况：如果审计师不需要花费太多精力就可以发现客户的分类转移行为，审计师就有可能会抑制分类转移，以降低自身风险。随着审计师个人经验的提高，其发现隐蔽性盈余管理的能力将会提高，因此，有经验的审计师更能抑制客户的分类转移。第三，尽管职业生涯顾虑可能随着年龄的增长而逐渐消退（Gibbons and Murphy，1992；Holmström，1999；Sundgren and Svanström，2014），但就注册会计师行业而言，还需要考虑法律风险的问题。随着法律制度的逐渐完善，有经验的签字会计师也需要考虑审计失败对于自身退休后待遇的影响，这将在一定程度上削弱职业生涯顾虑消退的影响。从这一意义上来说，签字会计师个人经验将有助于抑制分类转移。

综上所述，我们无法准确预期审计师个人经验对于分类转移影响的方向，故提出如下竞争性假说：

H6 - 1a：其他条件不变，签字会计师个人经验会正向影响公司的分类转移水平。

H6 - 1b：其他条件不变，签字会计师个人经验会负向影响公司的分类转移水平。

6.5 研 究 设 计

6.5.1 模型设定与变量定义

6.5.1.1 分类转移的度量

麦克维（McVay，2006）建立了用未预期核心盈余来度量分类转移的模型。本书借鉴麦克维（McVay，2006）的估算方法，用模型（6-1）分年度、分行业进行回归，得到的残差 UE_CE（即实际核心盈余与估计核心盈余的差额）就是未预期核心盈余[①]。值得指出的是，在西方，常通过特殊项目和折旧前盈余，即"（销售收入－销售成本－管理费用＋折旧摊销）/销售收入"，来度量核心盈余（McVay，2006），考虑到我国上市公司分类转移行为很大程度上是为了迎合监管部门以及相关业绩考核对扣非后净利润的要求，参考李

---

① 麦克维（McVay，2006）指出，未预期核心盈余的提高，既可能是分类转移所导致的，也可能是公司精简其业务线、剥离非获利性经营分部从而要确认非常项目所导致的，这种情况下，实际上意味着公司经营效率的提高，而不是由于盈余管理。为了消除这一竞争性的原因，其进一步考察未预期核心盈余是否能够持续到下一年，如果下年未预期核心盈余发生了反转，则表明其是短期性盈余管理的结果，而不是企业经济业绩提升的结果，因为，经营改善所导致的核心盈余的增加能够在未来期间得到持续。具体而言，其通过检验下期未预期核心盈余变化与本期特殊项目之间的关系来进一步验证分类转移的存在性。尽管许多文献考虑了分类转移的反转并检验了特殊项目对下期未预期核心盈余的变化的影响（McVay，2006；Barua，et al.，2010；Haw，et al.，2011；Fan，et al.，2019），但贝恩等（Behn，et al.，2013）、扎拉塔和罗伯茨（Zalata and Roberts，2016）、郑和张伯伦（Joo and Chamberlain，2017）、扎拉塔等（Zalata，et al.，2019）、钟等（Chung，et al.，2021）、鲍恩和麦麦扎基思（Boahen and Mamatzakis，2020）、李晓溪等（2015）、周夏飞和魏炜（2015）、刘宝华等（2016）、张友棠等（2019）、雷新途和汪宏华（2019）、徐沛勣（2020）等文献均不考虑反转的问题，程富和王福胜（2015）虽然考虑了反转，但却发现，只有一部分被夸大的核心盈余会在下期反转。对此，本书认为，公司可能会持续性地进行分类转移（程富和王福胜，2015），这意味着不一定会出现核心盈余的反转。并且，在我国，较高的处置资产损益，也往往与盈余管理相联系，而不一定是企业剥离非核心业务、聚焦主业的结果（孙婕和李明辉，2021）。退一步说，即便资产处置是企业剥离非增值性分部的行为，也未必马上带来核心盈余能力的提升，而可能存在一定的滞后性。因此，本书不采用变化模型（即考察本期营业外支出对下期未预期核心盈余变化的影响）来进一步考察签字会计师个人经验对分类转移的影响。

晓溪等（2015）、谢德仁等（2019）、张友棠等（2019）、路军伟等（2019）、路军伟和卜小霞（2020）等的做法，本书采用扣非后净利润/营业收入度量核心盈余（CE）。

$$CE_t = \alpha_0 + \alpha_1 CE_{t-1} + \alpha_2 ATO_t + \alpha_3 ACCRUALS_{t-1} + \alpha_4 ACCRUALS_t$$
$$+ \alpha_5 \Delta SALS_t + \alpha_6 NEG\_\Delta SALS_t + \varepsilon_t \tag{6-1}$$

6.5.1.2 签字会计师个人经验的度量

参考吴溪（2009）、韩维芳（2017）、加西亚-布兰登等（García-Blandon, et al., 2020），本书用截至样本期之前审计师累计签发的审计报告数来度量其经验。因为，签发审计报告的数量反映了注册会计师作为主要负责人所实施审计项目的情况，能够较好地反映签字会计师经验累积强度上的差异（吴溪，2009）。由于审计报告上签字的注册会计师有两位（少数情况下有三位），本书同时采用几位签字会计师平均签发审计报告数（+1后取对数）的均值、经验最丰富的签字会计师签发报告数（+1后取对数）来度量公司签字会计师个人经验。

6.5.1.3 模型设定

参考麦克维（McVay, 2006）、巴鲁阿等（Barua, et al., 2010）、扎拉塔和罗伯茨（Zalata and Roberts, 2016）、鲍恩和麦麦扎基思（Boahen and Mamatzakis, 2020）、阿洛格诺斯拓普洛等（Anagnostopoulou, et al., 2021）、张子余和张天西（2012）、谢德仁等（2019）、张友棠等（2019）、路军伟等（2019）等文献，本书采用模型（6-2）考察签字会计师个人经验对分类转移盈余管理的影响。

$$UE\_CE = \beta_0 + \beta_1 SI + \beta_2 EXP + \beta_3 SI \times EXP + \beta_4 SIZE + \beta_5 LEV + \beta_6 ROA$$
$$+ \beta_7 GROWTH + \beta_8 AM + \beta_9 SOE + \beta_{10} BIG10$$
$$+ Industry + Year + \varepsilon \tag{6-2}$$

其中，SI 为用营业收入均减的营业外支出。在西方，往往用"非经常性损失（special item）/营业收入"度量，但在我国，非经常性损失主要包括营业外支出和资产减值损失，由于公司资产减值损失操纵空间较小，而营业外支出则易于操纵，故公司分类转移时更倾向于将核心费用分类为营业外支出（张子余和张天西，2012；李晓溪等，2015），因此，本书着重考虑公司利用营业外支出实现分类转移的行为。参考张子余和张天西（2012）、程富和王福胜（2015）、谢德仁等（2019）、路军伟等（2019）、张友棠等（2019）等的做法，本书用"营业外支出/营业收入"度量。通过 SI 与 EXP 的交互项是否显著为负，可以考察有经验的签字会计师是否会抑制公司的分类转移行为。

本书控制了如下影响分类转移的因素：

第一，公司规模（$SIZE$）。出于政治成本的考虑，大公司会进行更少的盈余管理。同时，大公司也更有可能建立有效的内部控制，这也会抑制公司的盈余管理行为。另外，大客户支付的审计费用往往更高，并且存在规模经济效应，因此，对于规模较大的客户，审计师也可能会更少地坚持原则要求客户调整错报（Nelson, et al., 2002）。塞弗和威尔逊（Seve and Wilson, 2019）、雷新途和汪宏华（2019）发现，公司规模与分类转移呈显著负向关系，刘宝华等（2016）则发现，公司规模与分类转移呈正向关系。本书控制公司规模对未预期核心盈余的影响，但不预期其符号。

第二，财务杠杆（LEV）。有更多负债的公司更有动力进行盈余管理，以免违反债务契约。塞弗和威尔逊（Seve and Wilson, 2019）、鲍恩和麦麦扎基思（Boahen and Mamatzakis, 2020）、雷新途和汪宏华（2019）发现，财务杠杆与未预期核心盈余呈显著正向关系，但刘宝华等（2016）、李星辰和姜英兵（2018）、谢德仁等（2019）、张友棠等（2019）发现，财务杠杆与分类转移呈负向关系。因此，本书控制财务杠杆，但不预期其符号。

第三，盈利能力（ROA）。扎拉塔等（Zalata, et al., 2019）、鲍恩和麦麦扎基思（Boahen and Mamatzakis, 2020）发现，ROA 与未预期核心盈余呈显著负向关系，但塞弗和威尔逊（Seve and Wilson, 2019）、扎拉塔和罗伯茨（Zalata and Roberts, 2017）、林等（Lin, et al., 2020）、谢德仁等（2019）、张友棠等（2019）发现，ROA 与未预期核心盈余呈显著正向关系，这可能是由于分类转移提高了公司净利润所导致。故本书控制 ROA，并预期其符号为正。

第四，成长性（$GROWTH$）。扎拉塔等（Zalata, et al., 2019）、鲍恩和麦麦扎基思（Boahen and Mamatzakis, 2020）发现，MTB 与未预期核心盈余呈负向关系，雷新途和汪宏华（2019）发现，成长性与未预期核心盈余呈显著负向关系。故本书控制 $GROWTH$，并预期其符号为负。

第五，应计盈余管理（AM）。应计盈余管理与分类转移之间存在替代关系，当公司进行应计盈余管理的能力受到约束时，会进行更多的分类转移（Fan, et al., 2010；Noh, et al., 2017），巴鲁阿等（Barua, et al., 2010）、刘宝华等（2016）、谢德仁等（2019）均发现，*AM* 与未预期核心盈余呈显著负向关系。故本书控制 *AM* 的绝对值，并预期其符号为负。

第六，产权性质（*SOE*）。国有企业的目标更为多元化，而不仅限于会计利润，且国有企业在获取信贷资源等方面具有优势，因此，与非国有企业相比，国有企业进行盈余管理的动力较弱。就分类转移而言，相对于国有企业，非国有企业的经理人面临更大的市场压力，因而有更强烈的动机利用分类转移调整公司盈余结构，以增强市场对他们的信心（程富和王福胜，2015），程富和王福胜（2015）、刘宝华等（2016）、张雪梅和陈娇娇（2018）、李星辰和姜英兵（2018）均发现，国有企业更少进行分类转移，谢德仁等（2019）则未发现产权性质与分类转移之间存在显著关系。故本书控制 *SOE* 的影响，并预期其符号为负。

第七，事务所规模（*BIG*10）。卢等（Noh, et al., 2017）、路军伟等（2019）发现，"四大"能够抑制公司的分类转移行为，阿伯内西等（Abernathy, et al., 2014）、塞弗和威尔逊（Seve and Wilson, 2019）、扎拉塔等（Zalata, et al., 2019）、林等（Lin, et al., 2020）、鲍恩和麦麦扎基思（Boahen and Mamatzakis, 2020）、李星辰和姜英兵（2018）则未发现审计师规模与分类转移之间存在显著关联。鉴于审计对分类转移的影响存在不确定性，本书控制事务所规模，但不预期其方向。

此外，我们还控制了年份（*Year*）和行业（*Industry*）。变量的具体定义如表6－2所示。

表6－2　　　　　　　　　　　　　变量定义

符号	含义	具体定义
CE	核心盈余	扣除非经常损益后的净利润/营业收入
ATO	净经营资产周转率	营业收入/平均净经营资产，其中，净经营资产＝经营资产－经营负债
ACCRUAL	应计利润	（净利润－经营活动现金流）/营业收入
Δ*SALE*	营业收入增长率	（本年营业收入－上年营业收入）/上年营业收入

续表

符号	含义	具体定义
NEG_ΔSALE	营业收入下降率	若 ΔSALE < 0，则为 ΔSALE，否则取 0
UE_CE	未预期核心盈余	模型（6-1）的残差项
SI	营业外支出	营业外支出/营业收入
EXP1	签字会计师个人经验 1	样本公司两位或三位签字会计师资产负债表日前平均签发报告数 +1 取自然对数
EXP2	签字会计师个人经验 2	样本公司签字会计师中，签发报告数最多的那位会计师在资产负债表日前累计签发的报告数 +1 取自然对数
SIZE	公司规模	期末资产总额的自然对数
LEV	财务杠杆	资产负债率 = 期末负债总额/期末资产总额
ROA	盈利能力	资产报酬率 = 利润总额/平均资产余额
GROWTH	成长性	ΔSALE
AM	应计盈余管理	用截面修正琼斯模型估计的操控性应计额的绝对值
SOE	产权性质	虚拟变量，如果公司为国有控股，SOE = 1；否则，SOE = 0
BIG10	审计师规模	虚拟变量，如果事务所为国内"十大"，则 BIG10 = 1；否则，BIG10 = 0

6.5.2 数据来源与样本筛选

考虑到 2006 年前后我国会计准则存在较大差异，并对 2017 年我国企业财务报表格式进行了重大修改，为保持数据的可比性，本书以沪深两市 2008 ~ 2016 年 A 股非金融类上市公司为研究对象（估算未预期核心盈余时须用到滞后一期数据因此实际涉及 2007 ~ 2016 年数据），考察签字会计师个人经验对分类转移的影响。

签字会计师个人经验数据依据数据库中审计报告信息经手工整理而来。在度量签字会计师个人经验时，我们将追溯到深交所和上交所自成立以来所有审计报告，对于重名现象，借鉴王晓珂等（2016）的做法，依照"同年同姓名同事务所认定为同一人，同年同姓名不同事务所认定为不同人"的原则加以区分。公司所在行业代码和主审会计师事务所数据来自国泰安数据库

（CSMAR），其余数据均来自万得（Wind）资讯金融终端。

原始样本共20783条记录，在依次剔除缺失行业类型公司和金融行业公司、签字会计师为三位及以上的公司、年度－行业观测值小于十五家的样本公司（McVay，2006；Barua，et al.，2010；路军伟等，2019）、缺失签字会计师个人经验等相关数据后，剩余18269条记录用于检验（见表6－3）。

表6－3　　　　　　　　　　　　样本筛选过程

项目	样本数（条）
原始样本	20783
剔除：缺失行业类型和金融行业公司	（386）
签字会计师是三位及以上的样本	（603）
年度－行业观测值小于十五家的样本公司	（273）
缺失签字会计师个人经验等相关数据	（1252）
最终样本数	18269

为减少奇异值的影响，我们对连续变量在1%和99%位置进行了缩尾处理。在本书所有的回归分析中，均依照公司对标准误进行聚类调整。本书的数据分析采用Stata 13.0软件进行。

6.6　实证结果与分析

6.6.1　描述性统计

表6－4报告了主要变量描述性统计的结果[①]。从表6－4中可以看出，未

---

　　① 后文回归检验时，为了避免签字会计师个人经验、营业外支出与二者交互项之间的多重共线性，对 *EXP*1、*EXP*2、*SI* 进行了去中心化处理。这里报告的是未去中心化前的数值的描述性统计结果。

预期核心盈余（*UE_CE*）的均值和中位数分别为 0.0013 和 0.0003。*SI* 的均值和中位数分别为 0.47% 和 0.13%，比谢德仁等（2019）的 0.2% 和 0.1% 略高，其原因可能在于，谢德仁等（2019）研究的是股权激励公司，样本与本书有所差异。

表 6 – 4　　　　　　　　　　　主要变量的描述性统计

变量符号	样本数	最小值	下四分位数	平均值	中位数	上四分位数	最大值	标准差
UE_CE	18269	− 0.3469	− 0.0273	0.0013	0.0003	0.0311	0.3026	0.0842
*EXP*1	18269	0.0000	1.8718	2.4822	2.5649	3.1355	4.2413	0.9060
*RAWEXP*1	18269	0.0000	5.5000	16.1824	12.0000	22.0000	120.0000	14.5555
*EXP*2	18269	0.0000	2.3026	2.9255	3.0445	3.6376	4.8283	0.9889
*RAWEXP*2	18269	0.0000	9.0000	27.2472	20.0000	37.0000	170.0000	25.5093
SI	18269	0.1151	0.0031	0.0047	0.0013	0.0005	0.0000	0.0143
SIZE	18269	19.3104	20.9694	21.9006	21.7350	22.6330	25.8266	1.2827
LEV	18269	0.0460	0.2661	0.4452	0.4393	0.6148	1.0087	0.2239
ROA	18269	− 0.1907	0.0178	0.0532	0.0476	0.0867	0.2720	0.0685
GROWTH	18269	− 0.5768	− 0.0388	0.1454	0.1012	0.2599	1.8590	0.3447
AM	18269	0.0000	0.0260	0.0820	0.0567	0.1074	0.4211	0.0822
SOE	18269	0.0000	0.0000	0.4280	0.0000	1.0000	1.0000	0.4948
*BIG*10	18269	0.0000	0.0000	0.5371	1.0000	1.0000	1.0000	0.4986

6.6.2　相关性分析

表 6 – 5 报告了主要变量间相关性分析的结果。从表 6 – 5 中可以看出，未预期核心盈余（*UE_CE*）与 *EXP*1 和 *EXP*2 均无显著相关关系，不过，签字会计师个人经验对分类转移的影响究竟如何，还要在控制相关因素的基础上进一步考察。

表 6 - 5

相关系数矩阵

变量符号	UE_CE	EXP1	EXP2	SI	SIZE	LEV	ROA	GROWTH	AM	SOE	BIG10
UE_CE		0.0056	0.0086	0.0028	-0.0130*	-0.1472***	0.2375***	-0.1465***	-0.0701***	-0.0272***	0.0115
EXP1	0.0006		0.9826***	0.0216***	-0.0051	-0.0340***	0.0102	-0.0189***	-0.0205***	-0.0863***	-0.0065
EXP2	0.0029	0.9847***		0.0218***	-0.0064	-0.0374***	0.0155***	-0.0170***	-0.0221***	-0.0854***	-0.0006
SI	-0.1385***	-0.0121	-0.0158**		-0.0345***	0.0521***	-0.1007***	-0.1252***	0.0221***	-0.0027	0.0041
SIZE	0.0168**	-0.0257***	-0.0254***	-0.1236***		0.4403***	-0.0402***	0.0396***	-0.0963***	0.3537***	0.1298***
LEV	-0.1229***	-0.0319***	-0.0359***	0.1394***	0.4048***		-0.4308***	-0.0379***	0.0281***	0.3340***	-0.0152**
ROA	0.2932***	0.0206***	0.0250***	-0.2077***	0.0032	-0.4097***		0.3412***	0.0734***	-0.1845***	0.0260***
GROWTH	-0.0647***	-0.0138*	-0.0129*	-0.0976***	0.0248***	-0.0142*	0.2633***		0.0702***	-0.1141***	-0.0103
AM	-0.0822***	-0.0239***	-0.0256***	0.1354***	-0.1034***	0.0515***	0.0487***	0.1161***		-0.0704***	-0.0337***
SOE	-0.0022	-0.0869***	-0.0871***	-0.0070	0.3627***	0.3262***	-0.1545***	-0.1081***	-0.0754***		-0.0008
BIG10	0.0063	0.0043	0.0116	-0.0516***	0.1582***	-0.0180***	0.0327***	-0.0180***	-0.0442***	-0.0008	

注: 左下方为 Pearson 相关系数, 右上方为 Spearman 相关系数, *、**、*** 分别为 10%、5%、1% 水平显著。

从自变量之间的相关系数来看，Pearson 相关系数绝对值最大的存在于 *ROA* 与 *LEV* 之间（ - 0. 4097），Spearman 相关系数绝对值最大的存在于 *SIZE* 与 *LEV* 之间（0. 4403），回归时，我们检验了各变量的 *VIF*，结果均小于 10，因此，变量间不存在严重的多重共线性问题。

6.6.3 多元回归分析

表 6 - 6 报告了多元回归分析的结果①。从第 1 列和第 3 列可以看到，在未包含控制变量（仅控制年份和行业）时，*SI* × *EXP* 的系数在 10% 水平显著为负；从第 2 列和第 4 列中可以看到，在放入控制变量后，*SI* × *EXP* 的系数在 5% 水平显著为负。上述结果表明，在控制其他因素的情况下，有经验的签字会计师能够抑制公司的分类转移行为。假说 H6 - 1b 得到支持。

表 6 - 6　　多元线性回归结果：审计师个人经验对分类转移的影响

变量符号	预期符号	UE_CE			
		EXP = EXP1		EXP = EXP2	
		(1)	(2)	(3)	(4)
SI	?	- 0. 8555 *** (- 9. 1854)	- 0. 4920 *** (- 5. 2486)	- 0. 8580 *** (- 9. 2186)	- 0. 4955 *** (- 5. 2966)

---

①　在现有文献中，往往通过检验未预期核心盈余（*UE_CE*）与能够降低盈余的特殊项目（*SI*）之间是否存在显著为正的关系来检验分类转移的存在性（McVay，2006；Fan，et al. ，2019）。然而，未报告的结果表明，仅放入 *SI* 时，*SI* 的系数显著为负，这与谢德仁等（2019）等一致，此外，张子余和张天西（2012）、周夏飞和魏炜（2015）对全样本进行检验的结果也发现未预期核心盈余与营业外支出显著负相关，只有在具有盈余管理动机的样本中，营业外支出的系数才显著为正，路军伟等（2019）则发现，IPO 前三年，营业外支出的系数显著为正，而在 IPO 后三年，营业外支出的系数显著为负。对此，张子余和张天西（2012）认为，全样本和非盈余管理嫌疑公司营业外支出的系数显著为负，表明许多公司并不存在分类转移行为，并认为，这反映出中外资本市场的制度背景存在差异。谢德仁等（2019）认为，其原因在于异常扣非后净利润平均而代表了公司突出的盈利能力，而盈利能力越突出的公司往往又伴随少的非经常性损失。贝恩等（Behn，et al. ，2013）认为，如果 *SI* 的系数显著为正，表明公司将经常性费用转移至特殊项目内，即分类转移是主效应；如果 *SI* 的系数显著为负，则表明公司的总体业绩较差，而那些具有较多降低核心盈余的特殊项目（即相当于本文的营业外支出）的公司往往是业绩较差的公司。由于本书的重点在于考察 *EXP* 对于公司分类的影响，而不是考察全样本分类转移的程度，因此，并不需要单独检验 *SI* 与 *UE-CE* 的关系，这与谢德仁等（2019）、塞弗和威尔逊（Seve and Wilson，2019）等的做法一致。

续表

变量符号	预期符号	UE_CE			
		EXP = EXP1		EXP = EXP2	
		(1)	(2)	(3)	(4)
EXP	?	-0.0000 (-0.0690)	-0.0008 (-1.2606)	0.0001 (0.1948)	-0.0007 (-1.1084)
SI × EXP	?	-0.1689* (-1.8490)	-0.1939** (-2.1460)	-0.1478* (-1.7394)	-0.1727** (-2.0635)
SIZE	?		-0.0013* (-1.8825)		-0.0013* (-1.8732)
LEV	?		0.0024 (0.5006)		0.0023 (0.4959)
ROA	+		0.4179*** (22.7918)		0.4179*** (22.8082)
GROWTH	-		-0.0368*** (-9.5271)		-0.0368*** (-9.5325)
AM	-		-0.0829*** (-8.1839)		-0.0829*** (-8.1849)
SOE	-		0.0047*** (3.1987)		0.0048*** (3.2042)
BIG10	?		-0.0014 (-1.2019)		-0.0014 (-1.1949)
Industry & Year		已控制	已控制	已控制	已控制
常数项		0.0079** (2.4804)	0.0280** (1.9657)	0.0080** (2.4874)	0.0279* (1.9577)
F		4.5080	33.7219	4.4468	33.8479
R^2		0.0224	0.1299	0.0223	0.1299
样本数		18269	18269	18269	18269

注：括号内数字为 t 值；依照公司对标准误进行了聚类调整；*、**、***分别为10%、5%、1%水平显著。

就控制变量而言，$SIZE$ 的系数在 10% 水平显著为负，表明规模大的公司更少进行分类转移，这与政治成本假说一致；ROA 的系数显著为正，表明盈利水平高的公司更可能进行分类转移，这与谢德仁等（2019）、张友棠等（2019）的发现一致，这可能与 ROA 中本身包含一部分非经常性损益有关；$GROWTH$ 的系数显著为负，表明成长性高的公司较少发生分类转移，这可能是由于一方面营业收入增长快的公司很可能营业利润也较高，另一方面营业收入增长与扣非后净利润是我国股权激励公司普遍采用的两个业绩指标（很多时候两者二选一），营业收入增长率高的公司进行分类转移以提高核心盈余的动力业绩会降低；AM 的系数显著为负，表明分类转移与应计盈余管理之间呈替代关系，这与巴鲁阿等（Barua，et al.，2010）等的发现一致；与预期相反的是，SOE 的系数显著为正，表明国有企业更容易进行分类转移，这可能是由于国有企业进行应计盈余管理的能力受到限制，而分类转移风险较小，因而国有企业会采用更多的分类转移；值得注意的是，$BIG10$ 的系数虽然为负但不显著，表明单纯事务所规模对客户分类转移的影响较小，这也在一定程度上说明了从签字会计师个人经验的角度来研究审计与分类转移之间关系的意义。

6.6.4　进一步检验

6.6.4.1　分类转移盈余管理嫌疑的影响

并非所有公司都会利用分类转移来进行盈余管理。张子余和张天西（2012）发现，具有归类变更盈余管理动机的微利公司管理层会进行分类转移。程富和王福胜（2015）发现，管理层会通过分类转移来避免营业利润为负。李晓溪等（2015）、周夏飞和魏炜（2015）、路军伟和卜小霞（2020）发现，微利和公开增发公司管理层会进行更多的分类转移，以避免扣非后净利为负或达到监管部门对增发公司扣非后盈利能力的要求。因此，本书预期，扣非后微利公司和增发公司存在较强的分类转移（以提高扣非后净利润）动机。那么，对于有分类转移盈余管理嫌疑的公司，有经验的签字会计师将配合客户的分类转移行为还是抑制客户的分类转移行为呢？参考陈世敏等（Chen，et al.，2010），本书将微利公司和近三年加权平均净资产收益率在

6% ~7% 之间的公司定义为具有盈余管理嫌疑的公司，具体而言，如果客户公司的 ROA（扣除非经常损益后的净利润/期末总资产）在 ［0，1%］ 区间或者近三年加权平均 ROE[①] 在 ［6%，7%］ 区间时，定义为盈余管理嫌疑公司，Suspect = 1，否则为 0。对盈余管理嫌疑公司和其他公司分组检验结果表明，在未放入 EXP 及其与 SI 的交互项时，嫌疑组的 SI 系数显著为正，而在其他公司中，SI 的系数显著为负（表 6 - 7 中第 1 列和第 2 列），这表明，分类转移盈余管理嫌疑公司更可能存在将经常性费用错误分类进营业外支出中的行为。从表 6 - 7 中第 3 列至第 6 列可以看出，SI × EXP 的系数均显著为负，这表明无论公司是否具有盈余管理嫌疑，审计师个人经验都能降低公司的分类转移程度[②]。由于两组中 SI × EXP 的系数均显著为负，尽管可以看出，盈余管理嫌疑组中 SI × EXP 系数的绝对值更大，但为了严谨起见，我们进一步进行了组间差异分析，基于似无相关模型 SUR 的检验表明，卡方值分别为 5.89（EXP = EXP1）和 6.07（EXP = EXP2），显著性水平为 0.0152（0.0137），这说明，尽管在两组中，签字会计师个人经验均能够显著抑制客户的分类转移行为，但对于存在盈余管理嫌疑的公司，审计师对分类转移的抑制作用会更为明显。其原因在于，此类公司可能更容易引起监管部门的关注，风险更大。

表 6 - 7   签字会计师个人经验的作用：盈余管理嫌疑公司与其他公司的对比

| 变量符号 | UE_CE | | | | | |
| | 系数 λ | | EXP = EXP1 | | EXP = EXP2 | |
	（1） Suspect = 0	（2） Suspect = 1	（3） Suspect = 0	（4） Suspect = 1	（5） Suspect = 0	（6） Suspect = 1
SI	- 0.5145 *** （- 5.2047）	0.8039 *** （2.5960）	- 0.5247 *** （- 5.3781）	0.6968 ** （2.4844）	- 0.5278 *** （- 5.4190）	0.6975 ** （2.5126）
EXP			- 0.0003 （- 0.4400）	- 0.0049 *** （- 2.8397）	- 0.0002 （- 0.2883）	- 0.0045 *** （- 2.8350）

---

① 在计算近三年加权平均 ROE 时，要以扣除非经常性损益后的净利润与扣除前的净利润相比，以低者作为加权平均 ROE 的计算依据。

② 其原因可能在于，存在分类转移行为的公司并不仅限于本文所定义的分类转移盈余管理嫌疑公司，尽管第一列中 SI 的系数为负，但并不代表这些公司就不存在分类转移行为。

续表

变量符号	UE_CE					
	系数 λ		EXP = EXP1		EXP = EXP2	
	（1） Suspect = 0	（2） Suspect = 1	（3） Suspect = 0	（4） Suspect = 1	（5） Suspect = 0	（6） Suspect = 1
$SI \times EXP$			− 0.1599 * （ − 1.7309）	− 0.5990 ** （ − 2.0716）	− 0.1415 * （ − 1.6654）	− 0.5959 ** （ − 2.2990）
$SIZE$	− 0.0011 （ − 1.4383）	− 0.0056 *** （ − 3.7778）	− 0.0011 （ − 1.4101）	− 0.0056 *** （ − 3.8095）	− 0.0011 （ − 1.4031）	− 0.0055 *** （ − 3.8088）
LEV	0.0018 （0.3560）	0.0131 （1.2760）	0.0017 （0.3432）	0.0111 （1.0866）	0.0017 （0.3394）	0.0110 （1.0784）
ROA	0.4374 *** （22.5245）	0.0358 （0.4718）	0.4380 *** （22.5352）	0.0404 （0.5260）	0.4379 *** （22.5518）	0.0401 （0.5225）
$GROWTH$	− 0.0357 *** （ − 8.5204）	− 0.0434 *** （ − 6.0810）	− 0.0358 *** （ − 8.5410）	− 0.0428 *** （ − 6.0120）	− 0.0358 *** （ − 8.5455）	− 0.0428 *** （ − 6.0139）
AM	− 0.0829 *** （ − 7.5004）	− 0.0371 （ − 1.3510）	− 0.0829 *** （ − 7.4853）	− 0.0411 （ − 1.5126）	− 0.0828 *** （ − 7.4838）	− 0.0418 （ − 1.5354）
SOE	0.0052 *** （3.1280）	0.0029 （0.9392）	0.0052 *** （3.1226）	0.0025 （0.8267）	0.0052 *** （3.1288）	0.0026 （0.8426）
$BIG10$	− 0.0008 （ − 0.6105）	− 0.0036 （ − 1.2531）	− 0.0008 （ − 0.6058）	− 0.0032 （ − 1.1202）	− 0.0008 （ − 0.6040）	− 0.0031 （ − 1.0785）
Industry & Year	已控制	已控制	已控制	已控制	已控制	已控制
常数项	0.0195 （1.2549）	0.1434 *** （4.6317）	0.0190 （1.2207）	0.1431 *** （4.6813）	0.0189 （1.2149）	0.1428 *** （4.6855）
F	34.7483	5.1178	33.4108	5.0830	33.5206	5.0866
R^2	0.1471	0.1046	0.1478	0.1120	0.1478	0.1129
样本数	15752	2517	15752	2517	15752	2517

注：括号内数字为 t 值；依照公司对标准误进行了聚类调整； * 、 ** 、 *** 分别为 10% 、 5% 、1% 水平显著。

6.6.4.2 客户重要性

莫茨和沙拉夫（Mautz and Sharaf, 1961）指出，一旦少数重要委托人占据事务所业务的绝大部分，事务所的独立性就会受到威胁。国际会计师职业道德准则理事会（IESBA, 2019）在《职业会计师职业道德国际准则》（*The International Code of Ethics for Professional Accountants*）中指出，事务所从某个审计客户处获取的总费用占事务所总费用的比例较高时，对该客户的经济依赖以及对失去该客户的担心将会产生自我利益或恫吓威胁（self-interest or intimidation threat）（410.3A1），当事务所从某个客户处获得的收费占某个合伙人或者分所的收入的比重较高时，也会产生自我利益或恫吓威胁（410.3A4）。《中国注册会计师职业道德守则第4号——审计和审阅业务对独立性的要求》（2020年修订）第49~50条规定，"如果会计师事务所从某一审计客户收取的全部费用占其收费总额的比重很大，则对该客户的依赖及对可能失去该客户的担心将因自身利益或外在压力对独立性产生不利影响……如果从某一审计客户收取的全部费用占某一合伙人从所有客户收取的费用总额比重很大，或占会计师事务所某一分部收取的费用总额比重很大，也将因自身利益或外在压力产生不利影响"。许多实证文献发现，客户重要性可能会对审计质量产生负面影响（Khurana and Raman, 2006; Sharma, et al., 2011），尤其是在相关制度不够完善的环境下（Chen, Sun, and Wu, 2010）。卡西奥力等（Causholli, et al., 2014）同时以应计盈余管理和分类转移度量审计质量，进而研究未来非审计服务收费对审计质量的影响，结果发现，将来将会购买较多非审计服务的高收费增长型客户在当前有更高的应计项目和分类转移，这表明，在审计师对客户存在较高的经济依赖时，会允许客户实施更多的分类转移。因此，我们预计，对于重要性客户，经验丰富的签字会计师出于保留客户的动机，会允许客户实施更多的分类转移；而对于非重要性客户，在声誉机制和法律风险的约束下，经验丰富的签字会计师可能不会允许客户实施更多的分类转移。我们用"客户的营业收入占会计师事务所当年全部客户营业收入的比重"度量客户重要性，并用客户重要性是否大于年度中位数来定义重要客户和非重要客户。分组检验结果表明，对非重要客户而言，签字会计师的个人经验有助于抑制客户的分类转移行为，而对于重要客户而言，签字会计师的个人经验作用不显著，这与前面的预期相符（见表6-8）。这表明，客户重要性会影响到签字会计师对客户分类转移行为的态度，对于重要性客户，经验丰富的签字会计师出于维持客户关系角度考虑，并不会抑制客户的分类转移行为；对于非重要性客户，有经验的签字会计师会显著抑制客户的分类转移行为。

表 6-8 客户重要性的调节作用

变量符号	UE_CE			
	EXP = EXP1		EXP = EXP2	
	非重要性客户	重要性客户	非重要性客户	重要性客户
SI	-0.5684 *** (-5.1685)	0.0907 (0.7337)	-0.5741 *** (-5.2225)	0.0918 (0.7357)
EXP	0.0001 (0.0744)	-0.0007 (-0.8336)	0.0000 (0.0427)	-0.0005 (-0.6842)
SI × EXP	-0.2534 ** (-2.4980)	-0.0608 (-0.4086)	-0.2269 ** (-2.4426)	-0.0671 (-0.4539)
SIZE	0.0032 ** (2.0412)	0.0002 (0.2215)	0.0032 ** (2.0438)	0.0002 (0.2362)
LEV	0.0088 (1.2732)	0.0028 (0.5330)	0.0088 (1.2668)	0.0028 (0.5306)
ROA	0.5016 *** (18.3991)	0.3319 *** (16.8431)	0.5017 *** (18.4406)	0.3318 *** (16.8386)
GROWTH	-0.0262 *** (-4.5690)	-0.0503 *** (-12.8042)	-0.0262 *** (-4.5774)	-0.0503 *** (-12.7984)
AM	-0.1057 *** (-6.9263)	-0.0488 *** (-4.1412)	-0.1056 *** (-6.9290)	-0.0488 *** (-4.1394)
SOE	0.0086 *** (3.1508)	0.0017 (1.2018)	0.0086 *** (3.1441)	0.0017 (1.2137)
BIG10	-0.0018 (-0.9325)	-0.0026 ** (-2.0284)	-0.0018 (-0.9338)	-0.0026 ** (-2.0200)
Industry & Year	已控制	已控制	已控制	已控制

续表

变量符号	UE_CE			
	EXP = EXP1		EXP = EXP2	
	非重要性客户	重要性客户	非重要性客户	重要性客户
常数项	- 0.0592 * (- 1.8318)	- 0.0092 (- 0.6114)	- 0.0592 * (- 1.8336)	- 0.0094 (- 0.6267)
F	23.0175	20.5373	23.1230	20.5730
R^2	0.1504	0.1377	0.1503	0.1377
样本数	9040	9229	9040	9229

注：括号内数字为 t 值；依照公司对标准误进行了聚类调整；*、**、*** 分别为 10%、5%、1% 水平显著。

6.6.4.3 法律环境

公司所在地区的法律环境既会影响到应计盈余管理的风险从而对管理层进行分类转移的动机产生影响，也会影响到分类转移自身的风险，因此，法治环境对审计师个人经验与分类转移之间关系的调节作用很大程度上取决于上述哪一个路径的作用更强。法治环境还会影响到审计师的独立性（Farmer，et al.，1987），从而影响到审计师对客户盈余管理行为的容忍程度。在法律环境较好的环境下，客户的错报行为更容易被发现，而审计师的失职行为也更容易受到惩罚，高质量审计师对于客户错报行为对其声誉的负面影响更为敏感，因而更有动力提高审计质量，故其与低质量审计师的审计质量差异较为明显（Francis and Wang，2008）。霍等（Haw，et al.，2011）发现，强有力的法律制度会抑制分类转移，并且，在法律环境较好的国家，"四大"能够对公司的分类转移行为发挥抑制作用，而在法律环境较弱的国家，"四大"就没有显著的抑制作用。德赛和纳加尔（Desai and Nagar，2016）对印度的实验表明，审计师会关注分类转移，但其是否会报告客户分类转移行为的意愿会受到客户所在地区法律制度的影响：在法律制度较弱、审计师法律风险较低的地区，审计师不大会报告分类转移行为；如果公司到法律制度较为严格的国家交叉上市，审计师报告客户分类转移行为的倾向就会显著提高。我们预期，与法律环境较差地区相比，在法律环境较好的地区，有经验的签字会计师更能抑制客户的分类转移行为。为了进一步考察不同法律环境下有经验的签字会计师对客户分类转移行为的影响是否不同，本书依据以王小鲁等《中国分省份市场化指数报告（2018）》中的"各省维护市场的法治环境"度量公司所在地区法律环境，并依据该指数是否大于年度样本中位数定义法律环境较好地区和较差地区。分组检验结果表明，与预期相反，只有在法律环境较差地区，签字会计师的个人经验才能显著抑制客户的分类转移（见表6-9）。对此，我们认为，其原因可能在于，尽管在法律环境较好地区，签字会计师可能更注重自身的声誉和法律风险，因而更会抑制客户的分类转移行为，但是，法律环境不仅会影响审计师的行为，也会影响公司的行为：在法律环境较差地区，公司的分类转移行为可能更为严重，因而审计的作用更明显；而在法律环境较好地区，由于公司的分类转移行为本身不是很严重，自然签字会计师个人经验的作用也就不是很明显了。也就是说，此时，签字会计师个人经验与法律环境之间存在替代性关系。

表 6 - 9 　　　　　　　　　　地区法律环境的调节作用

变量符号	UE_CE			
	EXP = EXP1		EXP = EXP2	
	法律环境差	法律环境好	法律环境差	法律环境好
SI	- 0. 5887 *** (- 4. 7283)	- 0. 3095 ** (- 2. 3104)	- 0. 5919 *** (- 4. 7481)	- 0. 3147 ** (- 2. 3594)
EXP	- 0. 0007 (- 0. 7369)	- 0. 0011 (- 1. 1223)	- 0. 0006 (- 0. 6974)	- 0. 0008 (- 0. 8960)
SI × EXP	- 0. 2388 ** (- 2. 1364)	- 0. 1580 (- 1. 0614)	- 0. 2146 ** (- 2. 1110)	- 0. 1340 (- 0. 9464)
SIZE	- 0. 0023 ** (- 2. 2453)	- 0. 0004 (- 0. 4281)	- 0. 0023 ** (- 2. 2470)	- 0. 0004 (- 0. 4098)
LEV	0. 0103 (1. 5882)	- 0. 0068 (- 1. 0405)	0. 0103 (1. 5933)	- 0. 0069 (- 1. 0581)
ROA	0. 4504 *** (17. 4174)	0. 3763 *** (15. 1075)	0. 4506 *** (17. 4669)	0. 3761 *** (15. 0665)
GROWTH	- 0. 0370 *** (- 7. 2638)	- 0. 0367 *** (- 6. 5183)	- 0. 0370 *** (- 7. 2759)	- 0. 0367 *** (- 6. 5110)

变量符号	UE_CE			
	EXP = EXP1		EXP = EXP2	
	法律环境差	法律环境好	法律环境差	法律环境好
AM	− 0. 0937 *** (− 6. 4370)	− 0. 0699 *** (− 5. 1005)	− 0. 0937 *** (− 6. 4409)	− 0. 0699 *** (− 5. 0958)
SOE	0. 0044 ** (2. 1386)	0. 0051 ** (2. 3309)	0. 0043 ** (2. 1377)	0. 0051 ** (2. 3438)
BIG10	− 0. 0027 (− 1. 6016)	0. 0004 (0. 2424)	− 0. 0027 (− 1. 5940)	0. 0004 (0. 2489)
Industry & Year	已控制	已控制	已控制	已控制
常数项	0. 0432 ** (2. 0850)	0. 0156 (0. 8445)	0. 0432 ** (2. 0879)	0. 0152 (0. 8266)
F	19. 6982	15. 9145	19. 8590	15. 9026
R^2	0. 1432	0. 1141	0. 1432	0. 1140
样本数	9941	8328	9941	8328

注：括号内数字为 t 值；依照公司对标准误进行了聚类调整；＊、＊＊、＊＊＊分别为 10%、5%、1% 水平显著。

6.6.4.4 不同签字会计师任期下个人经验的作用

对于签字会计师任期对审计质量的影响，存在两种不同的观点。一种观点认为，较长的任期会导致签字会计师与客户之间建立起私人关系，从而导致其丧失独立性，并且，签字会计师任期较长时，签字会计师对客户愈加了解也会使其审计程序逐渐固化而缺乏创新，这将会降低审计程序的有效性（Carey and Simnett, 2006），管理层对注册会计师审计风格的不断熟悉也使公司更可能成功实施反审计策略。通过轮换，新的合伙人将会带来新的视角（fresh look），这将有助于提高审计质量。另一种观点则认为，在任期较短时，由于签字会计师缺乏客户相关的知识和技能（client-specific knowledge and expertise），其与客户之间的信息不对称程度更高，故审计质量较低；随着任期的延长，学习效应的存在将使签字会计师对客户经营活动、内部控制和会计系统更为了解，这有助于签字会计师更有效地评估客户的风险、设计和实施审计程序，审计质量更高。从实证研究结论来看，一些文献支持合伙人任期与审计质量呈负向关系（Fitzgerald, et al., 2018），另一些文献则支持合伙人任期的延长有助于提高审计质量，尤其是在小规模公司中（Chen, et al., 2008; Manry, et al., 2008），还有文献发现，合伙人任期与审计质量之间呈非线性关系（Chi and Huang, 2005; Azizkhani, et al., 2013）。对此，我们认为，在签字会计师任期比较短的情况下，由于签字会计师缺乏对客户及其所在行业知识的了解，故个人经验的作用较为重要，并且，在短期内，也谈不上审计程序固化的问题，签字会计师也难以与管理层形成良好的私人关系因而能够保持独立，此时，签字会计师的个人经验更有助于其发现客户的分类转移行为；而在签字会计师任期较长的情况下，一方面，随着签字会计师对客户的不断了解，客户知识以及签字会计师个人经验的重要性将会下降，并且，随着任期的进一步延长，签字会计师更可能与管理层形成私人关系，其对准租的依赖也意味着任期对审计独立性的负向作用将会增强，因此，签字会计师个人经验对抑制客户分类转移行为的作用将会下降。因此，我们预期，签字会计师个人经验对分类转移的负向作用主要存在于其任期较短的情况下。我们将签字会计师的平均任期（两名签字会计师对公司的平均审计年数）大于分年度样本中位数的样本定义为签字会计师任期较长样本，否则定义为任期较短样本。分组检验结果表明，在签字会计师任期较短时，$SI \times EXP$ 的系数显著为负，而在任期较长时，$SI \times EXP$ 的系数不显著（见表 6 - 10），这表明，在签字会计师任期较短时，其经验的作用更为明显。其原因在于，随着任期的延长，签字会计师对公司愈加了解，这时，初始经验对于发现管理层隐蔽性分类转移行为的作用将逐渐降低，同时，随着任期的延长，出于维护客户关系的考虑，签字会计师也会降低其独立性，甚至可能利用其经验帮助客户通过采用分类转移等风险较小的盈余管理手段实现其盈余目标。

表 6 - 10　　　　　　　　　　　签字会计师任期的调节作用

变量符号	UE_CE			
	EXP = EXP1		EXP = EXP2	
	任期短	任期长	任期短	任期长
SI	- 0.5910 *** (- 4.0892)	- 0.4104 *** (- 2.7341)	- 0.5874 *** (- 4.0627)	- 0.4236 *** (- 2.9947)

续表

变量符号	UE_CE			
	EXP = EXP1		EXP = EXP2	
	任期短	任期长	任期短	任期长
EXP	−0.0006 (−0.6758)	−0.0020 (−1.5833)	−0.0004 (−0.5479)	−0.0017 (−1.4961)
SI × EXP	−0.2673 ** (−2.1548)	−0.2506 (−1.2792)	−0.2345 ** (−2.0877)	−0.2172 (−1.2310)
SIZE	−0.0016 (−1.6387)	−0.0010 (−1.0291)	−0.0016 (−1.6294)	−0.0010 (−1.0254)
LEV	0.0046 (0.6997)	−0.0013 (−0.1919)	0.0046 (0.6953)	−0.0012 (−0.1853)
ROA	0.4502 *** (18.4684)	0.3789 *** (15.0558)	0.4501 *** (18.5363)	0.3790 *** (15.0338)
GROWTH	−0.0383 *** (−8.2639)	−0.0356 *** (−6.3569)	−0.0383 *** (−8.2777)	−0.0357 *** (−6.3645)
AM	−0.0814 *** (−6.4177)	−0.0864 *** (−5.0976)	−0.0814 *** (−6.4166)	−0.0865 *** (−5.1010)
SOE	0.0082 *** (3.6793)	0.0015 (0.7769)	0.0082 *** (3.6806)	0.0015 (0.7864)
BIG10	−0.0007 (−0.4219)	−0.0024 (−1.3836)	−0.0007 (−0.4312)	−0.0023 (−1.3633)
Industry & Year	已控制	已控制	已控制	已控制
常数项	0.0275 (1.3407)	0.0316 (1.5387)	0.0273 (1.3354)	0.0314 (1.5292)
F	22.2349	14.2035	22.5152	14.1281
R^2	0.1451	0.1175	0.1450	0.1173
样本数	9886	8383	9886	8383

注：括号内数字为 t 值；依照公司对标准误进行了聚类调整；* 、** 、*** 分别为 10%、5%、1%水平显著。

6.6.5 稳健性检验

本书进行了如下稳健性检验，结果保持不变：

（1）倾向得分匹配法。本书将利用 PSM 方法来缓解签字会计师个人经验的自选择问题。具体做法是：改用虚拟变量 *EXPDUM*（用年度均值定义）度量签字会计师个人经验，并用 Logit 模型估计公司签字会计师经验的影响因素（自变量包括 *SIZE*、*LEV*、速动比率 *QUICK*、*GROWTH*、年份、行业），然后根据倾向得分采用最近距离法对高经验、低经验样本进行 1∶1 匹配，进而再对匹配后样本进行回归。在第一阶段中，公司规模、财务杠杆、速动比率均对选择经验丰富的签字会计师呈显著负向关系。平衡性检验表明，匹配后相关变量的组间差异显著降低且除 *QUICK* 外所有自变量不再有显著差异。PSM 匹配后回归结果如表 6 - 11 所示。从表 6 - 11 中第 1 列和第 2 列可以看到，在采用 PSM 缓解签字会计师个人经验的自选择问题后，签字会计师的个人经验依然对分类转移具有显著负向影响。

表 6 – 11　　　　　　　　　　稳健性检验结果

变量符号	PSM 匹配后样本回归结果		公司和年份固定效应模型		控制签字会计师的年龄和性别		改变经验的度量方法	
	EXP1	*EXP2*	*EXP1*	*EXP2*	*EXP1*	*EXP2*	*EXPY1*	*EXPY2*
SI	− 0.2047 （ − 1.1260）	− 0.2351 （ − 1.4010）	− 0.4865 *** （ − 9.2861）	− 0.4897 *** （ − 9.3352）	− 0.5055 *** （ − 4.6321）	− 0.5098 *** （ − 4.7065）	− 0.4873 *** （ − 5.1890）	− 0.4959 *** （ − 5.3312）
EXP	− 0.0030 ** （ − 2.1476）	− 0.0024 * （ − 1.7122）	− 0.0010 （ − 1.0101）	− 0.0008 （ − 0.9139）	0.0005 （0.5844）	0.0004 （0.5766）	− 0.0016 （ − 1.4153）	− 0.0013 （ − 1.2666）
SI × EXP	− 0.4436 ** （ − 2.1521）	− 0.3209 * （ − 1.7022）	− 0.1937 *** （ − 3.9451）	− 0.1725 *** （ − 3.8564）	− 0.2395 ** （ − 2.0540）	− 0.2177 ** （ − 2.0527）	− 0.3402 ** （ − 2.3786）	− 0.3361 ** （ − 2.4333）
AVAGE					− 0.0002 （ − 1.3240）	− 0.0002 （ − 1.3033）		
GENDER					− 0.0005 （ − 0.3880）	− 0.0005 （ − 0.4031）		

续表

变量符号	PSM 匹配后样本回归结果		公司和年份固定效应模型		控制签字会计师的年龄和性别		改变经验的度量方法	
	EXP1	EXP2	EXP1	EXP2	EXP1	EXP2	EXPY1	EXPY2
Industry & Year	已控制	已控制	已控制	已控制	已控制	已控制	已控制	已控制
常数项	0.0280 * (1.7878)	0.0255 * (1.7776)	0.0614 * (1.7460)	0.0612 * (1.7418)	0.0346 ** (2.0239)	0.0343 ** (2.0090)	0.0274 * (1.9262)	0.0273 * (1.9176)
F	29.1376	31.7564	67.6694	67.6383	25.2819	25.3976	33.8562	34.0788
R^2	0.1318	0.1321	0.1302	0.1301	0.1265	0.1264	0.1303	0.1304
样本数	14764	17077	18269	18269	14111	14111	18269	18269

注：括号内数字为 t 值；依照公司对标准误进行了聚类调整；*、**、*** 分别为 10%、5%、1% 水平显著。

（2）双向固定效应。本书采用个体、年份固定效应模型以缓解不随年份变化的遗漏变量的影响，从表 6 - 11 中第 3 列和第 4 列可以看出，$SI \times EXP$ 的系数在 1% 水平显著为负。

（3）控制签字会计师年龄和性别。签字会计师的年龄和性别也可能会对其审计行为产生影响。本书在模型中加入签字会计师的平均年龄（AVAGE）和性别（GENDER），以进一步缓解可能的遗漏变量问题，其中，AVAGE 用两位签字会计师到资产负债表日年龄的均值度量，GENDER 为虚拟变量，如果两位签字会计师中有一位是女性，则为 1，否则为 0。从表 6 - 11 中第 5 列和第 6 列可以看出，在控制了签字会计师的年龄和性别后，$SI \times EXP$ 的系数仍然显著为负。

（4）改变签字会计师经验的度量方法。用签发的上市公司审计报告数来度量签字会计师个人经验，可能会忽略非上市公司业务经验的作用，因此，本书改用执业年数（首次签发报告至样本期年数）来度量签字会计师个人经验，具体而言，分别以签字会计师资产负债表日前平均从业年数（+1 取自然对数，EXPY1）以及从业年数最多的会计师资产负债表日前从业年数（+1 取自然对数，EXPY2）度量签字会计师个人经验，结果表明，$SI \times EXP$ 的系数仍然在 5% 水平显著为负（见表 6 - 11 第 7 列和第 8 列）。

6.7　结论与讨论

6.7.1　研究结论与启示

已有不少文献研究了签字会计师个人经验对客户应计盈余管理的影响，并发现，签字会计师个人经验与应计盈余管理之间存在显著负向关系。然而，管理层盈余管理的方式除了应计盈余管理外，还包括隐蔽性更强、成本和风险更低的分类转移。随着法律与监管的不断加强，应计盈余管理的空间不断缩小，此时，管理层可能会转而采用分类转移。在我国，由于监管部门对扣非后净利润的关注以及上市公司自身股权激励计划、债务契约当中对扣非后净利润的要求，上市公司存在分类转移的动机。那么，经验丰富的签字会计师在约束管理层的应计盈余管理行为的同时，是否也会约束管理层的分类转移行为呢？

本书利用中国 A 股上市公司 2008～2016 年数据，考察了签字会计师个人经验对分类转移的影响，结果发现，签字会计师个人经验的提升有助于抑制客户的分类转移行为。这表明，有经验的签字会计师不仅会抑制较为明显的应计盈余管理，也会抑制较为隐蔽的分类转移行为。因此，签字会计师个人经验的提升，确实有助于提高公司的会计师信息质量，而不是"按下葫芦浮起瓢"——只是抑制较为明显、风险较大的应计盈余管理，却容忍甚至助长管理层通过隐蔽性手段来实现盈余管理目标。这一发现，在已有大量关于签字会计师个人经验与应计盈余管理之间关系的文献上，进一步揭示了签字会计师个人经验的作用。进一步研究发现，客户是否存在分类转移嫌疑、客户重要性、签字会计师的任期以及法律环境会影响签字会计师个人经验的作用。具体而言，当客户存在明显的分类转移嫌疑时，签字会计师的个人经验对分类转移的影响更为明显；客户重要性会弱化签字会计师个人经验对分类转移的作用；在签字会计师的任期较短时，其个人经验更为重要，因而对分类转移的抑制作用更为明显，随着签字会计师任期的延长，其个人经验对分类转移的抑制作用减弱；签字会计师个人经验对分类转移的作用在法律环境较差地区更为明显。

本书具有如下启示：

第一，对于分类转移这种隐蔽性较强的盈余管理手段而言，审计师的个人经验十分重要。监管部门对核心盈余以及非经常性损益的关注，意味着分类转移亦存在一定的监管风险，因此，对审计师而言，如果能够发现客户的分类转移行为，出于降低自身风险的考虑，也会要求客户加以调整。以往文献认为审计师不关注分类转移，实际上建立在审计师难以发现分类转移的基础上，而有经验的审计师在实施审计程序、作出审计判断等方面更为有效，这使他们能够更好地发现管理层的分类转移行为，从而在这种隐蔽性盈余管理方面发挥监督作用。尤其是对于那些存在明显的分类转移嫌疑的客户，有经验的签字会计师更能发挥其对分类转移的抑制作用。因此，会计师事务所应当注重审计人员经验的培养，并在委派审计任务时将有经验的审计师配置到风险较高的客户中，以更好地控制审计风险。

第二，客户重要性会弱化签字会计师个人经验对客户分类转移行为的抑制作用。尽管客户重要性对审计师独立性的影响存在不同理论，但本书发现，就分类转移这种隐蔽性较高、风险较低的盈余管理手段而言，对于重要客户，有经验的审计师还是会给予更多的容忍。这实际上也反映出审计师是一个立体的人，往往会在提高执业质量以降低审计风险和维持客户关系尤其是重要客户的关系之间加以平衡。

第三，本书发现，在任期较短时，签字会计师的个人经验对分类转移的抑制作用更为明显，而在任期较长时，签字会计师个人经验不再具有显著的抑制作用，这一方面可能是由于随着任期的延长，签字会计师对客户及其所在行业逐渐熟悉，初始经验的重要性程度有所下降，另一方面也可能是由于随着任期延长，签字会计师与管理层形成了较为良好的关系，导致独立性下降所致。

6.7.2　研究不足

本书的不足之处在于：第一，个人经验的测度。签字会计师的个人经验很难准确地度量，无论是签字报告数还是执业年数均存在一定的瑕疵。第二，分类转移的度量。麦克维（McVay，2006）提出的分类转移估计模型可能未必能够准确地捕捉公司的分类行为，因此，本书结论的可靠性可能会受制于分类转移估计模型的效力。此外，管理层既可能会将经常性费用错误分类进损失，也可能会将利得错误地分类进收入，更广泛意义上的分类转移还包括资产负债表、现金流量表项目间的分类转移。因此，未来可以进一步开发相关分类转移的估计模型并考察签字会计师个人经验对不同分类转移的影响。

第三，潜在的内生性问题。尽管本书采用 PSM、固定效应模型以及增加控制变量等方法来尽可能地缓解内生性问题的影响，但潜在的内生性问题的影响仍然可能存在。未来可以通过寻找合适的准自然实验机会等方法来进一步缓解内生性问题的影响。

| 第 7 章 |

签字会计师个人经验
对债务成本的影响

7.1 问题提出

高质量审计可以通过提高公司会计信息质量、降低信息不对称程度来减少逆向选择和道德风险的发生；高质量的审计还可以加强对管理层机会主义行为的约束，从而保护债权人的合法利益。因此，高质量审计有助于降低债权人的信贷风险，反过来，债权人将对这样的企业要求较低的报酬，从而降低公司的债务融资成本。已有不少基于会计师事务所层面的文献发现，高质量审计与债务成本之间呈负向关系（Pittman and Fortin，2004；Mansi, et al., 2004；Li, et al., 2010；Gul, et al., 2013；Aobdia, et al., 2015；胡奕明和唐松莲，2007）。审计是一项高度依赖于职业判断的专业活动，因此，执行审计程序、作出审计判断的审计人员的个人经验就显得格外重要。相关实验研究表明，签字会计师个人经验的积累，有助于其获取与财务报表错报相关的知识和技能，提高其实施相关审计程序的有效性，从而提高其发现客户财务报表中重大错报的能力（Frederick and Libby，1986；Libby and Frederick，1990；Solomon，et al.，1999）；还有实验文献表明，随着个人经验的积累，其在面对客户的压力时更能保持独立，而不大会为了保留客户而迎合客户的不当会计处理（Asare，et al.，2009；Fu，et al.，2011）。因此，签字会计师个人经验的提升有助于提高审计质量和经审计财务报表的会计信息质量。一些经验研究文献也发现，签字会计师个人经验与财务报表中的操控性应计水平呈负向关系（Cahan and Sun，2015；Chi，et al.，2017；原红旗和韩维芳，2012；王晓珂等，2016；闫焕民，2016），并能提高盈余反应系数（王晓珂等，2016）。那么，审计师个人经验是否会影响到公司的债务成本？换言之，债权人在进行债务定价时，是否会关注对债务人财务报告进行审计并出具审计报告的签字会计师的个人经验？尚缺乏研究。之所以这一问题是有趣的，是因为会计师事务所规模等特质很可能已经对债务成本产生显著影响，并且，签字会计师的个人经验不像会计师事务所规模等特质那样一望便知，债权人需要做进一步了解分析后才能知晓，此时，债权人是否会在关注事务所规模等特征之后进一步了解签字会计师特征、签字会计师个人经验是否仍具有增量作用，尚未可知。基于这一考虑，本书利用中国 A 股非金融公司数据，用累计签发审计报告数度量签字会计师的个人经验，进而检验其对公司债务成本的影响，以提供债权人对签字会计师个人经验感知的经验证据。

本书从如下方面进一步推进了现有文献：第一，本书对签字会计师个人经验与客户公司债务成本之间的关系进行实证检验，可以从会计信息使用者的角度进一步提供审计师个人经验经济后果的经验证据。此外，由于会计信息使用者的感知可以间接地反映审计质量，因此，对会计信息使用者对审计师个人经验的感知进行检验，也可以从另外一个视角提供审计师个人经验对审计质量影响的证据。第二，本书提供了签字会计师个人经验对公司债务成本影响的经验证据，可以进一步将审计与债务成本之间关系的研究进一步由事务所层面拓展到签字会计师个人层面，并进一步丰富外部审计有用性的文献。金成隆等（Chin，et al.，2014）、奥伯迪亚等（Aobdia，et al.，2015）等的研究已发现，签字会计师的行业专长、既往执业质量会对公司债务融资产生影响，本书则研究了签字会计师个人经验对债务融资的影响，本书的结果表明，债权人在进行债务定价时，确实会考虑签字会计师的经验，从而在上述文献的基础上进一步推进了对签字会计师个人特质与公司债务成本之间关系的理解。第三，本书从债权人的角度提供了签字会计师信息披露的有用性的证据。本书的结果表明，在控制了事务所规模等特征后，签字会计师个人经验具有增量信息，债权人在对债务进行定价时，会关注签字会计师信息，因此，披露签字会计师个人信息是有用的。这一发现，为我国以及其他国家和地区加强审计合伙人信息披露、提高审计透明度的相关改革措施提供了经验证据的支撑。

7.2 文献回顾

7.2.1 国内外相关文献回顾

7.2.1.1 审计对公司融资的影响

现有文献从不同角度考察了审计与公司融资之间的关系：

（1）会计师事务所特征对债务成本的影响。许多文献考察了事务所规模、行业专长等特征对公司债务融资的影响，且多数发现选择大型事务所或行业专长事务所进行审计可以帮助公司获得更多银行贷款、降低贷款利率或债券利差，尤其是在信息问题较严重的公司中（Pittman and Fortin，2004；Kim and Song，2011；Gul，et al.，2013）。例如，皮特曼和福廷（Pittman and Fortin，2004）发现，IPO 公司在上市后继续聘请"六大"作审计师，可以降低其借款成本，并且，审计师规模对贷款利率的影响随着上市时间的推移而逐渐减弱。金正本等（Kim，et al.，2013）发现，由"四大"审计的公司贷款利率更低，审计任期也与贷款利率呈负向关系，他们还发现，上述作用主要存在于后 SOX 法案时期。古尔等（Gul，et al.，2013）发现，在投资者保护较好的国家，选择大型事务所审计有助于降低公司债务成本，尤其是在信息问题较严重的公司中，上述作用更为明显。楚等（Chu，et al.，2009）发现，尽管对于那些破产概率低的公司，银行不会依赖公司治理质量和审计师的行业专长；但对于那些破产可能性高的公司，银行会根据公司治理质量和审计师行业专长来调整利差。除了银行贷款利率（即私人债务成本）外，还有一些学者研究并发现了审计师质量对债券利差（即公共债务成本）的负向影响（Mansi, et al., 2004；Li, et al., 2010）。在我国，胡奕明和唐松莲（2007）、高雷等（2010）、郑登津和闫天一（2016）、余冬根和张嘉兴（2017）也发现，审计师质量对于公司获取银行贷款的规模及贷款利率均有显著影响。不过，福廷和皮特曼（Fortin and Pittman, 2007）对美国私有公司研究后没有发现选择"四大"会影响公司债券利差或信贷评级，李海燕和厉夫宁（2008）也未发现事务所规模会显著影响债务成本。还有一些文献考察了审计师质量对贷款合同中的非价格条款的影响。例如，古勒等（Ghoul, et al., 2016）发现，审计师规模会影响公司债务期限结构；罗宾等（Robin, et al., 2017）发现，审计师质量与贷款合约中财务条款的刚性呈负向关系，当公司财务报表由高质量审计师（大型事务所或行业专长事务所）审计时，贷款合约中较少包含业绩条款和抵押条款，并且，公司也较少发生债务违约；金正本和宋（Kim and Song, 2011）研究了审计师质量对贷款结构的影响，结果发现，公司聘请大型事务所进行审计，会有更多数量的银行参与为其提供联合贷款（syndicated loan），且主贷银行（lead bank）自身在联合贷款中保留的贷款比例更低，审计师质量对贷款结构的影响与借款人在谈判前能够收集的信息多少有关。

（2）会计师事务所特征对权益资本成本的影响。库拉纳和拉曼（Khurana and Raman, 2004）发现，在诉讼风险较高的美国，由"四大"审计的公司事前权益资本成本更低，而在诉讼风险较低的加拿大、英国和澳大利亚，则无此关系。陈汉文等（Chen, et al., 2011）发现，仅在非国有企业中，审计师声誉会负向影响权益资本成本。费尔南多等（Fernando, et al., 2010）发现，审计师规模、行业专长、任期与权益资本成本呈显著负向关系，但上述结论仅限于小规模客户。

（3）审计师个人特征对公司融资的影响。一些文献从行业专长、审计任期、繁忙程度等角度研究了审计师个人特征与公司融资之间的关系。例如，金成隆等（Chin, et al., 2014）对中国台湾地区公司的研究发现，无论事务所是否具有行业专长，合伙人层次的行业专长审计师均与主贷人所占份额呈显著负向关系，因此，债权人会对审计师的个人行业专长予以估价。奥伯迪亚等（Aobdia, et al., 2015）对中国台湾地区公司的研究发现，项目负责人的质量（以其客户的操控性应计度量）与 IPO 抑价呈负向关系、与更好的债务合约条款之间呈显著正向关系。具体而言，签字会计师质量与贷款利率、是否要求担保呈负向关系，与借款数额呈正向关系。龚光明等（Gong, et al.，2019）发现，质量不良的项目负责人和复核人（客户被处罚或发生财务重述）会提高债券成本、降低信用评级，但这一结果仅存在于非"十大"中。阿齐兹卡尼等（Azizkhani, et al.，2013）对澳大利亚公司的研究发现，合伙人的任期与公司事前权益资本成本呈 U 形关系，而事务所规模（"四大"）会弱化这一关系。哈比卜等（Habib, et al.，2019）发现，在非"四大"中，签字合伙人的繁忙程度与公司资本成本之间呈正向关系。

（4）审计契约关系（审计费用、审计任期等）以及审计结果对公司融资的影响。弗朗西斯等（Francis, et al.，2017）发现，审计师变更会导致贷款利率提高。霍普等（Hope, et al.，2009）发现，在投资者保护较强的国家，超额审计费用与权益成本呈正向关系，这意味着，投资者将过高的审计费用看作审计缺乏独立性的标志。陈等（Chen, He, Ma, and Stice, 2016）、刘文欢等（2018）研究了非标审计意见对债务成本的影响。此外，古尔和古德温（Gul and Goodwin, 2010）发现，短期债务期限以及信贷评级会负向影响审计费用。

（5）债务契约对审计师的影响。一些文献研究了审计师对于客户贷款合同中包含审计意见限制性条款的反应（Menon and Williams, 2016）以及审计师对债务违约的反应，例如，姜和周（Jiang and Zhou, 2017）发现，当客户发生债务违约时，审计师会显著提高审计费用。巴斯卡尔等（Bhaskar, et al.，2017）发现，债务违约公司的审计费用更高，更可能被出具持续经营疑虑审计意见，更可能发生审计师辞职。

7.2.1.2　审计师个人经验对审计质量的影响

在美国、欧盟多数国家，直到近年才要求披露合伙人信息，因此，早期文献主要运用实验或问卷调查方法来考察审计师经验对审计师知识、技能和决策过程的影响。不过，在欧美之前，中国、韩国、挪威等少数国家和地区便已存在审计报告须由两位注册会计师签字的规定，一些文献利用这一机会，通过签字会计师执业记录度量其个人经验，进而考察了签字会计师个人经验对审计质量的影响。这些研究大多发现，无论是在中国（Ye, et al.，2014；Cahan and Sun, 2015；原红旗和韩维芳，2012；王晓珂等，2016；闫焕民，

2016；Chi，et al.，2017）还是韩国（Sonu，et al.，2019），签字会计师的个人经验均有助于提高审计质量。车丽梅等（Che，et al.，2018）对挪威公司研究后发现，审计师的个人经验与审计努力程度呈倒 U 形关系，而经验最丰富的审计师持续经营疑虑审计意见的准确性更高，这意味着，经验丰富的审计师能够以中等的审计努力程度获得较高的审计质量。此外，克涅科等（Knechel，et al.，2015）对瑞典公司的研究发现，同一事务所中不同合伙人的审计质量存在系统性差异，且这种差异具有持续性，这进一步支持了在事务所之外考虑审计师个人特征的重要性。与上述文献多关注于签字合伙人不同的是，孔特苏托等（Contessotto，et al.，2019）发现，审计经理的经验对于审计也有影响，具体而言，审计经理和合伙人的客户特定经验会显著影响其风险应对，但经理的一般经验和行业经验不会影响其风险应对，项目负责人（auditor-in-charge）的行业经验也不会影响其风险应对。

7.2.1.3 其他公司治理机制对债务成本的影响

现有文献从综合治理水平、董事会特征、管理层持股、媒体监督等角度研究了其他治理机制对债务成本的影响。例如，安德森等（Anderson，et al.，2004）发现，董事会规模和独立性以及审计委员会的独立性均与债务成本呈负向关系。古特曼和马里诺维奇（Guttman and Marinovic，2018）发现，在治理机制良好的公司中，公司治理质量的提高会导致利率的下降，而在治理机制较差的公司中，公司治理质量的提高会导致利率的提高。胡奕明和谢诗蕾（2005）发现，大股东占款、管理层持股会影响债务定价。蒋琰（2010）发现，公司治理质量对权益资本成本、债务成本均有显著负向作用，且其对权益成本的影响更为明显。罗进辉（2012）对媒体报道的研究结果与此相似。

7.2.2 对现有文献的总结与评价

从以上分析可以看到，由于审计在降低代理成本和信息不对称程度方面具有重要作用，这对于保护债权人利益是有利的，因此，有不少文献考察并发现了会计师事务所规模、行业专长对公司债务成本的显著作用。不过，除了金成隆等（Chin，et al.，2014）、奥伯迪亚等（Aobdia，et al.，2015）等少数文献外，现有文献并未进一步考察签字会计师个人特征对债务成本的影响，尤其是没有考察签字会计师的个人经验对债务成本的影响。事实上，作为一种复杂的高度依赖职业判断的活动，审计会受到设计和执行审计程序、作出审计判断的审计人员的知识、技能、决策风格的影响，而关于客户财务报表中错报的相关知识、能够使审计师尽快发现客户报表中的差错的技能除了一定程度上会受到职业培训的影响外，更重要的是通过项目逐渐积累，并且，经验往往依附于个人，很难（至少是不能完全）在事务所内部不同审计人员之间自由地流动（Chin and Chi，2009；Chen，et al.，2017），因此，审计人员尤其是负责审计计划的制定与实施并对审计报告承担责任的签字会计师的个人经验对项目审计质量具有重要影响。相应地，签字会计师的个人经验会影响到客户的会计信息质量并进一步影响债权人的信贷风险。因此，在理论上，签字会计师的个人经验会影响到债务成本。在我国，签字会计师须在审计报告上签字，这实际上对外提供了一个关于签字会计师的追踪记录，债权人、投资者可以观察到签字会计师的这一记录，并对其加以定价（Aobdia，et al.，2015），因此，签字会计师的个人经验虽然不像会计师事务所规模（声誉）以及行业专长那样直观，但也是可以观察和分析的，这意味着其存在对债权人的相关决策产生影响的可能。但在现实中，债权人是否会在事务所特征之外，另外关注签字会计师的经验，是一个经验的问题。本书可以弥补此类文献的不足，从而拓展债权人对签字会计师个人经验的感知与反应的理解。

7.3 理论分析与研究假说

7.3.1 外部审计在信贷决策中的作用

企业向银行申请贷款时，一般需要提供近三年经审计的年度财务报表、审计报告以及最近一期的中期财务报表。作为银行信贷决策重要依据的财务报表的质量对于银行信贷人员评估公司质量、信贷风险进而作出相关信贷决策而言非常重要。多纳尔森等（Donelson，et al.，2017）对492位银行商业信贷职员的调查发现，几乎所有的受访者都认为财务报表在信贷决策中具有非常重要的作用。有91.4%的受访者认为，高质量财务报表有助于监督贷款合约，有

84.0%的受访者认为，高质量财务报表有助于银行预测企业的偿还能力，81.8%的受访者认为财务报表能够对企业偿付问题提前发出预警。此外，有49.2%的受访者认为，高质量财务报表能够降低企业做出牺牲债权人利益而使管理层和股东获益的行为的可能性（即债权代理成本）。调查还发现，与小额贷款相比，财务报表质量对大额贷款更为重要，大额贷款的债权人会更加关注经审计的财务报表，并用以评估贷款质量。正因为财务报表对信贷决策的重要作用，审计才显得格外重要。审计对信贷决策的影响具体体现在如下方面：

一方面，高质量审计可以对管理层牺牲债权人利益、将资金投资于高风险项目的行为加以约束，从而缓解债权代理成本。债权人在定价时，会考虑到对管理层实施监督的成本，这将会影响到公司未来的现金流，因此，管理层有动力降低监督成本。管理层向外部人提供经审计的财务报表就是管理层对自身行为加以约束以降低代理成本的一种重要手段（Jensen and Meckling，1976）。审计师在对财务报表进行审计时，不仅可以提高财务报表的稳健性、挤掉资产水分从而使债权人能够更准确地评价公司偿债能力，而且可以发现管理层违反债务契约的限制将所获取的资金投向高风险项目而没有如实披露的行为，这有助于债权人对管理层更好地实施监督。因此，高质量审计可以降低债权人对公司实施监督的成本。这样，债权人在对贷款进行定价时，会将监督成本的降低考虑在内（Jensen and Meckling，1976），而银行业的竞争也将促使银行降低利率以便将这一成本节约的好处让渡给企业（Blackwell，et al.，1998）。

另一方面，高质量审计可以缓解管理层与现有及潜在债权人之间的信息不对称，进而降低由此导致的逆向选择和道德风险。首先，对潜在债权人来说，财务报表对于其进行信贷分析具有重要意义。如果财务报表不能为债权人提供可靠的资产计价、业绩计量并帮助其预测公司未来的现金流量，债权人就难以评价企业的信贷质量（Armstrong，et al.，2010）；而如果公司财务报表是由高质量审计师审计的，银行可以从财务报表了解到企业更加真实的财务状况、经营成果和现金流量情况，从而对企业的信贷风险作出更为准确的评估，从而将高质量企业与低质量企业区分开来，避免将信贷资金授信给低质量企业。其次，对现有债权人来说，高质量审计有助于提高公司的透明度，避免管理层在获取资金后做出损害债权人利益的行为。因此，无论是从代理成本还是信息不对称的角度，高质量审计都有助于降低债权人的信息风险、保护债权人利益，而债权人也会对此做出积极的反应，索取更低的资本成本，从而导致公司债务成本的降低。

7.3.2 签字会计师个人经验对审计质量的影响

审计是一项高度依赖于职业判断的专业活动，因此，作出判断者的经验就显得格外重要。阿什顿（Ashton，1991）指出，特定领域的专门知识（例如，关于财务报表差错发生频率的知识）是审计师行业专长的基本决定因素，而这些专业知识需要通过多年的实际工作经验来获取。经验的积累有助于审计师更熟练地掌握财务报表错报相关的知识，更有效地设计和实施审计程序、收集和评价审计证据，更为准确地作出审计判断、得出审计结论。已有实验研究发现，在知识结构方面，经验较丰富的审计师优于经验较少的审计师，随着经验的增长，审计师能够拥有更多关于财务报表差错以及其他方面（如有内部控制缺陷与特定账户错误之间的联系）的信息（Frederick and Libby，1986；Libby and Frederick，1990；Choo and Trotman，1991；Tubbs，1992）；在实施审计过程中，经验丰富的审计师更善于运用不同种类的信息，并且不大会受到无关信息或者受管理层提供信息的干扰（Davis，1996；Shelton，1999；Earley，2002；Kaplan，et al.，2008）。知识和技能上的优势使经验丰富的审计师能够更准确、更迅速地发现客户财务报表中的错报、解释审计发现（Libby and Frederick，1990），从而提高审计绩效。一些经验研究已经发现，经验丰富的审计师所审计的客户操控性应计水平显著更低、盈余反应系数显著更高（Cahan and Sun，2015；Chi，et al.，2017；Sonu，et al.，2019；原红旗和韩维芳，2012；王晓珂等，2016；闫焕民，2016）。正因如此，国际审计与鉴证准则委员会 IAASB（2014）发布的《审计质量框架》指出，"审计是一门由具有专业胜任能力的个人利用其经验并保持诚信、客观和专业的怀疑态度，从而在事实和情况的基础上做出适当判断的学科"，"高质量审计要求审计师拥有充分的知识、技能和经验，并有足够的时间来实施审计工作"，从而将审计项目团队是否拥有充分的经验作为审计质量的基本要素之一。一些文献也发现，事务所会对那些风险较高的客户指派经验更丰富的审计师担任项目负责人，以更加有效地应对审计风险（Johnstone and Bedard，2003；Asare，et al.，2005；Ye，Yuan，and Cheng，2014）。

7.3.3　签字会计师个人经验对信贷决策的影响

如上所述，签字会计师个人经验的积累有助于提高其执业质量，并进一步提高被审计单位的会计信息质量，而会计信息质量无论是对于降低债权代理成本还是缓解债权人与内部人之间的信息不对称都具有重要意义。由此推及，签字会计师个人经验有助于降低债权人的信贷风险，对于有经验较丰富的签字会计师负责审计的公司，债权人将会要求较低的报酬率。故提出如下假说：

H7-1：其他条件不变，签字会计师的个人经验与债务成本呈负向关系。

7.4　研究设计

7.4.1　模型设定与变量定义

7.4.1.1　债务成本的度量

参考现有文献（李海燕和厉夫宁，2008；蒋琰，2012；周楷唐等，2016；余冬根和张嘉兴，2017；夏楸等，2018），本书用"利息支出/期初期末债务的均值"来估计债务成本，其中，债务包括企业短期借款、一年内到期的长期借款、应付债券和长期借款。本书之所以不以负债作为分母，是由于商业信用等负债不属于有息债务。

7.4.1.2　签字会计师个人经验的度量

经验是随着所实施的审计项目而不断积累的，所负责审计项目越多，积累的经验越丰富。秋（Choo，1996）发现，重复曝光率（repeated exposure），即审计人员执行特定任务的次数可以用来度量审计人员的专业性。邦纳和沃尔克（Bonner and Walker，1994）指出，个体可以通过完成任务以及获取对其判断的反馈从实践活动中学习知识，实践活动和反馈的数量和质量存在差异，实践和反馈都被视为"经验"的一部分。因此，参考吴溪（2009）、韩维芳（2017）、加西亚 – 布兰登等（García-Blandon, et al., 2020），我们用截至样本期之前审计师累计签发的审计报告数来度量其经验。这一度量，符合经验增加的内在逻辑，能较好地反映签字会计师经验累积强度上的差异（吴溪，2009）。《中国注册会计师审计准则第 1501 号——对财务报表形成审计意见和出具审计报告》第 39 条规定："审计报告应当由项目合伙人和另一名负责该项目的注册会计师签名和盖章。"因此，我国审计报告上签字的会计师有两位（少数情况下有三位），那么，究竟以何者的经验来度量？对此，本书采用如下两种方法：第一，参考叶康涛等（Ye, Yuan, and Cheng, 2014）的做法，本书用几位签字会计师经验的均值来度量（EXP1）。第二，参考戚务君等（Chi, et al., 2017）、王晓珂等（2016）、闫焕民（2016）的做法，取签字会计师中经验最高者度量签字会计师经验（EXP2）[①]。

7.4.1.3 模型设定

我们将采用如下模型检验签字会计师个人经验对债务成本的影响：

$$DC_{t+1} = \beta_0 + \beta_1 EXP_t + \beta_{2-15} Controls_t + Industry\ \&\ Year + \varepsilon \qquad (7-1)$$

其中，DC 为公司的债务融资成本，Controls 为控制变量。

参考胡奕明和谢诗蕾（2005）、魏志华等（2012）、周楷唐等（2016）、夏楸等（2018），本书控制了如下可能影响债务成本的变量：

（1）公司规模（SIZE）。规模较大的公司实力更强、更能够抵御财务风险，信贷风险较低，且债务成本具有规模经济（Pittman and Fortin, 2004；蒋琰，2012），因此，公司规模与债务成本呈负向关系。金正本等（Kim, et al., 2013）、弗朗西斯等（Francis, et al., 2017）、周楷唐等（2016）、余冬根和张嘉兴（2017）、夏楸等（2018）等均发现，规模较大企业债务成本显著更低。故本书控制 SIZE，并预期其符号为负。

（2）财务杠杆（LEV）。公司负债率越高，债务偿还压力越大，发生债务违约的风险越高，金正本等（Kim, et al., 2013）、弗朗西斯等（Francis, et

---

① 如果同时将经验较高者经验和经验较低者经验放入检验，经验较高者个人经验的估计系数仍然显著为负（系数 – 0.0010，t 值 – 1.9417），而经验较低者个人经验虽然为负但不显著（系数 – 0.0003，t 值 – 0.7993）。这表明，签字会计师个人经验对债务成本的影响主要来自于经验较高者。

al.，2017）、周楷唐等（2016）、夏楸等（2018）均发现，*LEV* 与债务成本呈显著正向关系。故本书控制 *LEV*，并预期其符号为正。

（3）盈利能力（*ROA*）。盈利能力强的公司未来获取现金流的能力更强，发生债务违约的可能性更低，债权人的资本越有保障，因此，债务成本更低（蒋琰，2012），金正本等（Kim，et al.，2013）、弗朗西斯等（Francis，et al.，2017）、李海燕和厉夫宁（2008）、夏楸等（2018）等均发现，*ROA* 与债务成本呈负向关系。故本书控制 *ROA*，并预期其符号为负。

（4）流动比率（*CUR*）。流动性强的企业偿还债务能力更强（胡奕明和谢诗蕾，2005），债权人风险更小，因此，*CUR* 与债务成本呈负向关系，金正本等（Kim，et al.，2013）、余冬根和张嘉兴（2017）等均发现，*CUR* 与债务成本呈显著负向关系。故本书控制 *CUR*，并预期其符号为负。

（5）市账率（*MTB*）。一方面，*MTB* 代表了公司的潜在增长机会，*MTB* 越高，公司信贷质量越高；另一方面，高增长性公司也会面临更高的风险。因此，*MTB* 高的公司信贷质量更低（Kim，et al.，2013），*MTB* 与债务成本之间的关系具有不同的预期。从实证结果来看，弗朗西斯等（Francis，et al.，2017）、倪娟等（2019）发现，*MTB* 与债务成本呈负向关系。故本书控制 *MTB*，但不预期其方向。

（6）利息保障倍数（*INTCOV*）。利息保障倍数较高的公司具有充裕的现金流偿还到期债务，因此，利息保障倍数高的公司信贷风险更低。金正本等（Kim，et al.，2013）、夏楸等（2018）均发现，利息保障倍数与债务成本呈负向关系。故本书控制 *INTCOV*，并预期其符号为负。

（7）经营现金流（*OCF*）。公司经营活动现金流越充裕，其内部创造现金来偿还债务的能力越强（Pittman and Fortin，2004），因此，*OCF* 与债务成本呈负向关系。故本书控制 *OCF*，并预期其符号为负。

（8）资产结构（*PPE*）。皮特曼和福廷（Pittman and Fortin，2004）认为，固定资产所占比重越高，债务成本越高，其原因在于，银行会要求风险型客户用固定资产提供抵押，附抵押条件的贷款利率较高，因此，固定资产越多，债务成本越高，但弗朗西斯等（Francis，et al.，2017）、蒋琰（2012）认为，固定资产较多的公司能够为偿还债务提供更多保证，故固定资产占总资产比例与债务成本呈负向关系。从实证研究结果来看，皮特曼和福廷（Pittman and Fortin，2004）、周楷唐等（2016）发现，固定资产比重与债务成本呈显著正向关系，蒋琰（2012）、弗朗西斯等（Francis，et al.，2017）则未发现显著的结果，而金正本等（Kim，et al.，2013）、余冬根和张嘉兴（2017）发现，固定资产比重与债务成本呈负向关系。故本书控制 PPE 对债务成本的影响，但不预期方向。

（9）董事会独立性（INDDR）。董事会独立性高的公司会计信息质量更高，债权人的风险更小（Anderson，et al.，2004）。故本书控制 INDDR，并预期其符号为负。

（10）股权集中度（CR）。夏楸等（2018）、倪娟等（2019）发现，股权集中度与债务成本呈负向关系。故本书控制 CR 对债务成本的影响，并预期其符号为负。

（11）产权性质（SOE）。银行在制定贷款政策时，往往会对国有企业与非国有企业加以区别对待，与非国有企业相比，国有企业在获取信贷资本上具有优势，并且，国有企业进行盈余管理的动机也更低，故其信贷风险较低。胡奕明和谢诗蕾（2005）、魏志华等（2012）、余冬根和张嘉兴（2017）均发现，国有企业债务成本更低。故本书控制 SOE，并预期其符号为负。

（12）上市年限（AGE）。上市年数久的公司信息透明度更高，更容易从银行等以有利条件获取债务融资（Pittman and Fortin，2004；Francis，et al.，2017），金正本等（Kim，et al.，2013）、弗朗西斯等（Francis，et al.，2017）、夏楸等（2018）均发现，上市年限与债务成本呈负向关系。故本书控制 AGE，并预期其符号为负。

（13）审计意见类型（MAO）。被出具非标意见的公司财务报表或者持续经营能力存在较为严重的问题，这意味着债权人的风险较大，因此，被出具非标意见的公司债务成本更高（Francis，et al.，2017；李海燕和厉夫宁，2008；周楷唐等，2016；刘文欢等，2018；倪娟等，2019），故本书控制 MAO 对债务成本的影响，并预期其符号为正。

（14）事务所规模（BIG10）。规模较大的事务所审计质量更高，并且具有信号传递作用，因此，规模较大事务所审计的公司债务成本更低（Pittman and Fortin，2004；Kim，et al.，2013；胡奕明和唐松莲，2006），故本书控制 BIG10，并预期其符号为负。

此外，我们还控制了行业（Industry）、年份（Year）。具体变量定义如表 7 - 1 所示。

表 7 – 1 变量定义

符号	含义	具体定义
DC	债务成本	利息支出/期初期末总债务的平均值。总债务等于企业短期借款、一年内到期的长期借款、应付债券和长期借款之和
EXP1	签字会计师个人经验1	资产负债表日前，两位或三位签字会计师平均签发报告数 +1 取自然对数
EXP2	签字会计师个人经验2	资产负债表日前，两位或三位签字会计师中签发报告数最多者签发的报告数 +1 取自然对数
SIZE	公司规模	期末资产总额的自然对数
LEV	财务杠杆	资产负债率＝期末负债总额/期末资产总额
ROA	盈利水平	资产报酬率＝净利润/本期平均总资产
CUR	流动比率	流动资产/流动负债
MTB	市账率	普通股每股市价/每股净资产账面值
INTCOV	利息保障倍数	息税前利润/利息费用
OCF	经营活动现金流	经营活动现金净流量/期末资产总额
PPE	资产结构	固定资产比重＝固定资产净额/期末总资产
INDDR	董事会独立性	独立董事人数占董事会的比例（小数）
CR	股权集中度	截至资产负债表日，第一大股东持股比例（小数）
SOE	产权性质	虚拟变量，如果公司为国有控股，SOE =1；否则，SOE =0
AGE	上市年限	IPO 日距资产负债表日的日历天数/365
MAO	审计意见	虚拟变量，若财务报表被出具非标意见，MAO =1；否则，MAO =0
BIG10	事务所规模	虚拟变量，如果事务所为国内"十大"事务所，则 BIG10 =1；否则，BIG10 =0

7.4.2 数据来源与样本选择

考虑到 2006 年前后我国会计准则存在较大差异，为保持数据的可比性，本书以沪深两市 2008～2018 年 A 股非金融类上市公司为研究对象（计算债务成本时需用到滞后一期数据，且解释变量和所有控制变量都为滞后一期，因此实际涉及 2007～2018 年数据），考察签字会计师个人经验对债务成本的影响。

行业代码和审计师数据来自国泰安数据库（CSMAR），合并子公司数通过年度报告手工收集获得，其他数据均来自万得（Wind）资讯金融终端。原始样本共40513条公司–年记录，在依次剔除 IPO 日前记录、缺失行业类型公司和金融行业公司、缺失利息支出等相关数据后，剩余16369条记录用于检验（见表7–2）。为减少奇异值的影响，我们对连续变量在1%和99%位置进行了缩尾处理。

表 7 – 2　　　　　　　　　　　　　样本筛选过程

项目	样本数（条）
原始样本	40513
剔除：IPO 日前记录及缺失 IPO 日期	(12711)
金融行业公司及缺失行业类型	(556)
缺失利息支出等相关数据	(10877)
最终样本数	16369

7.5　实证结果与分析

7.5.1　描述性统计

表7–3报告了主要变量描述性统计结果。从表7–3中可以看出，样本公司债务成本（*DC*）的均值为6.62%，中位数为5.94%。这一结果，与周楷唐等（2016）、余冬根和张嘉兴（2017）、夏楸等（2018）基本接近。签字会计师经验 *EXP*1 的均值和中位数分别为2.4946和2.5903，其对应的原值分别为16.2714份和12.3333份报告；*EXP*2 的均值和中位数分别为2.9459和3.0445，对应的原值为27.6191和20份报告。

表 7 - 3　　　　　　　　　　　　　　主要变量的描述性统计

变量符号	样本数	最小值	下四分位数	平均值	中位数	上四分位数	最大值	标准差
DC	16369	0.0068	0.0463	0.0662	0.0594	0.0750	0.3027	0.0399
EXP1	16369	0.0000	1.9459	2.4946	2.5903	3.1355	4.2485	0.8987
RAWEXP1	16369	0.0000	6.0000	16.2714	12.3333	22.0000	120.0000	14.4790
EXP2	16369	0.0000	2.3026	2.9459	3.0445	3.6636	4.7958	0.9829
RAWEXP2	16369	0.0000	9.0000	27.6191	20.0000	38.0000	175.0000	25.4405
SIZE	16369	19.5232	21.2357	22.1462	21.9983	22.8985	26.0627	1.2965
LEV	16369	0.1250	0.3690	0.5132	0.5065	0.6498	1.0361	0.1928
ROA	16369	-0.2176	0.0106	0.0330	0.0316	0.0605	0.1893	0.0572
CUR	16369	0.1989	0.9215	1.5590	1.3134	1.8807	6.7032	1.0520
MTB	16369	-2.3363	2.1003	4.4673	3.2819	5.2760	29.4401	4.2920
INTCOV	16369	-19.1885	1.9348	17.7016	4.6331	12.4776	360.3836	48.1834
OCF	16369	-0.2007	-0.0036	0.0352	0.0367	0.0789	0.2355	0.0739
PPE	16369	0.0023	0.1132	0.2563	0.2271	0.3718	0.7521	0.1802
INDDR	16369	0.3000	0.3333	0.3700	0.3333	0.4000	0.5714	0.0521
CR	16369	0.0909	0.2352	0.3535	0.3334	0.4556	0.7613	0.1500
SOE	16369	0.0000	0.0000	0.4620	0.0000	1.0000	1.0000	0.4986
AGE	16369	0.1014	5.3096	10.6315	10.5479	15.7205	23.9260	6.3602
MAO	16369	0.0000	0.0000	0.0424	0.0000	0.0000	1.0000	0.2015
BIG10	16369	0.0000	0.0000	0.5229	1.0000	1.0000	1.0000	0.4995

7.5.2　相关分析

表 7 - 4 报告了相关性分析的结果。从表 7 - 4 中可以看出，DC 与 EXP1、EXP2 均在 1% 水平显著负相关，表明签字会计师个人经验的提升有助于企业以较低的成本获取债务融资。从表 7 - 4 中还可以看到，DC 与 MAO 显著正相关，与 BIG10 显著负相关，表明选择"十大"事务所有助于企业债务融资，而财务报表被出具非标意见会提高公司债务成本。

表7-4

相关系数矩阵

变量符号	DC	EXP1	EXP2	SIZE	LEV	ROA	CUR	MTB	INTCOV	OCF	PPE	INDDR	CR	SOE	AGE	MAO	BIG10
DC		-0.023***	-0.023***	-0.154***	0.079***	-0.108***	-0.160***	0.033***	-0.232***	-0.059***	0.070***	-0.045***	-0.107***	-0.028***	0.013*	0.131***	-0.072***
EXP1	-0.026***		0.980***	-0.021***	-0.051***	0.013	0.019**	0.010	0.021***	0.015*	-0.006	-0.017**	-0.071***	-0.076***	0.041***	-0.016*	-0.019**
EXP2	-0.027***	0.983***		-0.021***	-0.055***	0.019**	0.020**	0.009	0.027***	0.018**	-0.005	-0.017**	-0.068***	-0.076***	0.030***	-0.020**	-0.017**
SIZE	-0.175***	-0.036***	-0.034***		0.356***	0.002	-0.212***	-0.428***	-0.035***	0.067***	-0.007	0.025***	0.222***	0.292***	0.291***	-0.148***	0.170***
LEV	0.082***	-0.049***	-0.053***	0.319***		-0.408***	-0.632***	-0.084***	-0.513***	-0.130***	-0.022***	-0.005	0.060***	0.276***	0.329***	0.180***	0.002
ROA	-0.117***	0.020**	0.025***	0.062***	-0.399***		0.340***	0.191***	0.832***	0.269***	-0.109***	-0.036***	0.101***	-0.160***	-0.248***	-0.203***	0.019**
CUR	-0.090***	0.015*	0.017**	-0.223***	-0.608***	0.286***		0.097***	0.491***	-0.123***	-0.444***	0.045***	-0.034***	-0.301***	-0.283***	-0.173***	0.018**
MTB	0.089***	-0.004	-0.008	-0.342***	0.064***	0.024***	0.006		0.159***	0.013*	-0.129***	0.005	-0.082***	-0.211***	-0.143***	0.027***	-0.056***
INTCOV	-0.055***	0.007	0.011	-0.046***	-0.268***	0.335***	0.303***	0.046***		0.182***	-0.222***	-0.006	0.081***	-0.161***	-0.237***	-0.216***	0.031***
OCF	-0.033**	0.021***	0.023***	0.069***	-0.142***	0.257***	-0.082***	-0.324***	0.102***		0.350***	-0.037***	0.081***	0.074***	-0.001	-0.097***	0.034***
PPE	0.029**	-0.014*	-0.014*	0.053***	0.025***	-0.113***	-0.347***	-0.093***	-0.126***	0.326***		-0.064***	0.079***	0.206***	-0.020**	0.004	0.004
INDDR	-0.032***	-0.019**	-0.017**	0.051***	-0.001	-0.028***	0.035***	0.006	-0.008	-0.041***	-0.065***		0.020**	-0.046***	-0.001	-0.001	0.028***
CR	-0.097***	-0.067***	-0.064***	0.274***	0.050***	0.114***	-0.029***	-0.073***	0.041***	0.081***	0.086***	0.040***		0.222***	-0.091***	-0.104***	0.079***
SOE	-0.021*	-0.077***	-0.077***	0.306***	0.268***	-0.124***	-0.268***	-0.124***	-0.096***	0.073***	0.234***	-0.040***	0.221***		0.365***	-0.011	0.007
AGE	0.042***	0.041***	0.030***	0.253***	0.323***	-0.196***	-0.261***	-0.019**	-0.126***	0.000	0.009	-0.002	-0.085***	0.359***		0.096***	-0.029***
MAO	0.192***	-0.023***	-0.029***	-0.156***	0.237***	-0.312***	-0.123***	0.128***	-0.079***	-0.098***	0.011	-0.004	-0.100***	-0.011	0.095***		-0.036***
BIG10	-0.061***	-0.008	-0.004	0.197***	-0.004	0.026***	0.006	-0.059***	0.028***	0.035***	0.006	0.028***	0.083***	0.007	-0.025***	-0.036***	

注：左下方为 Pearson 相关系数，右上方为 Spearman 相关系数，*、**、***分别为10%、5%、1%水平显著。

从表 7 - 4 中还可以看出，自变量间 Spearman 相关系数绝对值最大的存在于 *ROA* 与 *INTCOV* 之间（0.832），Pearson 相关系数绝对值最大的存在于 *CUR* 与 *LEV* 之间（ - 0.608），尽管这两个值较高，但回归时计算各变量的 VIF，均未超过 10，故变量间不存在严重的多重共线性问题。

7.5.3 多元回归分析

表 7 - 5 报告了多元回归分析结果。从表 7 - 5 中可以看到，如果不放入控制变量，*EXP1* 和 *EXP2* 均与 *DC* 呈显著负向关系；在放入控制变量后，*EXP1*、*EXP2* 的系数仍然在 5% 水平显著为负。这表明，签字会计师个人经验确实会降低公司债务成本。假说 H7 - 1 得到支持。

表 7 - 5 多元线性回归结果：签字会计师个人经验对债务成本的影响

变量符号	预期符号	DC_{t+1}			
		EXP = EXP1		*EXP = EXP2*	
		(1)	(2)	(3)	(4)
EXP	−	- 0.0011 ** (- 2.0614)	- 0.0012 ** (- 2.3210)	- 0.0011 ** (- 2.1699)	- 0.0011 ** (- 2.2893)
SIZE	−		- 0.0045 *** (- 6.7906)		- 0.0045 *** (- 6.7892)
LEV	+		0.0115 ** (2.1860)		0.0115 ** (2.1868)
ROA	−		- 0.0231 ** (- 2.0595)		- 0.0231 ** (- 2.0565)
CUR	−		- 0.0015 ** (- 2.2211)		- 0.0015 ** (- 2.2223)
MTB	?		0.0001 (0.5136)		0.0001 (0.5102)
INTCOV	−		- 0.0000 (- 0.3128)		- 0.0000 (- 0.3084)

续表

变量符号	预期符号	DC_{t+1}			
		EXP = EXP1		EXP = EXP2	
		(1)	(2)	(3)	(4)
OCF	−		0.0034 (0.5331)		0.0034 (0.5343)
PPE	?		− 0.0005 (− 0.1169)		− 0.0005 (− 0.1162)
INDDR	−		− 0.0124 (− 1.4612)		− 0.0124 (− 1.4555)
CR	−		− 0.0070 ** (− 2.0473)		− 0.0070 ** (− 2.0472)
SOE	−		− 0.0022 (− 1.5600)		− 0.0022 (− 1.5527)
AGE	−		0.0004 *** (4.3886)		0.0004 *** (4.3739)
MAO	+		0.0247 *** (5.9297)		0.0246 *** (5.9267)
BIG10	−		− 0.0003 (− 0.3299)		− 0.0003 (− 0.3247)
Industry & Year		已控制	已控制	已控制	已控制
常数项		0.0690 *** (45.0559)	0.1839 *** (13.7793)	0.0694 *** (42.1627)	0.1841 *** (13.7826)
F		4.2493	15.9976	4.7086	15.9923
R^2		0.0007	0.1034	0.0007	0.1034
样本数		16369	16369	16369	16369

注：括号内数字为 t 值；依照公司对标准误进行了聚类调整；*、**、*** 分别为 10%、5%、1% 水平显著。

从表 7 - 5 中还可以看到，BIG10 的系数虽然为负但不显著，这表明，与事务所规模相比，债权人可能更关注签字会计师的个人经验；MAO 显著为正，表明债权人会对被出具非标意见的公司索取更高的报酬。此外，公司规模（SIZE）、盈利能力（ROA）、流动性（CUR）、股权集中度（CR）均与债务成本呈显著负向关系，而财务杠杆（*LEV*）与债务成本呈显著正向关系，符合预期；但与预期不同的是，上市年限（*AGE*）的估计系数显著为正，表明上市年数久的公司融资并未更加便利，这或许是由于尽管上市年限久的公司更为市场所熟悉，但其经营状况未必更佳。

7.5.4 作用机理：会计信息质量的部分中介作用

债权人之所以会关注签字会计师的个人经验，很大程度上是因为签字会计师个人经验的提升有助于提高审计质量，进而提高公司会计信息质量，降低债权人的信贷风险。由于数据的限制，我们难以检验签字会计师个人经验对债务违约的影响，但可以检验会计信息质量是否在签字会计师的个人经验与债务成本之间发挥了中介作用。我们用截面修正琼斯模型估计的操控性应计的绝对值（*ABSDA*）度量会计信息质量，进而检验会计信息质量是否具有部分中介效应。

从表 7-6 中第（1）列和第（2）列可以看出，*EXP* 与 *ABSDA* 呈显著负向关系，表明签字会计师个人经验确实有助于提高会计信息质量；从第（3）列和第（4）列可以看出，*EXP* 的系数显著为负，*ABSDA* 的系数显著为正。根据中介效应检验的原理，第（1）列和第（2）列中 *EXP* 系数、第（3）列和第（4）列中 *ABSDA* 系数均显著，表明存在间接效应；第（3）列和第（4）列中 *EXP* 的系数仍然显著为负，表明并非完全中介效应；第（1）列和第（2）列中 *EXP* 系数与第（3）列和第（4）列中 *ABSDA* 系数乘积与第（3）列和第（4）列中 *EXP* 的系数符号一致（均为负），表明存在部分中介效应。因此，签字会计师个人经验部分通过提高会计信息质量来降低债务成本，即会计信息质量具有部分中介效应。

表 7-6 进一步检验：会计信息质量的部分中介作用

变量符号	*ABSDA*		*DC*	
	（1）*EXP = EXP*1	（2）*EXP = EXP*2	（3）*EXP = EXP*1	（4）*EXP = EXP*2
EXP	-0.0012* (-1.7412)	-0.0012* (-1.8929)	-0.0009* (-1.7859)	-0.0009* (-1.7905)
ABSDA			0.0159*** (2.6008)	0.0159*** (2.5992)

续表

变量符号	ABSDA		DC	
	(1) EXP = EXP1	(2) EXP = EXP2	(3) EXP = EXP1	(4) EXP = EXP2
SIZE	-0.0077 *** (-12.3026)	-0.0077 *** (-12.3049)	-0.0041 *** (-6.1327)	-0.0041 *** (-6.1327)
LEV	0.0358 *** (7.1122)	0.0358 *** (7.1074)	0.0099 * (1.8439)	0.0099 * (1.8440)
LagLoss	0.0116 *** (5.3073)	0.0115 *** (5.3018)		
ROA	-0.0626 *** (-3.2705)	-0.0625 *** (-3.2638)	-0.0302 *** (-2.6741)	-0.0302 *** (-2.6698)
CUR			-0.0013 * (-1.8620)	-0.0013 * (-1.8631)
MTB			0.0001 (0.6635)	0.0001 (0.6613)
GROWTH	0.0198 *** (8.8836)	0.0198 *** (8.8854)		
INTCOV			-0.0000 (-0.0459)	-0.0000 (-0.0425)
OCF			0.0055 (0.8430)	0.0055 (0.8444)
PPE			-0.0106 (-1.2233)	-0.0105 (-1.2190)
INDDR			-0.0009 (-0.2055)	-0.0009 (-0.2050)
CR			-0.0076 ** (-2.1757)	-0.0076 ** (-2.1773)
SOE	-0.0088 *** (-5.8247)	-0.0088 *** (-5.8319)	-0.0022 (-1.5386)	-0.0022 (-1.5343)

续表

变量符号	ABSDA		DC	
	（1）EXP = EXP1	（2）EXP = EXP2	（3）EXP = EXP1	（4）EXP = EXP2
AGE			0. 0005 *** (4. 4214)	0. 0004 *** (4. 4122)
MAO			0. 0227 *** (5. 0811)	0. 0227 *** (5. 0783)
BIG10	− 0. 0029 ** (− 2. 2519)	− 0. 0029 ** (− 2. 2489)	− 0. 0004 (− 0. 4270)	− 0. 0004 (− 0. 4243)
Industry & Year	已控制	已控制	已控制	已控制
常数项	0. 2182 *** (16. 2803)	0. 2187 *** (16. 3016)	0. 1565 *** (11. 4269)	0. 1567 *** (11. 4370)
F	22. 9935	22. 9953	9. 6284	9. 6312
R^2	0. 0855	0. 0856	0. 0899	0. 0899
样本数	15173	15173	15173	15173

注：LagLoss 为虚拟变量，若上期公司净利润为负，等于 1，否则为 0；GROWTH 为营业收入增长率。括号内数字为 t 值；依照公司对标准误进行了聚类调整；* 、** 、*** 分别为 10% 、5% 、1% 水平显著。

7.5.5 进一步检验

7.5.5.1 行业经验与非行业经验作用的差异

签字会计师的个人经验主要来自既往审计项目，但不同行业的经营、会计知识存在一定的差异，不同行业公司财务报表差错的具体表现（包括舞弊的手法、涉及的会计科目、能够揭示财务报表可能存在错报的分析程序指标及判断阈值等）亦有所差异。依照"干中学"（learning-by-doing）理论，审计师最有价值的知识来自相似客户的审计过程（García-Blandon, et al., 2020），这意味着行业经验（即签字会计师在客户所在行业内的执业经验）与非行业经验（即签字会计师在客户所在行业之外的项目执业经验）对审计质量的影响可能存在差异。现有文献发现，行业特定知识可以增强审计师对客户所在行业经营和会计问题的了解，提高审计师非差错频率知识（Solomon，et al.，1999），从而更好地发现客户报表中的差错，并有助于提高审计效率（Che，et al.，2018）。现有文献还表明，行业经验对审计绩效的积极作用要比非行业经验明显更强。例如，莫洛尼和凯里（Moroney and Carey，2011）的实验发现，尽管行业知识和项目知识都有助于提高审计绩效，但行业知识对于审计绩效的积极影响更为明显。闫焕民（2016）和加西亚 – 布兰登等（García-Blandon，et al.，2020）对中国、西班牙公司的研究均发现，签字会计师的行业经验对审计质量具有显著正向影响，而非行业经验则没有显著作用。因此，尽管行业经验与非行业经验可能都有助于审计师提高知识和技能，但相比之下，行业经验的促进作用可能更为明显。就债权人而言，其在对签字会计师经验进行了解和评价时，也可能更为关注签字会计师在授信客户所在行业内的经验。为检验行业经验和非行业经验对债务成本的影响是否存在差异，参考加西亚 – 布兰登等（García-Blandon，et al.，2020），本书用截至样本期之前签字会计师在客户所在行业中累计签发的审计报告数度量签字会计师的行业经验（*INDEXP*），用样本期前签字会计师在客户所在行业以外行业累计签发审计报告数度量其非行业经验（*NON-IN-DEXP*），进而将 *EXP* 分为 *INDEXP* 和 *NON-INDEXP* 同时放入模型（7 – 1）。

从表 7 – 7 中可以看出，只有 *INDEXP* 的系数显著为负，*NON-INDEXP* 的系数虽然为负但不显著，这表明，只有行业经验才对债务成本具有显著负向作用。其原因可能在于：第一，不同行业之间相关的会计、经营知识存在较大差异，其他行业的审计项目经验对审计师执业质量的提升作用有限；第二，对于债权人来说，他们可能更加关注签字会计师在客户所在行业内的执业经验。其原因在于，债权人在对客户财务和经营状况进行分析时，更多地需要在行业内进行比较，这使他们能够了解签字会计师在行业内的审计情况，而对于签字会计师客户所在行业之外的情况，收集相关信息的成本更高，因而债权人关注相对较少。因此，签字会计师个人经验对债务成本的抑制作用很大程度上来自其行业经验。

表 7 - 7　　进一步检验：签字会计师行业与非行业经验对债务成本的影响

变量符号	EXP = EXP1	EXP = EXP2
INDEXP	- 0.0014 ** (- 2.2360)	- 0.0012 ** (- 2.3757)
NON-INDEXP	- 0.0005 (- 0.8796)	- 0.0003 (- 0.7288)
SIZE	- 0.0045 *** (- 6.7555)	- 0.0045 *** (- 6.7534)
LEV	0.0114 ** (2.1608)	0.0114 ** (2.1627)
ROA	- 0.0235 ** (- 2.0975)	- 0.0235 ** (- 2.1006)
CUR	- 0.0015 ** (- 2.2576)	- 0.0015 ** (- 2.2582)
MTB	0.0001 (0.4951)	0.0001 (0.4900)
INTCOV	- 0.0000 (- 0.3143)	- 0.0000 (- 0.3104)
OCF	0.0035 (0.5499)	0.0035 (0.5457)
PPE	- 0.0004 (- 0.0902)	- 0.0004 (- 0.0854)
INDDR	- 0.0121 (- 1.4200)	- 0.0120 (- 1.4083)
CR	- 0.0071 ** (- 2.0783)	- 0.0071 ** (- 2.0768)
SOE	- 0.0022 (- 1.5751)	- 0.0022 (- 1.5635)
AGE	0.0005 *** (4.4958)	0.0005 *** (4.4884)

续表

变量符号	EXP = EXP1	EXP = EXP2
MAO	0.0246 *** (5.9258)	0.0246 *** (5.9227)
*BIG*10	-0.0003 (-0.3219)	-0.0003 (-0.3043)
Industry & Year	已控制	已控制
常数项	0.1834 *** (13.7924)	0.1833 *** (13.7893)
F	15.6876	15.6772
R²	0.1037	0.1037
样本数	16369	16369

注：括号内数字为 t 值；依照公司对标准误进行了聚类调整；＊、＊＊、＊＊＊分别为10%、5%、1%水平显著。

7.5.5.2 横截面检验：不同企业复杂度下签字会计师经验作用的差异

审计师个人经验对审计判断的影响程度与审计任务的复杂性有关（Abdol-mohammadi and Wright，1987），审计项目越复杂，相关判断对审计师的知识和技能的依赖度越高，审计项目对签字会计师个人经验的要求就越高，签字会计师个人经验对审计质量的作用就越重要。因此，我们预期，在复杂度较高的企业中，审计师个人经验对债务成本的作用更为明显。现有文献中，常用来度量公司复杂性的指标是公司经营分部数，经营分部越多，公司内部收入确认要求以及存货管理程序差异越大、报表合并程序越复杂，披露要求越高，此外，地理分布以及国外经营有时也被用来度量公司复杂性（Ayers，et al.，2019；Lisic，et al.，2019；Cassell，et al.，2020）。考虑到数据的可获性，本书以合并子公司数来度量公司复杂性，其原理与经营分部相似。具体而言，本书依据合并子公司数的年度中位数将样本划分为业务复杂公司（*SUBSDUM* = 1）和业务不复杂公司（*SUBSDUM* = 0），进而分组检验，从表7-8中可以看到，*EXP* 仅在业务复杂公司中显著为负，在业务不复杂公司中，*EXP* 的系数虽然为负但不显著。为了进一步检验 *EXP* 在两组子样本中的作用是否存在显著差异，本书采用 Bdiff 分组差异性检验，反复 1000 次，结果显示两组有显著性差异。因此，签字会计师个人经验对债务成本的抑制作用仅存在于业务复杂企业中。

表 7-8　进一步检验：不同公司业务复杂度下签字会计师经验的作用

变量符号	EXP = EXP1		EXP = EXP2	
	SUBSDUM = 0	SUBSDUM = 1	SUBSDUM = 0	SUBSDUM = 1
EXP	-0.0003 (-0.4846)	-0.0019*** (-2.6715)	-0.0003 (-0.4034)	-0.0017*** (-2.6326)
SIZE	-0.0056*** (-4.5113)	-0.0033*** (-4.7529)	-0.0056*** (-4.5129)	-0.0033*** (-4.7476)
LEV	0.0241*** (3.2380)	-0.0055 (-0.9806)	0.0241*** (3.2387)	-0.0055 (-0.9766)
ROA	-0.0109 (-0.7060)	-0.0412*** (-2.9331)	-0.0109 (-0.7065)	-0.0412*** (-2.9295)
CUR	-0.0006 (-0.6452)	-0.0027*** (-2.5960)	-0.0006 (-0.6450)	-0.0027*** (-2.5930)
MTB	-0.0002 (-0.9221)	0.0005** (1.9632)	-0.0002 (-0.9220)	0.0005* (1.9567)
INTCOV	0.0000 (0.4686)	-0.0000 (-1.0786)	0.0000 (0.4702)	-0.0000 (-1.0753)
OCF	-0.0074 (-0.7677)	0.0168** (2.2428)	-0.0074 (-0.7684)	0.0169** (2.2533)
PPE	0.0048 (0.8051)	-0.0071 (-1.3687)	0.0048 (0.8049)	-0.0071 (-1.3669)
INDDR	0.0039 (0.2840)	-0.0287*** (-2.9712)	0.0039 (0.2838)	-0.0286*** (-2.9608)
CR	-0.0075 (-1.5522)	-0.0059 (-1.3480)	-0.0075 (-1.5468)	-0.0059 (-1.3633)

续表

变量符号	EXP = EXP1		EXP = EXP2	
	SUBSDUM = 0	SUBSDUM = 1	SUBSDUM = 0	SUBSDUM = 1
SOE	-0.0038 * (-1.7480)	-0.0010 (-0.5954)	-0.0038 * (-1.7444)	-0.0010 (-0.5876)
AGE	0.0007 *** (4.5677)	0.0002 * (1.7018)	0.0007 *** (4.5659)	0.0002 * (1.6842)
MAO	0.0216 *** (4.2712)	0.0270 *** (4.5748)	0.0216 *** (4.2723)	0.0269 *** (4.5682)
BIG10	-0.0004 (-0.2797)	-0.0002 (-0.1796)	-0.0004 (-0.2812)	-0.0002 (-0.1648)
Industry & Year	已控制	已控制	已控制	已控制
常数项	0.1888 *** (7.5166)	0.1774 *** (11.7593)	0.1887 *** (7.5132)	0.1776 *** (11.7610)
F	8.9146	10.1982	8.9199	10.1874
R^2	0.1100	0.1122	0.1100	0.1122
样本数	7920	8449	7920	8449
Bdiff 组间 差异性检验 差异	0.002 ***		0.001 **	
p 值	0.009		0.014	

注：括号内数字为 t 值；依照公司对标准误进行了聚类调整；* 、** 、*** 分别为 10% 、5% 、1% 水平显著。

7.5.5.3 横截面检验：不同信息不对称程度下签字会计师经验的作用差异

签字会计师个人经验的提升之所以有助于降低公司债务成本，一定程度上是由于其能够降低公司信息不对称程度。因此，公司信息不对称程度的高低将影响到签字会计师个人经验作用的大小。皮特曼和福廷（Pittman and Fortin，2004）发现，对于信息问题较为严重的新上市公司，外部审计质量对于公司融资的促进作用更为明显，随着公司上市年数的增加，事务所声誉对于降低监督成本以及进一步的债务成本的作用将会减弱。古尔等（Gul, et al.，2013）也发现，公司信息问题越严重，事务所声誉对于降低公司债务成本的作用越明显。参考古尔等（Gul，et al.，2013），本书用分析师跟踪人数来度量信息不对称程度，进而考察其对签字会计师个人经验与债务成本之间关系的调节作用。具体而言，本书依照分析师跟踪数的分年度中位数，将样本分为信息问题严重（$OPAQUE=1$，分析师跟踪数小于等于分年度样本中位数）和信息问题不严重（$OPAQUE=0$）两个子样本进行分组检验。从表 7-9 中可以看出，EXP 的系数仅在信息问题较严重子样本中显著为负；在信息问题不严重子样本中，EXP 的系数虽然为负但不显著。Bdiff 组间差异检验结果显示，两组间 EXP 的系数存在显著差异。因此，只有在信息问题严重情况下，签字会计师的个人经验才会显著影响公司债务成本。因为在公司信息问题不严重情况下，债权人可以较为清楚地了解公司真实的财务和经营状况，进而评价客户信贷风险，对于签字会计师经验的依赖程度就较低；而当公司信息问题较为严重时，债权人就要更多地依赖审计，签字会计师的个人经验就显得更为重要。

表 7-9　　　　进一步检验：不同信息不对称程度下签字会计师经验的作用

变量符号	EXP = EXP1		EXP = EXP2	
	OPAQUE = 0	OPAQUE = 1	OPAQUE = 0	OPAQUE = 1
EXP	-0.0003 (-0.4443)	-0.0017** (-2.3903)	-0.0003 (-0.6023)	-0.0015** (-2.2419)
SIZE	-0.0025*** (-4.0855)	-0.0063*** (-5.1836)	-0.0025*** (-4.0909)	-0.0063*** (-5.1858)
LEV	-0.0036 (-0.7076)	0.0190*** (2.6509)	-0.0036 (-0.7108)	0.0191*** (2.6527)
ROA	0.0031 (0.2322)	-0.0264* (-1.7960)	0.0032 (0.2341)	-0.0265* (-1.7966)
CUR	-0.0021*** (-2.8339)	-0.0013 (-1.1817)	-0.0021*** (-2.8399)	-0.0013 (-1.1844)
MTB	-0.0002 (-1.0072)	0.0001 (0.2276)	-0.0002 (-1.0081)	0.0001 (0.2235)

续表

变量符号	EXP = EXP1		EXP = EXP2	
	OPAQUE =0	OPAQUE =1	OPAQUE =0	OPAQUE =1
INTCOV	0.0000 (0.4715)	− 0.0000 ** (− 2.1974)	0.0000 (0.4709)	− 0.0000 ** (− 2.1959)
OCF	− 0.0087 (− 1.2385)	0.0080 (0.8426)	− 0.0087 (− 1.2334)	0.0079 (0.8411)
PPE	− 0.0101 ** (− 2.3782)	0.0059 (0.9286)	− 0.0101 ** (− 2.3792)	0.0059 (0.9291)
INDDR	− 0.0139 (− 1.3962)	− 0.0131 (− 1.0585)	− 0.0139 (− 1.4017)	− 0.0131 (− 1.0550)
CR	0.0024 (0.5859)	− 0.0145 *** (− 3.0833)	0.0024 (0.5818)	− 0.0144 *** (− 3.0676)
SOE	− 0.0000 (− 0.0259)	− 0.0034 * (− 1.8432)	− 0.0001 (− 0.0302)	− 0.0034 * (− 1.8374)
AGE	0.0003 ** (2.5700)	0.0005 *** (3.3672)	0.0003 ** (2.5757)	0.0005 *** (3.3491)
MAO	0.0119 ** (2.2016)	0.0233 *** (5.0755)	0.0119 ** (2.2014)	0.0233 *** (5.0704)
BIG10	− 0.0008 (− 0.7150)	− 0.0001 (− 0.0796)	− 0.0008 (− 0.7178)	− 0.0001 (− 0.0805)
Industry & Year	已控制	已控制	已控制	已控制
常数项	0.1469 *** (10.9309)	0.2193 *** (8.9958)	0.1473 *** (10.9315)	0.2194 *** (9.0008)
F	10.5194	10.7478	10.5427	10.7453
R^2	0.0584	0.1314	0.0584	0.1313
样本数	7771	8598	7771	8598
Bdiff 组间 差异性检验	差异	0.001 **		0.001 **	
	p 值	0.014		0.029	

注：括号内数字为 t 值；依照公司对标准误进行了聚类调整；*、**、*** 分别为 10%、5%、1% 水平显著。

7.5.5.4　不同法治环境下签字会计师个人经验作用的差异

在不同法律环境下，债权人的保护程度是不同的，其对公司会计信息的依赖程度自然也就不同。在法律环境较差的地区，债权人保护程度较差，因此，他们在对债权进行定价时，会更加关注公司会计信息质量以及公司质量，因而对审计的依赖程度更高，由此，法律环境会弱化签字会计师个人经验对债务成本的负向作用。另外，法律环境也会影响到会计师事务所和签字会计师提高审计质量的动力，如果法律环境较差，发生审计失败被提起诉讼或者受到处罚的可能性相对较低，因此，审计师更可能降低其独立性、减少审计努力程度，而更多地考虑迎合客户的要求，这样会使审计的作用有所下降，由此，法律环境会强化签字会计师个人经验对债务成本的负向作用。因此，法律环境对于签字会计师个人经验与债务成本之间关系的作用存在不同的预期。我们依照王小鲁等《中国分省份市场化指数报告（2018）》中的"各省维护市场的法治环境"度量公司所在地区法律环境，并依据该指数是否大于年度 – 地区中位数定义法律环境较好地区（$LAWDUM = 1$）和较差地区（$LAWDUM = 0$）。分组检验结果表明，在法律环境较好地区，签字会计师个人经验的系数在 5% 水平显著为负，而在法律环境较差地区，签字会计师个人经验的系数虽然为负但不显著（见表 7 – 10）。这一结果表明，法律环境会强化签字会计师个人经验的对债务成本的抑制作用，在法律环境较好地区，债权人更关注签字会计师个人经验，因为此时经验丰富的签字会计师执业质量更高。

表 7 – 10　　进一步检验：不同法治环境下签字会计师经验对债务成本的影响

变量符号	$EXP = EXP1$		$EXP = EXP2$	
	$LAWDUM = 0$	$LAWDUM = 1$	$LAWDUM = 0$	$LAWDUM = 1$
EXP	− 0. 0003 （− 0. 3711）	− 0. 0015 ** （− 2. 4201）	− 0. 0004 （− 0. 5122）	− 0. 0013 ** （− 2. 3052）
$SIZE$	− 0. 0047 *** （− 4. 2107）	− 0. 0047 *** （− 6. 0616）	− 0. 0047 *** （− 4. 2143）	− 0. 0047 *** （− 6. 0582）
LEV	0. 0237 *** （2. 9201）	0. 0067 （1. 0360）	0. 0237 *** （2. 9176）	0. 0067 （1. 0404）

续表

变量符号	EXP = EXP1		EXP = EXP2	
	LAWDUM = 0	LAWDUM = 1	LAWDUM = 0	LAWDUM = 1
ROA	−0.0215 (−1.0978)	−0.0227* (−1.6974)	−0.0215 (−1.0968)	−0.0226* (−1.6931)
CUR	−0.0027* (−1.8736)	−0.0012 (−1.5988)	−0.0027* (−1.8735)	−0.0012 (−1.5975)
MTB	0.0003 (1.0210)	−0.0000 (−0.0744)	0.0003 (1.0208)	−0.0000 (−0.0782)
INTCOV	0.0000 (0.8509)	−0.0000 (−1.0311)	0.0000 (0.8534)	−0.0000 (−1.0293)
OCF	0.0002 (0.0123)	0.0047 (0.6435)	0.0001 (0.0106)	0.0047 (0.6472)
PPE	−0.0031 (−0.4674)	0.0011 (0.2182)	−0.0031 (−0.4644)	0.0011 (0.2180)
INDDR	−0.0061 (−0.4071)	0.0134 (−1.3834)	−0.0061 (−0.4106)	−0.0134 (−1.3783)
CR	−0.0050 (−0.8254)	−0.0080** (−1.9873)	−0.0050 (−0.8284)	−0.0079** (−1.9822)
SOE	−0.0068*** (−3.1653)	−0.0004 (−0.2290)	−0.0068*** (−3.1693)	−0.0004 (−0.2230)
AGE	0.0005*** (3.0625)	0.0004*** (3.4976)	0.0005*** (3.0689)	0.0004*** (3.4767)
MAO	0.0290*** (4.9853)	0.0217*** (4.3903)	0.0290*** (4.9826)	0.0217*** (4.3832)
BIG10	−0.0018 (−1.1162)	0.0003 (0.2213)	−0.0018 (−1.1123)	0.0003 (0.2308)
Industry & Year	已控制	已控制	已控制	已控制
常数项	0.1858*** (7.9492)	0.1879*** (12.3404)	0.1862*** (7.9799)	0.1880*** (12.3275)

续表

变量符号	EXP = EXP1		EXP = EXP2	
	LAWDUM = 0	LAWDUM = 1	LAWDUM = 0	LAWDUM = 1
F	6.7580	13.4225	6.7478	13.4106
R^2	0.1495	0.0945	0.1496	0.0944
样本数	4351	12018	4351	12018

注：括号内数字为 t 值；依照公司对标准误进行了聚类调整；*、**、*** 分别为 10%、5%、1% 水平显著。

7.5.6 内生性检验

7.5.6.1 倾向得分匹配（PSM）

公司的签字会计师不是随机确定的，事务所可能会根据客户风险等特征来选派不同经验水平的签字会计师负责相关项目，而公司也可能会选择签字会计师。因此，签字会计师的个人经验可能存在自选择问题。本书将通过 PSM 方法来缓解签字会计师个人经验的自选择问题。具体做法是：改用虚拟变量 EXPDUM（用年度中位数定义）度量审计师个人经验，并用 Logit 模型估计公司签字会计师经验的影响因素（自变量包括 PSM 第二阶段所有控制变量），然后根据倾向得分采用最近距离法对高经验、低经验样本进行 1∶1 匹配，进而再对匹配后样本进行回归。平衡性检验表明，匹配后相关变量的组间差异显著降低且不再有显著差异。PSM 匹配后回归结果如表 7 - 11 所示。从表 7 - 11 中可以看到，在采用 PSM 缓解签字会计师个人经验的自选择问题后，签字会计师的个人经验依然对债务成本具有显著负向影响。

表 7 - 11　　　　　　　　　PSM 匹配后样本回归结果

变量符号	EXP = EXP1	EXP = EXP2
EXPDUM	- 0.0017 * (- 1.7785)	- 0.0017 * (- 1.7652)
SIZE	- 0.0050 *** (- 6.4772)	- 0.0049 *** (- 6.3070)

续表

变量符号	EXP = EXP1	EXP = EXP2
LEV	0.0134 ** (2.2855)	0.0147 ** (2.5277)
ROA	−0.0136 (−1.0434)	−0.0214 * (−1.7520)
CUR	−0.0013 * (−1.7470)	−0.0012 (−1.6107)
MTB	−0.0000 (−0.2205)	0.0000 (0.1133)
INTCOV	−0.0000 (−0.3884)	−0.0000 (−0.0225)
OCF	0.0013 (0.1758)	0.0065 (0.9050)
PPE	0.0026 (0.5637)	0.0009 (0.1919)
INDDR	−0.0218 ** (−2.2757)	−0.0164 * (−1.7061)
CR	−0.0058 (−1.5777)	−0.0056 (−1.5291)
SOE	−0.0031 ** (−2.0508)	−0.0024 (−1.5994)
AGE	0.0004 *** (4.0110)	0.0004 *** (3.9960)
MAO	0.0260 *** (5.7696)	0.0256 *** (5.6122)
BIG10	−0.0006 (−0.5911)	−0.0001 (−0.1021)
Industry & Year	已控制	已控制
常数项	0.1936 *** (12.5833)	0.1886 *** (12.2947)

续表

变量符号	*EXP = EXP*1	*EXP = EXP*2
F	13. 2726	12. 4048
R^2	0. 1021	0. 1011
样本数	12821	12821

注：括号内数字为 t 值；依照公司对标准误进行了聚类调整；＊、＊＊、＊＊＊分别为 10%、5%、1% 水平显著。

7.5.6.2　工具变量二阶段回归

我们采用工具变量二阶段回归来缓解反向因果、遗漏变量、测量误差导致的内生性问题。具体而言，我们采用会计师事务所内当年所有签字会计师经验的中位数（*EXPMEDIAN*）作为工具变量，结果发现，在用 *EXP*1 度量签字会计师个人经验时，Hausman 检验卡方值为 5.38，在 5% 水平拒绝外生性假设，弱工具变量检验结果表明，最小特征根是 3436.7，大于临界值的 8.96，故可以拒绝弱工具变量假设；在用 *EXP*2 度量签字会计师个人经验时，Hausman 检验卡方值为 4.65（在 5% 水平拒绝外生性假设），最小特征根是 3288.85，大于临界值的 8.96，故可以拒绝弱工具变量假设。因此，*EXPME-DIAN* 可以用来作为工具变量。第一阶段回归结果表明，工具变量 *EXPMEDI-AN* 与 *EXP* 在 1% 水平呈显著正向关系（表略），工具变量二阶段回归结果表明，*EXP* 仍然与 *DC* 呈显著负向关系（见表 7 - 12）。因此，在对签字会计师个人经验的内生性问题进行处理后，个人经验仍然与公司债务成本呈显著负向关系。

7.5.6.3　一阶差分模型（change analysis）

为了缓解遗漏变量导致的内生性问题，本书进一步采用一阶差分模型来考察签字会计师个人经验变化对债务成本变化的影响。即模型（7 - 1）中除虚拟变量外，所有其他变量都采用了变化值来度量。具体而言，Δ*DC* 反映了本期和上期借款成本的差额，Δ*EXP* 等自变量反映了 t - 1 期和 t - 2 期取值的差额。从表 7 - 13 中第 1 列和第 2 列可以看到，Δ*EXP* 的系数显著为负，表明签字会计师经验的提升会减小债务成本的提高额。

表 7 – 12 　　　　　　　　　工具变量二阶段回归结果

变量符号	$EXP = EXP1$	$EXP = EXP2$
EXP	-0.0029 ** (-2.4553)	-0.0025 ** (-2.2982)
控制变量	已控制	已控制
常数项	0.1894 *** (13.3808)	0.1896 *** (13.3230)
Wald chi2	721.4555	720.5975
R^2	0.1020	0.1021
样本数	16369	16369

注：括号内数字为 t 值；依照公司对标准误进行了聚类调整；*、**、*** 分别为 10%、5%、1% 水平显著。

表 7 – 13 　　　　　Change Analysis 以及增加控制变量回归结果

变量符号	一阶差分模型（因变量 ΔDC）		增加控制签字会计师任期、事务所任期和地区法治环境（因变量 DC）	
	$EXP = EXP1$	$EXP = EXP2$	$EXP = EXP1$	$EXP = EXP2$
ΔEXP	-0.0070 * (-1.7730)	-0.0063 ** (-2.0259)		
EXP			-0.0009 * (-1.6997)	-0.0008 * (-1.6638)
控制变量	已控制	已控制	已控制	已控制
Industry & Year	已控制	已控制	已控制	已控制
常数项	-10.0030 (-1.5213)	-10.0081 (-1.5208)	0.1837 *** (13.8468)	0.1838 *** (13.8467)
F	2.3057	2.2798	15.1597	15.1583
R^2	0.0018	0.0018	0.1043	0.1043
样本数	12212	12215	16369	16369

注：括号内数字为 t 值；依照公司对标准误进行了聚类调整；*、**、*** 分别为 10%、5%、1% 水平显著。

7.5.6.4 增加控制变量

本书还增加控制地区法治环境、会计师事务所任期、签字会计师任期，以进一步缓解遗漏变量问题。本书以王小鲁等《中国分省份市场化指数报告 (2018)》中的"各省维护市场的法治环境"度量公司所在地区法治环境，并依据地区法治环境指数是否大于等于年份 – 地区中位数定义法治环境较好地区（$LAW = 1$）。同时，进一步控制事务所任期、签字会计师任期。结果表明，在控制了以上因素后，EXP 仍然显著为负（见表 7 – 13 第 5 列和第 6 列）。

7.6 结论与讨论

7.6.1 研究结论与启示

审计是一项高度依赖于经验的活动，因此，实施审计项目的审计人员尤其是对项目承担主要责任的签字会计师的经验对审计质量具有重要影响。财务报表是债权人作出信贷决策的重要依据，高质量审计对于降低信贷风险、保护债权人利益具有重要意义，而债权人也会对选择高质量事务所的公司在债务定价上做出积极的响应。那么，债权人是否会关注签字会计师的个人经验，进而依据签字会计师经验的高低对债务定价加以调整呢？本书利用手工整理的签字会计师个人经验数据，考察了签字会计师个人经验对债务成本的影响，结果发现，在控制了事务所规模等因素后，签字会计师的个人经验与债务成本呈显著负向关系。本书采用 PSM、工具变量二阶段回归、一阶差分等一系列方法缓解内生性问题的影响，结果保持不变。不过，这一作用主要来自签字会计师的行业经验，非行业经验则没有显著影响。进一步检验结果表明，信息不对称程度、企业复杂性以及法律环境会强化签字会计师个人经验的作用，只有在信息问题严重、经营复杂度高的企业中以及法律环境较好的地区，签字会计师个人经验才对债务成本具有显著抑制作用。此外，与项目负责人相比，债权人更关注复核合伙人的经验。这一研究表明，债权人会关注签字会计师的个人经验，并对由经验较丰富签字会计师审计的公司在债务定价上给予优待。其原因在于，签字会计师个人经验的提升，有助于提高公司会计信息质量，降低债权人的信息风险、抑制内部人损害债权人利益的行为。

本书具有如下启示：第一，对债权人而言，签字会计师的个人经验具有增量价值，经验丰富的签字会计师能够显著提高信贷客户会计信息质量，降低债权人信贷风险。因此，债权人在对信贷客户进行评价时，除了关注会计师事务所规模等特征外，签字会计师的经验也具有重要意义。尤其是那些新上市时间不久、信息问题较为严重，以及经营复杂程度较高的公司，签字会计师的个人经验对于降低信贷风险的意义更为明显。第二，对上市公司而言，由经验丰富的注册会计师来进行审计，可以显著降低公司债务融资成本，因此，公司应当注重审计项目合伙人的配备，由经验丰富的注册会计师负责对公司的审计，对公司是有利的。第三，对会计师事务所而言，应当注重注册会计师经验的积累，通过合理的薪酬、晋升制度来吸引经验丰富的注册会计师加入事务所，同时注重通过"老带新"等手段不断提升现有会计师的经验。此外，在配备审计团队时，应当对风险较高、业务较复杂的客户配备经验丰富的注册会计师，尤其应当注重项目合伙人的经验水平。

7.6.2　研究不足

本书的研究存在如下不足：第一，经验的度量。签字会计师个人经验的形成较为复杂，项目数的增加可能不能完全反映经验的积累。此外，由于数据的限制，我们只能通过上市公司客户来度量签字会计师个人经验。实际上，其对非上市公司的审计同样有助于积累经验。第二，债务成本的度量。由于数据的限制，本书难以对具体的银行借贷合同、债券发行公告进行研究，而是利用利息支出来间接地度量债务成本。此外，银行借款和债券两类债务融资债权人对会计信息的依赖程度存在差异，不同的银行、债券投资者亦并非完全同质。未来研究可以进一步区分银行借款和债券，利用相关的借贷合同和债券发行文件来更加准确地度量债务成本，并可以进一步考察签字会计师经验对债务合同中的非价格条款的影响。第三，审计团队中其他人员的作用。由于数据的限制，本书仅研究了签字会计师个人经验对债务成本的影响，而没有考虑审计团队中其他人员的经验，尽管对审计报告承担责任并对审计团队负有督导职责的签字会计师对审计质量的影响最为关键，但其他审计人员也可能有一定的影响。未来可以采用问卷调查方法或者利用内部数据来进一步研究审计团队其他人员个人经验等特征的影响。此外，尽管本书采用了PSM、一阶差分模型等方法来缓解内生性问题，但无法完全消除内生性问题的影响。

| 第 8 章 |

签字会计师个人经验对
权益资本成本的影响

8.1　问　题　提　出

　　审计师对公司财务报告进行审计并出具审计
意见，可以提高公司会计信息质量、提高公司透
明度，并可以缓解管理层与投资者之间的代理冲
突。财务报告是投资者评价投资风险的重要信息
渠道，如果财务报告不可信，投资者难以将高质
量公司与低质量公司区分开来，这将极大地提高
投资者的风险。高质量审计有助于提高公司会计
信息质量，使投资者能够更准确地评估公司未来
的现金流量，这将有助于降低公司内部人与投资
者之间的信息不对称程度，从而有助于降低投资
者 的 信 息 风 险 和 投 资 风 险（Lambert，et al.，
2007），信息风险较低的投资者将会降低其索取的
回报率。另外，高质量的审计可以加强对投资者
的保护，约束管理层侵害投资者利益的机会主义
行为，投资者在购买公司证券时，将会考虑这一

因素，从而降低公司权益成本（Jensen and Meckling，1976）。因此，无论是从信息的角度还是从代理的角度，审计都与权益成本存在紧密的联系。已经有一些文献从事务所层面研究了审计师声誉、行业专长等特征对权益成本的影响，并发现，高质量的审计确实有助于降低公司权益成本。但是，现有文献较少从合伙人层面来研究审计对权益成本的影响，尤其是，尚未有文献研究签字会计师个人经验对权益成本的影响。本书前面已经从财务重述、真实盈余管理、分类转移等角度考察了签字会计师个人经验对会计信息质量的作用，并且发现，债权人在对债务定价时，会关注公司的签字会计师，并对经验丰富的签字会计师予以奖励。那么，除了事务所特征可能影响权益成本，签字会计师经验是否对权益成本具有增量性影响？换言之，投资者在对权益定价时，是否会关注签字会计师的个人经验？尚未可知。基于这一考虑，本章将进一步研究签字会计师对权益成本的影响，以进一步从权益成本的角度理解签字会计师个人经验的作用。

本章的研究意义在于：第一，对签字会计师个人经验与权益成本之间的关系进行了检验，可以从个人经验的角度进一步拓展审计与权益资本成本之间关系的研究。尽管从理论上审计与权益成本之间具有紧密的联系，并有一些文献从会计师事务所层面研究了审计师声誉、行业专长以及审计契约对权益成本的影响，但在审计师个人层面，只有阿齐兹卡尼等（Azizkhani，et al.，2013）、克里希南和张（Krishnan and Zhang，2019）、哈比卜等（Habib，et al.，2019）等少数文献对合伙人任期、繁忙程度进行了研究，对于对审计具有特殊重要意义的审计师个人经验，其是否会影响权益资本成本，尚无文献进行研究。实际上，与事务所规模等特征较为容易观察不同的是，签字会计师个人经验需要进行一定的分析才可以量化，因此，投资者在对权益定价时是否会关注签字会计师的经验，是一个需要实证的问题。在我国，在签字会计师层面进行研究有着更为重要的意义。因为在我国，客户与签字会计师的关系更为紧密，事务所与客户之间的关系实质上存在于签字会计师与客户的关系水平上（薛爽等，2013），某种程度上，客户甚至会成为合伙人的私人资源，客户的取得、维持、流失很大程度上都与合伙人有关。例如，当合伙人离开事务所跳槽到其他事务所时，客户往往会跟随合伙人个人和/或团队离开，从而呈现出客户与合伙人"共进退"的现象（刘峰等，2002；谢盛纹和闫焕民，2012；薛爽等，2013；叶凡等，2017）。因此，在我国，客户的

"准租"很大程度上不是属于事务所,而是归属于签字审计师及其所在团队(叶凡等,2017)。这一特征意味着,有必要进一步从合伙人层面来研究投资者对审计师特征的感知。本书的研究表明,投资者在对权益进行定价时,会关注签字会计师的经验水平,并会对由经验丰富的签字会计师负责的公司给予奖励。第二,公司事前资本成本本身也是投资者对财务报告可信度的感知(Khurana and Raman,2006),因此,对签字会计师个人经验与权益资本成本之间的关系进行检验,实际上是从投资者感知的角度进一步加深签字会计师个人经验与公司会计信息质量之间的关系的理解,并有助于理解个人经验对审计质量的作用。第三,本书在对签字会计师一般经验与权益成本之间的关系进行检验之后,进一步从公司业务复杂性、大小股东代理冲突、信息不对称程度、融资约束、所处法治环境以及会计师事务所规模、签字会计师客户特定经验(任期)等角度进行了异质性检验,有助于进一步了解签字会计师个人经验对权益成本的作用机理。

8.2 文献回顾

8.2.1 会计信息披露与权益资本成本

伊斯利和奥哈拉(Easley and O'Hara,2004)认为,公共信息和私有信息的信息结构差异会影响资本成本,想要获得更高投资回报的投资者拥有更多的私有信息(相应拥有较少的公共信息)。拥有信息的投资者(informed investors)能够根据新的信息调整其投资组合,拥有信息较少的投资者(uninformed investors)因而处于劣势,这使前者能够获取更高的投资回报。在均衡状态下,信息的数量和质量会影响到资本定价。兰伯特等(Lambert,et al.,2007)将公司会计报告定义为关于未来现金流的噪声信息(noisy information),他们认为,会计信息可以通过直接和间接两个效应影响公司资本成本:在直接效应下,质量更高的信息本身并不会影响未来现金流,但会影响到市场参与者对未来现金流分布的评估;在间接效应下,高质量会计信息会影响到公司的实际决策,进而影响到公司预期价值和现金流的协方差。就直接效应而言，高质量会计信息可以降低公司现金流的评估方差，公司关于其未来现金流的披露的质量对于其他公司现金流的评估的方差具有直接效应，高质量的会计信息和财务披露会影响其他公司的评估方差，这一效应使公司的资本成本向无风险利率接近。就间接效应而言，会计信息会影响到公司的实际决策，进而间接影响资本成本。首先，高质量的信息会降低公司现金流量，使之与管理者更相匹配，则信息披露的改进不仅会提高公司价格，而且通常还会降低公司的资本成本。其次，信息质量可以改变公司的实际决策（如生产或投资决策），从而改变预期现金流与不可分散协方差风险的比率，进而影响公司的资本成本。

一些文献研究了信息不对称程度对权益资本成本的影响。例如，古勒等（Ghoul, et al., 2013）以公司距离金融中心的距离度量信息不对称程度，进而研究其对权益成本的影响，结果发现，公司距离金融中心越远，其权益成本越高。何等（He, et al., 2013）以买卖价差度量信息不对称，也发现信息不对称程度与权益资本成本之间呈正向关系。兰伯特等（Lambert, et al., 2012）分析发现，在充分竞争市场中，信息不对称对资本成本没有影响，此时，资本成本完全由投资者拥有的信息的平均准确性所确定；而在不完全竞争下，信息不对称会影响到资本成本，即便在控制投资者信息平均准确性后也是如此。因此，资本市场的竞争水平对于信息不对称与资本成本之间的关系具有重要影响。阿姆斯特朗等（Armstrong, et al., 2010）也发现，在充分竞争市场中，信息不对称对资本成本没有作用，在不充分竞争市场中，其才对资本成本具有单独作用。他们用投资者数量度量市场竞争性，其实证结果表明，当股东数量较少时，信息不对称程度高的公司能够赚得更多的超额回报；当股东数量较多时，信息不对称程度对超额回报没有显著影响。

许多文献考察了自愿性信息披露对权益成本的影响。例如，波特杉（Botosan, 1997）研究了公司自愿性信息披露水平对权益成本的影响，结果发现，对于那些分析师跟踪较少的公司，公司自愿披露程度越高，权益成本越低；但在分析师跟踪较多的公司中，披露水平与权益成本没有显著关联，原因可能在于其对披露水平的度量是依据年报中的自愿披露，不一定能够完全反映公司的总体披露水平，而分析师跟踪在信息传递过程中扮演了重要角色。达利瓦尔等（Dhaliwal, et al., 2011）考察了自愿性社会责任信息披露对权益资本成本的影响，结果发现，先前权益资本成本较高的公司会自愿披露社会责任信息，而这一行为会降低公司下一期的权益资本成本。在我国，许多文献都发现，公司披露的环保信息（沈洪涛等，2010；吴红军，2014；佟孟华等，2020）、社会责任信息（李姝等，2013）能显著降低权益成本。汪炜和蒋高峰（2004）发现，用临时公告和季报数量度量的自愿披露水平与权益成本呈负向关系，支晓强和何天芮（2010）也发现，无论是强制性信息披露质量（用财务重述度量）还是自愿性信息披露质量，都有助于降低权益成本。

一些文献研究了信息披露质量对权益成本的影响。例如，郑振兴等（Cheng，et al.，2006）发现，股东权利保护制度和财务透明度均有助于降低权益资本成本，且两者存在相互作用。吴文锋等（2007）则没有发现上市公司信息披露评级与权益成本之间存在关系的证据。罗进辉等（2020）发现，年报披露篇幅与权益成本呈负向关系。

还有一些文献研究了信息披露规则对权益成本的影响。例如，伊顿等（Eaton，et al.，2007）发现，到纽交所交叉上市的外国公司权益总成本将下降，这一下降幅度与交叉上市之前的信息披露质量有关，所在国会计披露水平、交易所或监管披露水平较低的公司以及分析师跟踪较少的公司交叉上市后权益成本下降幅度更大。陈治鸿等（Chen，et al.，2010）发现，公平披露规则实施后，公司权益资本成本显著下降，但这一作用仅存在于大中规模公司中。陈宋生等（2015）发现，可扩展商业报告语言（XBRL）财务报告制度的实施有助于降低权益成本。

8.2.2　盈余质量与权益资本成本

弗朗西斯等（Francis，et al.，2004）研究了盈余特征（应计质量、盈余持续性、可预测性、平滑性、价值相关性、及时性和稳健性）对权益资本成本的影响，结果发现，前四个会计基础的盈余特征指标对资本成本的影响超过了后三个市场基础的盈余特征，尤其是应计质量的影响最为明显。弗朗西斯等（Francis，et al.，2005）认为，应计质量反映的信息风险是一个被定价的风险因子（priced risk factor）。他们发现，较差的应计质量均与更高的债务成本、权益成本相联系，且无论在统计上还是在经济上都显著。他们进一步将应计质量分解为经济基本面所驱动的应计质量（innate accrual quality，固有应计质量，即非操控性应计）和管理层选择所驱动的应计质量（discretion-ary accrual quality，操控性应计质量），结果发现，这两个部分都会显著影响资本成本，但固有应计质量的影响更为明显。格雷等（Gray, et al., 2009）对澳大利亚公司研究后则发现，虽然应计质量确实会影响资本成本，但这主要是由固有应计质量所导致的，操控性报告选择（即操控性应计质量）对权益资本成本并没有显著影响。金和齐（Kim and Qi, 2010）发现，在控制低价股票后，盈余质量会显著影响权益定价，且这一作用会受到经营周期、宏观经济因素的影响，总应计和固有应计对权益定价具有显著影响，而操控性应计的影响不显著，应计质量的风险溢价作用仅存在于经济膨胀期。于李胜和王艳艳（2007）也发现，只有固有应计质量对权益资本成本有显著负向影响。巴塔查里亚等（Bhattacharya, et al., 2012）采用路径分析方法研究了盈余质量（包括应计质量、操控性应计以及二者的综合指标、盈余波动性）对权益成本的影响，结果发现，盈余质量会直接影响权益成本，同时，其也会通过信息不对称间接地影响权益成本，但相比而言，直接影响路径更为主要。艾力瓦等（Eliwa, et al., 2016）发现，盈余质量与权益资本成本呈负向关系，尤其是在发生金融危机后，上述关系更为明显。拉森和李苏德克（Larson and Resutek, 2017）发现，只有在控制了现金流不确定性后，会计质量不确定性才与权益资本成本呈显著正向关系。赫里巴尔和詹金斯（Hribar and Jenkins, 2004）发现，会计重述会降低未来盈余、提高权益成本。尤其当重述是由审计师提出时，权益资本成本的提高幅度最大，财务杠杆高的公司会计重述对权益资本成本的影响更明显。王兵（2008）发现，无论是国有企业还是民营企业，操控性应计度量的盈余质量都会显著降低权益资本成本。王俊秋（2013）发现，用操控性应计度量的盈余质量会降低无政治关联公司的权益成本。

不过，也有一些文献没有发现盈余质量会影响权益资本成本的证据。例如，科尔等（Core, et al., 2008）认为，弗朗西斯等（Francis, et al., 2005）检验本期应计质量与超额回报之间的关系，并不能表明应计质量是否被定价，他们进而检验潜在的风险因素是否能够解释预期回报，结果未发现应计质量是影响权益定价的风险因素，因为应计质量并不会产生正的风险溢酬。麦金尼斯（McInnis, 2010）未发现盈余平滑会影响权益成本。马希露瓦拉和马希露瓦拉（Mashruwala and Mashruwala, 2011）则发现，盈余质量对权益定价的作用具有月度效应，只有在一月份，盈余质量高的公司定价才会超过盈余质量低的公司。

　　除了应计质量外，还有文献研究了盈余的其他质量特征对权益资本成本的影响。例如，英霍夫等（Imhof, et al., 2017）发现，财务报表的可比性会降低权益资本成本，因为可比性的提高使投资者能够将公司与其他企业更好地区分开来以识别出公司的投资机会，并且，在控制了公司间会计质量（操控性应计和盈余持续性）差异后依然成立，在信息不对称程度高和不完美市场中，上述作用更加明显。王亮亮（2013）发现，真实盈余管理也会提高权益成本。

　　还有一些文献研究了会计及相关监管制度变化对权益资本成本的影响。例如，布恩等（Boone, et al., 2009）发现，1995 年《证券私人诉讼改革法案》提高了会计自由裁量权，进而导致权益成本提高。李（Li, 2010）则发现，欧盟国家强制采用国际财务报告准则降低了公司权益资本成本，因为国际财务报告准则提高了公司信息披露要求并提高了公司间财务报告的可比性，但这一作用仅存在于执法机制较强的国家。高芳和傅仁辉（2012）也发现，我国 2006 年企业会计准则改革降低了公司权益资本成本。

8.2.3　审计与权益资本成本

　　现有文献从如下方面研究了审计与权益资本成本的关系：

　　（1）会计师事务所规模对权益资本成本的影响。库拉纳和拉曼（Khurana and Raman, 2004）发现，在诉讼风险较高的美国，由"四大"审计的公司事前权益资本成本更低，而在诉讼风险较低的加拿大、英国和澳大利亚，则无此关系。古勒等（Ghoul, et al., 2016）对 37 个国家的研究表明，在全球范围内，"四大"审计都有助于降低权益资本成本，但与美国相比，在美国以外，"四大"对于降低权益资本成本的作用要低一些（分别为 55 个基点和 23 个基点），表明在这些国家，审计为投资者提供的保证程度要低一些。与库拉纳和拉曼（Khurana and Raman, 2004）主要从诉讼风险角度分析不同的是，古勒等（Ghoul, et al., 2016）还从审计的担保价值角度分析了事务所规模对权益成本的影响。陈汉文等（Chen, et al., 2011）发现，与国有企业相比，审计师质量对非国有企业权益资本成本的负向作用更为明显，原因

在于在非国有企业中，审计对于降低盈余管理的作用更为明显。崔和李
（Choi and Lee，2014）发现，与单一分部公司相比，在多分部公司中，审计
师规模与权益资本成本之间的负向关系更为明显，并且，随着分部数量的增
加，审计师规模与权益资本成本之间的负向关系变得更强。其原因在于，在
多分部公司中，信息不对称问题更加严重。布莱恩和雷诺兹（Bryan and
Reynolds，2016）发现，事务所规模对权益资本的影响会受到审计任期的影
响，任期会强化事务所规模对权益资本的影响。原因在于，对小事务所而言，
随着审计任期的延长，投资者所感知的审计质量下降；而对大型事务所而言，
感知的审计质量并不会有什么变化。但如果事务所是行业专长审计师，则上
述调节作用不明显，因为行业专长审计师可以替代审计师规模，以减少投资
者对小型事务所任期内审计质量下降的担忧。在我国，张学勇等（2014）发
现，事务所排名、注册会计师人数均与权益成本呈负向关系。与上述文献发
现规模较大的事务所审计有助于降低公司资本成本不同的是，劳伦斯等
（Lawrence，et al.，2011）发现，虽然对全样本而言，"四大"所审计的公司
权益资本成本显著更低，但在运用 PSM 控制"四大"与非"四大"客户的
差异后，"四大"变得不再显著，进一步研究发现，是客户公司的特征而不
是事务所规模导致了资本成本的差异。

（2）会计师事务所行业专长对权益资本成本的影响。克里希南等（Krish-
nan，et al.，2013）发现，城市层面的行业专长事务所或者同时为城市层面、
国家层面的行业专长事务所所审计的公司权益资本成本更低，且公司审计师
由非行业专长事务所变更为上述两类行业专长事务所（city-only or joint city-
national experts）可以降低公司的资本成本。郝东洋和王静（2015）发现，行
业专长事务所可以通过会计信息质量影响权益成本，朱丹和李琰（2017）发
现，事务所规模和行业专长均与权益成本呈负向关系。

（3）合伙人特征对权益资本成本的影响。哈比卜等（Habib，et al.，2019）
研究了合伙人繁忙程度（年度内审计的上市公司数）对权益资本成本的影
响，他们认为，合伙人结果发现，合伙人繁忙程度会负向影响到审计师工作
的准确性、降低其职业怀疑，从而提高投资者的信息风险，导致公司权益资
本提高。其对澳大利亚公司的实证结果表明，合伙人繁忙程度与权益资本成
本呈正向关系，但这一结果仅存在于非"四大"中。其原因在于，在"四
大"中，合伙人更关注其声誉，因而会选择最优数量的项目以确保其审计

质量。

（4）审计契约对权益资本成本的影响。现有文献从审计任期、客户重要性、非审计服务、审计费用等角度研究了审计契约对权益资本成本的影响。布恩等（Boone, et al., 2008）对"五大"所审计的公司研究发现，事务所任期与事前权益风险溢酬（ex ante equity risk premium，即公司事前资本成本与无风险利率之差）之间呈非线性关系：在任期较短时，风险溢酬会随着任期增加而下降，这与"审计师学习"观（auditor learning argument）一致；在任期较长时，风险溢酬会随着任期而上升，这与"审计师–客户亲密关系"观（auditor-client closeness argument）一致。阿齐兹卡尼等（Azizkhani, et al., 2013）从合伙人层面的研究也发现，合伙人任期与权益资本成本之间呈U形关系，克里希南和张（Krishnan and Zhang, 2019）发现，合伙人强制轮换后，公司资本成本显著降低。库拉纳和拉曼（Khurana and Raman, 2006）发现，事务所对客户的经济依赖（无论是根据非审计费用还是总费用度量）都会提高公司的事前权益资本成本。霍林斯沃思和李（Hollingsworth and Li, 2012）发现，尽管SOX法案颁布之后，客户支付给事务所的非审计服务费用、总的费用对权益成本的影响较之前显著下降，但审计费用和总的费用仍然对权益资本成本具有影响。阿尔沙东等（Alsadoun, et al., 2018）发现，审计师向客户提供较多税务服务的公司资本成本更高，但这一结果并非由于税务服务会降低财务报告质量，而是由于其会提高公司税收激进度、产生现金流量风险。霍普等（Hope, et al., 2009）发现，在投资者保护较强的国家，超额审计费用与权益成本呈正向关系。张学勇等（2014）发现，审计费用与权益成本呈负向关系。

（5）审计结果对权益资本成本的影响。艾敏等（Amin, et al., 2014）发现，持续经营疑虑审计意见会提高公司权益资本成本。

（6）审计管制对权益资本成本的影响。拉莫雷奥等（Lamoreaux, et al., 2020）研究了公众公司会计监管委员会（PCAOB）检查对公司资本成本的影响，结果表明，与由不允许PCAOB检查的国家的事务所审计的海外公司相比，允许PCAOB检查的国家的事务所所审计的海外公司权益资本成本更低，在公司治理机制较好的公司中，上述影响较弱。

8.2.4　对现有文献的总结和评价

从以上分析可以看到，信息不对称程度较高时，投资者面临较大的不确定性，他们会要求更高的投资回报，从而导致企业权益成本较高。信息披露水平和盈余质量的提高，可以降低投资者与管理层之间的信息不对称程度，使投资者能够更为准确地评价企业未来现金流。同时，信息披露也可以加强投资者对管理层的监督，这将有助于降低投资者的不确定性，从而有助于降低权益成本。作为对公司财务报告进行鉴证的审计，有助于提高公司透明度和盈余质量，并可以加强对管理层的监督、保护投资者利益，因此，审计与权益成本之间具有紧密的联系。已有一些文献研究了审计师特征与权益成本的关系，并发现，会计师事务所规模（Khurana and Raman，2004；Chen，et al.，2011；Choi and Lee，2014；Ghoul，et al.，2016；张学勇等，2014；朱丹和李琰，2017）或行业专长（Krishnan，et al.，2013；郝东洋和王静，2015；朱丹和李琰，2017）有利于降低公司权益成本，但在审计师个人层面，只有哈比比等（Habib，et al.，2019）研究了合伙人的繁忙程度对权益成本的影响，尚未发现有文献考察审计师个人经验对权益成本的影响。因此，投资者在对权益进行定价时，是否关注公司签字会计师的经验水平，尚未可知。本书对签字会计师个人经验与权益成本之间的关系进行实证检验，可以提供这方面的经验证据，从而加深签字会计师个人经验经济后果以及投资者在资产定价决策中对审计师特征关注与否的了解。

8.3　理论分析与研究假说

8.3.1　审计与权益资本成本

作为一种外部监督机制，独立审计可以降低管理层与投资者之间的信息不对称以及相关的代理问题（Jensen and Meckling，1976）。通过提高管理层所编制的财务报表的质量、提高公司透明度，审计可以降低投资者的信息风险。因此，如果信息风险会被投资者在定价时予以考虑，则审计质量就会影响到权益定价（Chen，et al.，2011）。

按照伊斯利和奥哈拉（Easley and O'Hara，2004）的模型，信息披露程度的提高，将使投资者能够依据相关信息更有效地调整其投资策略，而缺乏信息的投资者将会意识到这一劣势，他们因而会要求更高的投资回报率以作为补偿。而按照兰伯特等（Lambert，et al.，2007）的模型，会计信息除了会通过影响投资者对公司现金流的评估来影响权益资本成本外，还会通过影响公司实际决策来影响公司的权益资本成本，会计信息质量越高，公司的决策将得以建立在更为可靠的信息的基础上，这有利于公司抓住合适的投资机会、提高投资和经营绩效，这将有助于提高公司创造未来现金流量的能力，进而有助于降低公司权益成本。伊斯利和奥哈拉（Easley and O'Hara，2004）、兰伯特等（Lambert，et al.，2007）对于信息风险的来源以及信息风险是否可分散的看法存在差异：在伊斯利和奥哈拉（Easley and O'Hara，2004）的模型中，信息风险主要表现为信息在不同投资者（拥有信息的投资者、不拥有信息的投资者）之间的分布是不同的，存在的私有信息越多，不拥有信息的投资者的信息风险越严重，信息风险是不可分散的，在传统的资产定价理论中，只有系统性的不可分散的风险才会影响预期的回报（McInnis，2010），而信息披露会影响到私有信息的分布，进而影响到预期的回报率。在兰伯特等（Lambert，et al.，2007）的模型下，信息在不同投资者之间的分布不同并不重要，重要的是信息本身是否准确，这才是信息风险的主要来源并会影响到权益成本，信息风险是可以分散的，财务报告质量可以通过影响公司的 β 值来直接影响权益成本。但伊斯利和奥哈拉（Easley and O'Hara，2004）与兰伯特等（Lambert，et al.，2007）有一点是相同的，即均认为信息风险会影响到投资者对不同公司所要求的回报率（Gray，et al.，2009；McInnis，2010）。

高质量的审计会抑制管理层隐瞒信息的行为，提高公司透明度，这有助于降低信息不对称相关的信息风险，从而降低权益成本。郑振兴等（Cheng，et al.，2006）认为，市场在估价时会考虑信息风险、估计风险和交易成本，信息披露具体可以通过如下三个途径影响权益成本：首先，投资者会为所承担的信息风险而索取风险溢酬，信息披露降低了信息风险，进而可以降低投资者要求的风险溢酬；其次，信息披露水平的提高可以降低对公司收益的估计的风险；最后，信息披露可以提高公司股票的流动性，从而降低交易成本，进而降低权益成本。

高质量的审计还会抑制管理层的盈余操纵行为，提高公司会计信息的可靠性，这有助于降低信息准确性相关的信息风险，进而降低权益成本。审计质量越高，投资者将可以更为准确地评价企业未来现金流，投资者的信息风险越低，其所要求的回报率就会低一些，从而导致公司权益资本成本的下降。相反，如果审计质量比较低，无法对管理层的盈余操纵等行为加以有效的约束，投资者将会对管理层提供的财务信息怀有疑虑，他们会要求更高的投资回报率来弥补其资本被管理层侵占的风险。

综上，高质量的审计可以降低投资者的信息风险，无论是私有信息相关的信息风险还是信息准确性相关的信息风险，这一作用实际上是对股东的一种补偿（Krishnan, et al., 2013），因此，投资者会对高质量审计公司要求较低的回报率。在这一意义上，审计与公司权益资本成本是相关的。

8.3.2 签字会计师个人经验与审计质量

审计是一种高度依赖个人判断的专业活动。一般经验的提升，首先，有助于审计人员获取更多财务报表差错、内部控制缺陷以及相关的经营、会计知识（Frederick and Libby, 1986；Tubbs, 1992；Libby and Frederick, 1990），这有助于其在新的、复杂的业务活动中更为迅速地识别出客户财务报表以及经营活动中存在的问题；其次，有助于审计人员更有效地运用分析程序等分析工具（Knapp and Knapp, 2001），更好地识别和评估财务报表风险并尽快确定审计的重点，收集质量更高的审计证据更为迅速而准确地作出审计判断（Che, et al., 2018），从而提高审计绩效；最后，有助于审计人员形成更为成熟的思维模式，善于运用不同种类的信息来形成自己的判断（Earley, 2002），而较少受到管理层所提供信息的误导（Shelton, 1999；Kaplan, et al., 2008）。已有实验研究表明，经验的提高还有助于审计人员提高其审计独立性（Farmer, et al., 1987；Asare, et al., 2009；Koch and Salterio, 2017），由于其更能发现客户财务报表中存在的风险，出于降低自身法律风险的考虑，他们会要求客户对财务报表作出调整，而经验水平的提升也有助于他们在与客户的谈判过程中处于更为有利的位置。

现有实证文献发现，签字会计师一般经验的提高，有助于其更好地抑制客户的激进性应计盈余管理行为（Cahan and Sun，2015；Chi，et al.，2017；Sonu，et al.，2019；García-Blandon，et al.，2020；原红旗和韩维芳，2012；王晓珂等，2016；闫焕民，2016），提高公司盈余的信息含量（王晓珂等，2016）。戚务君等（Chi，et al.，2017）对中国台湾地区的研究发现，签字会计师的客户前一般经验会提高债权人对审计质量的感知，降低债务成本。本书前面的研究也表明，对于隐蔽性较强的真实盈余管理和分类转移行为，经验丰富的签字会计师也具有明显的抑制作用。因此，签字会计师个人经验有助于提高审计质量以及客户的会计信息质量。由此推论，签字会计师个人经验水平的提升，有助于降低投资者的信息风险，更好地抑制管理层损害投资者利益的代理行为、加强对投资者的保护，这将有助于降低公司的权益资本成本。故提出如下假说：

H8－1： 其他条件不变，签字会计师个人经验与公司权益资本成本呈负向关系。

8.4 研究设计

8.4.1 模型设定与变量定义

8.4.1.1 权益资本成本的度量

权益资本成本的度量包括事前权益资本成本和事后权益资本成本两种方式。不过，如果用事后已实现回报率度量权益资本成本，由于事后收益比预期收益存在更大的波动性，会使估计存在较大的噪声，进而影响到估计的准确性（Pástor，et al.，2008），因此，目前通常使用事前权益资本成本作为权益资本成本的度量方式（Dhaliwal，et al.，2006；Chen，et al.，2011；Cao，et al.，2017；肖作平，2016；张修平等，2020）。在事前权益资本成本测度中，采用 PEG 模型（或 MPEG 模型）计算的权益资本成本的准确性要优于其他模型（Botosan and Plumlee，2005；毛新述等，2012；张修平等，2020），参考库拉纳和拉曼（Khurana and Raman，2006）、阿齐兹卡尼等（Azizkhani，et al.，2013）、艾敏等（Amin，et al.，2014）、阿尔沙东等（Alsadoun，et al.，2018）、代昀昊（2018）等文献，我们在主检验中采用了伊斯顿（Easton，2004）提出的 PEG 方法来测度企业的事前权益资本成本，并在稳健性检验中采用 MPEG 方法来度量。两者的具体形式如下：

$$COE_t = \sqrt{\frac{EPS_{t+2} - EPS_{t+1}}{P_t}} \tag{8-1}$$

$$COE\_MPEG_t = \sqrt{\frac{EPS_{t+2} + COE\_MPEG_t \times DPS_{t+1} - EPS_{t+1}}{P_t}} \tag{8-2}$$

其中，COE_t 和 COE_MPEG_t 分别是采用 PEG 模型和 MPEG 模型计算的第 t 期的企业权益资本成本，EPS_{t+2} 和 EPS_{t+1} 分别是分析师 $t+2$ 期和 $t+1$ 期预测每股收益的平均值，DPS_{t+1} 为 $t+1$ 期的预测每股股利平均值，P_t 是 t 期每股收盘价。由于 PEG 模型包含内在假设 $EPS_{t+2} > EPS_{t+1} > 0$，故本书在检验时，会剔除分析师预测未来一期和未来二期每股收益为负并且二者差额为负的样本。

8.4.1.2 签字会计师个人经验的度量

参考吴溪（2009）、韩维芳（2017）、加西亚－布兰登等（García-Blandon，et al.，2020）等文献，我们用截至样本期之前签字会计师累计签发的审计报告数来度量其客户前一般经验，因为所负责的审计项目数量较好地反映了签字会计师经验的积累，所负责的项目越多，其从项目的实施和反馈中所获取的知识越多（Bonner and Walker，1994），这一度量也更符合秋（Choo，1996）"重复曝光率"的含义。在稳健性检验中，我们也将采用担任签字会计师年数来度量。

8.4.1.3 模型设定

参考麦金尼斯（McInnis，2010）、陈汉文等（Chen，et al.，2011）、阿尔沙东等（Alsadoun，et al.，2018）、罗琦和王悦歌（2015）、肖作平（2016）、王化成等（2017）、代昀昊（2018）、张修平等（2020）等文献，本书采用如下模型考察签字会计师个人经验对公司权益资本成本的影响。

$$COE_{t+1} = \beta_0 + \beta_1 EXP_t + \beta_2 SIZE_t + \beta_3 LEV_t + \beta_4 MTB_t + \beta_5 GROWTH_t$$
$$+ \beta_6 CR_t + \beta_7 AGE_t + \beta_8 BETA_t + \beta_9 LIQUID_t + \beta_{10} BIG10_t$$
$$+ \beta_{11} TENURE_t + Industry + Year + \varepsilon \qquad (8-3)$$

其中，COE_{t+1} 是采用 PEG 模型计算的第 $t+1$ 期的企业权益资本成本。

本书控制了如下可能影响权益资本成本的因素：

（1）公司规模（$SIZE$）。公司规模越大，外部投资者所能获取的信息越多，信息环境越好，股票流动性也越好，相应的信息风险就越低（Amin, et al., 2014；Alsadoun, et al., 2018），因此，公司规模与权益资本成本呈负向关系。布恩等（Boone, et al., 2008）、克里希南等（Krishnan, et al., 2013）、阿齐兹卡尼等（Azizkhani, et al., 2013）、陈小林等（Chen, et al., 2017）、阿尔沙东等（Alsadoun, et al., 2018）、郝东洋和王静（2015）、王化成等（2017）等均发现，规模较大企业权益资本成本显著更低，但王春飞等（2013）、朱丹和李琰（2017）发现公司规模与权益资本成本呈正向关系。故本书控制 $SIZE$，并不预期其符号。

（2）财务杠杆（LEV）。公司财务杠杆越大，投资者感知的公司风险就越大，企业的权益资本成本就越高（Khurana and Raman, 2006）。克里希南等（Krishnan, et al., 2013）、陈小林等（Chen, et al., 2017）、阿尔沙东等（Alsadoun, et al., 2018）、肖作平（2016）、王化成等（2017）、张修平等（2020）等都发现，LEV 与权益资本成本呈显著正向关系。故本书控制 LEV，并预期其符号为正。

（3）市账率（MTB）。公司 MTB 越高，其预期股票回报率就越低（Fama and French, 1992），公司的权益资本成本就越低。布恩等（Boone, et al., 2008）、巴金斯基和拉科（Baginski and Rakow, 2012）、阿齐兹卡尼等（Azizkhani, et al., 2013）、达利瓦尔等（Dhaliwal, et al., 2016）、肖作平（2016）、王化成等（2017）、甘丽凝等（2019）等都发现，MTB 与权益资本成本呈显著负向关系。故本书控制 MTB，并预期其符号为负。

（4）成长性（$GROWTH$）。陈汉文等（Chen, et al., 2011）、张修平等（2020）都发现，成长性与公司权益资本成本呈显著负向关系。但是，王静等（2015）、全进等（2018）、王雄元和高曦（2018）没有发现成长性与公司权益资本成本存在显著关系。故本书控制 $GROWTH$，但不预期其方向。

（5）股权集中度（CR）。股权集中情况下，大股东有更强的动力和能力监督管理层（Shleifer and Vishny，1986），这有助于降低权益资本成本；另外，股权集中情况下，大股东也可能对管理层施加不当影响，侵占其他股东权益。陈汉文等（Chen，et al.，2011）、甘丽凝等（2019）总体上都没有发现第一大股东持股比例对权益资本成本有显著影响。故本书控制 *CR* 对权益成本的影响，但不预期其符号。

（6）上市年限（*AGE*）。公司的信息不对称会随着上市年限的增加而逐步下降（Pittman and Fortin，2004），并且，上市较久的公司会被认为是生存者风险较低（Boone，et al.，2008），因而上市年限久的公司更容易以有利条件获得权益融资。不过，曹等（Cao，et al.，2017）没有发现公司 *AGE* 对权益成本有显著影响，而郝东洋和王静（2015）、杨旭东（2018）等都发现 *AGE* 与权益资本成本呈显著正向关系。故本书控制公司 *AGE* 对权益成本的影响，但不预期其符号。

（7）市场风险（*BETA*）。公司的权益资本成本会随着市场风险的增加而提高（Azizkhani，et al.，2013）。布恩等（Boone，et al.，2008）、陈汉文等（Chen，et al.，2011）、巴金斯基和拉科（Baginski and Rakow，2012）、阿齐兹卡尼等（Azizkhani，et al.，2013）、克里希南等（Krishnan，et al.，2013）、郝东洋和王静（2015）、王化成等（2017）、全进等（2018）都发现 *BETA* 与权益资本成本呈显著正向关系。故本文控制公司 *BETA*，并预期其符号为正。

（8）股票流动性（*LIQUID*）。张修平等（2020）发现，*LIQUID* 与权益资本成本呈显著正向关系，甘丽凝等（2019）发现 *LIQUID* 与以 PEG 模型计算的权益资本成本呈显著负向关系，全进等（2018）没有发现 *LIQUID* 与权益资本成本存在显著关系。故本书控制 *LIQUID*，但不预期其方向。

（9）事务所规模（*BIG*10）。*BIG N* 审计师代表了高质量审计，高质量事务所审计的客户 IPO 溢价更低、盈余反应系数更高、债务成本和权益资本成本更低（Krishnan，et al.，2013）。故本书控制 *BIG*10，并预期其符号为负。

（10）事务所任期（*TENURE*）。对于事务所任期对审计质量的影响，存在学习效应和经济依赖效应两种理论：依照学习效应，事务所任期的延长有助于提高审计质量；而依照经济依赖效应，事务所任期的延长将会损害审计独立性，进而损害审计质量（Boone，et al.，2008）。从已有文献来看，克里希南等（Krishnan，et al.，2013）发现，事务所任期与权益资本成本之间呈正向关系，布恩等（Boone，et al.，2008）则发现事务所任期与风险溢酬呈

U 形关系。故本书控制 *TENURE* 对权益资本成本的影响，但不预期其符号。

此外，我们还控制了行业、年份。具体变量定义如表 8 - 1 所示。

表 8 - 1   变量定义

符号	含义	具体定义
COE	权益资本成本	采用 PEG 模型计算求得，即 $= \sqrt{(EPS_{t+2} - EPS_{t+1})/P_t}$。其中，$EPS_{t+2}$ 和 EPS_{t+1} 分别是分析师 $t+2$ 期和 $t+1$ 期预测每股收益的平均值，P_t 是 t 期每股收盘价
*EXP*1	签字会计师个人经验 1	二位签字会计师资产负债表日前平均签发报告数 +1 取自然对数
*EXP*2	签字会计师个人经验 2	二位签字会计师中，签发报告数最多的会计师资产负债表日前签发的报告数 +1 取自然对数
SIZE	公司规模	期末资产总额的自然对数
LEV	财务杠杆	资产负债率 = 期末负债总额/期末资产总额
MTB	市净率	普通股每股市价/每股净资产
GROWTH	成长性	营业收入增长率
CR	股权集中度	截至资产负债表日，第一大股东持股比例（小数）
AGE	上市年限	IPO 日距资产负债表日的日历天数/365
BETA	市场风险	衡量贝塔值，标的为上证综合指数，采用最近 100 周计算
LIQUID	股票流动性	股票在年度内的日平均换手率
*BIG*10	事务所规模	虚拟变量，如果事务所为国内"十大"事务所，则 *BIG*10 = 1；否则，*BIG*10 = 0
TENURE	事务所任期	会计师事务所对公司连续审计年数 +1 之后的自然对数

8.4.2　数据来源与样本筛选

考虑到 2006 年前后我国会计准则存在较大差异，为保持数据的可比性，本书以沪深两市 2008 ~ 2017 年 A 股非金融类上市公司为研究对象（计算权益资本成本时需用到未来二期数据，且解释变量和所有控制变量都为滞后一期，因此实际涉及 2007 ~ 2019 年数据），考察签字会计师个人经验对权益资本成本的影响。

签字会计师个人经验数据依据数据库中审计报告信息经手工整理而来。

在度量签字会计师个人经验时，我们将追溯到深交所和上交所自成立以来所有审计报告，对于重名现象，借鉴王晓珂等（2016）的做法，依照"同年同姓名同事务所认定为同一人，同年同姓名不同事务所认定为不同人"的原则加以区分。公司所在行业代码、主审会计师事务所数据、分析师跟踪数、实际控制人现金流权和控制权数据来自国泰安数据库（CSMAR），其他数据均来自万得（Wind）资讯金融终端。

原始样本共 24 240 条公司－年记录，在依次剔除缺失行业类型公司和金融行业公司、分析师预测未来一期和未来二期每股收益为负和二者差额为负的公司（Easton，2004；Chen，et al.，2011；肖作平，2016）、权益资本成本估计值在［0，1］范围之外的公司（王化成等，2017；冯来强等，2017；张修平等，2020）、缺失签字会计师个人经验等相关数据后，剩余 5223 条记录用于检验（见表 8 - 2）。为减少奇异值的影响，我们对连续变量在 1% 和 99% 位置进行了缩尾处理。本书的数据分析采用 Stata 13.0 软件进行。

表 8 - 2	样本筛选过程
项目	样本数（条）
初始样本	24240
剔除：缺失行业类型和金融行业公司	（464）
$EPS_{t+1}<0$、$EPS_{t+2}<0$ 和（$EPS_{t+2}-EPS_{t+1}$）<0 的公司	（6561）
权益资本成本估计值在［0，1］范围之外的公司	（10350）
签字会计师是三位及以上的公司	（220）
缺失签字会计师个人经验等相关数据	（1422）
最终样本数	5223

8.5 实证结果与分析

8.5.1 描述性统计

表 8 - 3 报告了主要变量描述性统计结果。由于 EXP 是以自然对数来衡

量的，而在对数计算中，若干数值的自然对数的均值并不等于这些数均值的自然对数，因此，这里同时报告签字会计师个人经验未取对数前原值（RAW-EXP1、RAWEXP2）的描述性统计结果。从表8－3中可以看出，样本公司权益资本成本（COE）的均值为10.64%，中位数为9.13%，与肖作平（2016）、王化成等（2017）、全进等（2018）、张修平等（2020）等的结果接近。签字会计师经验 EXP1 的均值和中位数分别为2.4837和2.5649，其对应的原值分别为15.9436和12份报告；EXP2 的均值和中位数分别为2.9318和3.0445，对应的原值为26.9470和20份报告。

表 8－3 主要变量的描述性统计

变量符号	样本数	最小值	下四分位数	平均值	中位数	上四分位数	最大值	标准差
COE	5223	0.0118	0.0597	0.1064	0.0913	0.1347	0.3711	0.0678
EXP1	5223	0.0000	1.9459	2.4837	2.5649	3.1135	4.2195	0.8817
RAWEXP1	5223	0.0000	6.0000	15.9436	12.0000	21.5000	92.0000	14.1921
EXP2	5223	0.0000	2.3026	2.9318	3.0445	3.6109	4.7875	0.9637
RAWEXP2	5223	0.0000	9.0000	26.9470	20.0000	36.0000	166.0000	24.8913
SIZE	5223	19.7510	21.3253	22.3117	22.1164	23.0991	26.5472	1.3745
LEV	5223	0.0592	0.3063	0.4645	0.4680	0.6231	0.8956	0.2041
MTB	5223	0.8063	2.1138	4.3462	3.2964	5.1908	23.2014	3.6294
GROWTH	5223	-0.4667	0.0027	0.1704	0.1272	0.2745	1.6140	0.3081
CR	5223	0.0923	0.2435	0.3708	0.3581	0.4821	0.7584	0.1548
AGE	5223	2.0740	5.2603	10.3448	9.8548	14.8575	22.6658	5.6253
BETA	5223	0.1382	0.7417	0.9648	0.9792	1.1908	1.7004	0.3322
LIQUID	5223	0.2383	1.2283	2.5977	2.0933	3.6363	8.2650	1.7865
BIG10	5223	0.0000	0.0000	0.5405	1.0000	1.0000	1.0000	0.4984
TENURE	5223	0.6931	1.0986	1.5118	1.3863	1.9459	2.7726	0.5447

8.5.2 相关分析

表8－4报告了主要变量相关性分析结果。从表8－4中可以看出，COE 与

表 8-4

相关系数矩阵

变量符号	COE	EXP1	EXP2	SIZE	LEV	MTB	GROWTH	CR	AGE	BETA	LIQUID	BIG10	TENURE
COE		-0.063	-0.058***	0.158***	0.238***	-0.159***	-0.039***	0.030**	0.118***	0.077***	-0.013	-0.010	0.041***
EXP1	-0.063***		0.981***	-0.070***	-0.075***	0.020	0.018	-0.061***	0.035**	-0.023	0.033**	-0.070***	0.140***
EXP2	-0.059***	0.983***		-0.072***	-0.076***	0.021	0.018	-0.062***	0.031**	-0.020	0.033**	-0.062***	0.140***
SIZE	0.175***	-0.101***	-0.100***		0.469***	-0.401***	-0.034***	0.264***	0.381***	0.148***	-0.399***	0.186***	0.159***
LEV	0.250***	-0.074***	-0.075***	0.464***		-0.160***	0.015	0.090***	0.342***	0.132***	-0.104***	-0.004	0.007
MTB	-0.088***	0.011	0.013	-0.340***	-0.039***		0.250***	-0.097***	-0.112***	-0.272***	0.350***	-0.101***	-0.040***
GROWTH	-0.026*	-0.008	-0.010	-0.042***	0.029**	0.166***		-0.026*	-0.121***	-0.092***	0.076***	-0.059***	-0.044***
CR	0.035**	-0.067***	-0.068***	0.292***	0.089***	-0.078***	-0.026*		0.014	0.039***	-0.195***	0.100***	-0.036***
AGE	0.107***	0.032**	0.028**	0.326***	0.328***	-0.029**	-0.121***	0.016		0.057***	-0.214***	0.007	0.162***
BETA	0.067***	-0.022	-0.020	0.152***	0.126***	-0.219***	-0.062***	0.038***	0.052***		-0.023*	0.061***	-0.014
LIQUID	0.013	0.023*	0.024*	-0.376***	-0.099***	0.266***	0.095***	-0.159***	-0.207***	-0.037***		-0.132***	-0.074***
BIG10	-0.003	-0.067***	-0.058***	0.212***	-0.001	-0.088***	-0.056***	0.101***	0.016	0.053***	-0.126***		-0.053***
TENURE	0.034**	0.152***	0.151***	0.159***	0.007	-0.046***	-0.037***	-0.039***	0.171***	-0.013	-0.067***	-0.053***	

注：左下方为 Pearson 相关系数，右上方为 Spearman 相关系数。*、**、*** 分别为10%、5%、1% 水平显著。

*EXP*1、*EXP*2 均在 1% 水平显著负相关，表明签字会计师个人经验的提升有助于企业以较低的成本获得权益融资，这与假说 H8-1 相符。从表 8-4 中还可以看出，*COE* 与 *BETA* 显著正相关，表明市场风险越大，企业权益融资的成本就越高；*COE* 与 *TENURE* 显著正相关，表明经济依赖效应会发生主导作用，即会计师事务所任期的延长会降低审计独立性进而损害审计质量，因此会导致公司的权益融资成本提高；*COE* 与 *BIG*10 之间没有显著关系，表明会计师事务所规模与审计客户权益融资成本关系不大。

从相关系数表还可以看到，自变量之间 Pearson 和 Spearman 相关系数绝对值最大者均存在于 *SIZE* 与 *LEV* 之间（分别为 0.464 和 0.469），表明客户公司规模与其资产负债率正相关；此外，在回归时，我们计算了所有变量的方差膨胀因子（VIF），结果均低于 10。因此，模型不存在严重的多重共线性问题。

8.5.3　多元回归分析

表 8-5 报告了多元回归分析结果。从表 8-5 中可以看到，如果不放入控制变量，*EXP*1 和 *EXP*2 均与 *COE* 在 1% 水平上显著为负；在放入控制变量后，*EXP*1、*EXP*2 的系数仍然在 5% 水平显著为负。这表明，签字会计师个人经验确实会降低公司的权益融资成本，假说 H8-1 得到支持。其原因可能在于经验丰富的签字会计师更能约束管理层行为、提高会计信息质量，并可以对外传递关于公司质量的信号，因而可以降低公司权益资本成本，这与克里希南等（Krishnan, et al., 2013）、郝东洋和王静（2015）在事务所层面行业专长的研究结果一致。这一结果表明，投资者在对权益进行定价时，会关注公司签字会计师的个人经验。

表 8-5　　多元线性回归结果：审计师个人经验对权益资本成本的影响

变量符号	预期符号	COE_{t+1}			
		EXP = *EXP*1		*EXP* = *EXP*2	
EXP	-	-0.0048 *** (-4.1871)	-0.0028 *** (-2.7057)	-0.0041 *** (-3.8782)	-0.0024 ** (-2.4740)
SIZE	?		0.0035 *** (3.1445)		0.0035 *** (3.1732)

续表

变量符号	预期符号	COE_{t+1}			
		EXP = EXP1		EXP = EXP2	
LEV	+		0. 0620 *** (9. 4538)		0. 0619 *** (9. 4563)
MTB	−		− 0. 0022 *** (− 6. 8471)		− 0. 0022 *** (− 6. 8393)
GROWTH	?		− 0. 0078 ** (− 2. 3448)		− 0. 0079 ** (− 2. 3567)
CR	?		− 0. 0066 (− 0. 9022)		− 0. 0066 (− 0. 9023)
AGE	?		0. 0006 *** (2. 8377)		0. 0005 *** (2. 8137)
BETA	+		0. 0052 (1. 5826)		0. 0052 (1. 5831)
LIQUID	?		0. 0001 (0. 1327)		0. 0001 (0. 1391)
BIG10	−		0. 0034 * (1. 6857)		0. 0035 * (1. 7134)
TENURE	?		0. 0006 (0. 3195)		0. 0005 (0. 2909)
Industry & Year			已控制		已控制
常数项		0. 1185 *** (37. 1441)	0. 0622 ** (2. 5470)	0. 1186 *** (34. 5533)	0. 0616 ** (2. 5241)
F		17. 5318	23. 1236	15. 0406	23. 0776
R^2		0. 0040	0. 1715	0. 0035	0. 1713
样本数		5223	5223	5223	5223

注：括号内数字为 t 值；依照公司对标准误进行了聚类调整；*、**、*** 分别为 10%、5%、1% 水平显著。

不过，从表 8 – 5 中可以看到，*BIG*10 的系数在 10% 水平显著为正，表明规模较大的事务所不但未能降低公司权益资本成本，反而还提高了公司权益资本成本。会计师事务所任期的系数则不显著，其原因可能在于事务所任期对审计质量的影响存在不确定性。

8.5.4　异质性检验

8.5.4.1　横截面检验：不同业务复杂性下签字会计师经验作用的差异

在业务复杂性高的情况下，签字会计师个人经验的作用更为重要（Abdolmohammadi and Wright，1987）。因为，公司业务越复杂，舞弊的风险越高，审计师的审计风险越高，作出审计判断对审计师经验的要求越高。那么，在业务复杂性不同的情况下，签字会计师个人经验对公司权益资本成本的影响是否存在差异呢？我们用存货和应收账款之和占期末总资产的比重度量公司业务复杂性，并根据分年度样本中位数将样本分为业务复杂性高（*CPEXDUM* = 1）和业务复杂性低（*CPEXDUM* = 0）两组，分组检验结果表明，只有在业务复杂性高子样本中，*EXP* 的系数才显著为负（见表 8 – 6）。这表明，在业务复杂性高的公司中，签字会计师个人经验对降低权益资本成本的作用更明显，或者说，在此类公司中，权益投资者更关注签字会计师个人经验。

表 8 – 6　　公司业务复杂程度不同情况下签字会计师经验作用的差异

| 变量符号 | COE_{t+1} | | | |
| | *EXP* = *EXP*1 | | *EXP* = *EXP*2 | |
	CPEXDUM = 0	*CPEXDUM* = 1	*CPEXDUM* = 0	*CPEXDUM* = 1
EXP	– 0.0024 （– 1.5143）	– 0.0026 * （– 1.9412）	– 0.0016 （– 1.1300）	– 0.0024 ** （– 1.9796）
SIZE	0.0041 ** （2.5391）	0.0008 （0.5554）	0.0042 ** （2.5747）	0.0009 （0.5673）
LEV	0.0805 *** （8.4349）	0.0461 *** （4.8649）	0.0807 *** （8.4529）	0.0460 *** （4.8599）

续表

变量符号	COE_{t+1}			
	$EXP = EXP1$		$EXP = EXP2$	
	$CPEXDUM = 0$	$CPEXDUM = 1$	$CPEXDUM = 0$	$CPEXDUM = 1$
MTB	− 0. 0025 *** (− 5. 8512)	− 0. 0017 *** (− 4. 1979)	− 0. 0025 *** (− 5. 8337)	− 0. 0017 *** (− 4. 2005)
GROWTH	− 0. 0158 *** (− 3. 2844)	0. 0005 (0. 1222)	− 0. 0158 *** (− 3. 2828)	0. 0005 (0. 1115)
CR	0. 0010 (0. 1010)	− 0. 0160 (− 1. 5043)	0. 0010 (0. 1025)	− 0. 0161 (− 1. 5054)
AGE	0. 0005 * (1. 7161)	0. 0006 ** (2. 1189)	0. 0004 * (1. 6981)	0. 0006 ** (2. 1084)
BETA	0. 0066 (1. 4417)	0. 0013 (0. 2836)	0. 0066 (1. 4410)	0. 0012 (0. 2772)
LIQUID	− 0. 0004 (− 0. 4700)	0. 0006 (0. 6552)	− 0. 0004 (− 0. 4614)	0. 0006 (0. 6512)
BIG10	0. 0025 (0. 8166)	0. 0041 (1. 6015)	0. 0026 (0. 8483)	0. 0042 (1. 6104)
TENURE	0. 0017 (0. 5970)	− 0. 0005 (− 0. 2239)	0. 0016 (0. 5494)	− 0. 0005 (− 0. 2228)
Industry & Year	已控制	已控制	已控制	已控制
常数项	0. 0433 (1. 1734)	0. 1284 *** (3. 9620)	0. 0411 (1. 1117)	0. 1288 *** (3. 9801)
F	14. 2944	12. 8737	14. 2373	12. 8790
R^2	0. 1964	0. 1808	0. 1961	0. 1809
样本数	2576	2647	2576	2647

注：括号内数字为 t 值；依照公司对标准误进行了聚类调整；*、**、*** 分别为 10%、5%、1% 水平显著。

8.5.4.2 横截面检验：不同信息不对称程度下签字会计师个人经验的作用

审计是一个用以提高公司信息质量的监督机制，其有助于降低公司与其投资者之间的信息不对称程度,因此,信息不对称程度越高、投资者所面临的信息风险越高,审计的价值越明显(Chen, et al., 2011)。如果公司透明度较高,投资者能够很便捷地获得与公司价值相关的信息,审计质量对于降低权益资本成本的作用将会较小(Choi and Lee, 2014)。因此,在信息不对称程度较高的情况下,审计对于降低投资者与管理层之间的信息不对称更为重要,相应地,签字会计师个人经验的作用将愈加明显。为此,本书以分析师跟踪数来度量公司信息不对称程度,并根据分析师跟踪数是否大于年度样本中位数,将样本分为透明度高($ALYSTDUM = 1$)和透明度低($ALYSTDUM = 0$)两组,分组检验结果表明,只有在透明程度较低组,EXP的系数才显著为负(见表8-7),即在信息不对称程度较高时,签字会计师个人经验对于降低权益成本的作用更加明显,与预期相符。

表8-7 公司信息透明度的调节作用

变量符号	COE_{t+1}			
	$EXP = EXP1$		$EXP = EXP2$	
	$ALYSTDUM = 0$	$ALYSTDUM = 1$	$ALYSTDUM = 0$	$ALYSTDUM = 1$
EXP	-0.0031 ** (-2.1500)	-0.0019 (-1.2912)	-0.0026 ** (-2.0056)	-0.0015 (-1.1304)
$SIZE$	0.0040 ** (2.1626)	0.0060 *** (3.7137)	0.0040 ** (2.1739)	0.0060 *** (3.7487)
LEV	0.0572 *** (6.7640)	0.0543 *** (5.5592)	0.0572 *** (6.7560)	0.0543 *** (5.5646)
MTB	-0.0014 *** (-3.2296)	-0.0031 *** (-7.0353)	-0.0014 *** (-3.2306)	-0.0031 *** (-7.0242)
$GROWTH$	-0.0075 * (-1.7673)	-0.0063 (-1.2307)	-0.0076 * (-1.7833)	-0.0063 (-1.2331)
CR	0.0081 (0.7612)	-0.0252 *** (-2.7722)	0.0081 (0.7675)	-0.0253 *** (-2.7807)
AGE	0.0007 ** (2.4740)	0.0002 (0.8488)	0.0007 ** (2.4515)	0.0002 (0.8363)

续表

变量符号	COE_{t+1}			
	$EXP = EXP1$		$EXP = EXP2$	
	$ALYSTDUM = 0$	$ALYSTDUM = 1$	$ALYSTDUM = 0$	$ALYSTDUM = 1$
BETA	0.0001 (0.0167)	0.0072 (1.6369)	0.0001 (0.0196)	0.0071 (1.6308)
LIQUID	−0.0003 (−0.3279)	0.0008 (0.7829)	−0.0003 (−0.3322)	0.0008 (0.7961)
BIG10	0.0027 (0.9644)	0.0045 (1.6413)	0.0027 (0.9687)	0.0045 * (1.6712)
TENURE	−0.0006 (−0.2241)	0.0011 (0.4102)	−0.0006 (−0.2487)	0.0010 (0.3905)
Industry & Year	已控制	已控制	已控制	已控制
常数项	0.0435 (1.1116)	0.0301 (0.8405)	0.0432 (1.1036)	0.0290 (0.8120)
F	11.8233	14.9616	11.7930	14.9440
R^2	0.1447	0.2319	0.1445	0.2318
样本数	2776	2447	2776	2447

注：括号内数字为 t 值；依照公司对标准误进行了聚类调整；＊、＊＊、＊＊＊分别为 10%、5%、1% 水平显著。

8.5.4.3 横截面检验：大小股东代理冲突不同情况下经验作用的差异

大股东在有助于解决股东监督管理层的搭便车问题的同时，也可能会损害中小投资者利益。大小股东之间的代理冲突将会提高中小投资者的风险，从而提高公司权益成本。范博宏和黄德尊（Fan and Wong，2005）发现，当大股东与小股东之间的代理冲突严重时，公司更会选择高质量审计师（"五大"）来审计，尤其是在存在权益融资需求的公司中，且"五大"审计可以减少公司股价的折损程度。因此，在大股东与小股东之间代理冲突严重时，高质量审计可以起到治理作用。由此，我们推断，大小股东代理冲突严重时，签字会计师经验对于降低权益成本的作用更为明显。借鉴范博宏和黄德尊

（Fan and Wong, 2005）的思想，我们用公司实际控制人的两权分离度即控制权与所有权的差异来衡量大小股东代理冲突。大股东控制权（投票权）与所有权（现金流量权）可以分别反映防御（entrenchment）程度和激励联结效应（incentive alignment effects），当控制权提高时，大股东防御程度将会变得更强，其侵害小股东利益的能力将会增强；当所有权下降时，其与公司的关联程度将会下降，因此，其与小股东联结的动力也会下降。具体而言，当实际控制人的两权分离度大于分年度样本中位数时，定义为代理冲突严重组（$DEVDUM = 1$），否则为代理冲突较低组（$DEVDUM = 0$）。从表8-8中可以看到，只有在大小股东代理冲突严重组，EXP 的系数才显著为负。因此，在大小股东之间代理冲突较为严重时，中小投资者越关注签字会计师的个人经验，经验对权益资本成本的影响越明显，与预期相符。

表8-8　　　　大小股东代理冲突不同时签字会计师经验的作用

变量符号	COE_{t+1}			
	$EXP = EXP1$		$EXP = EXP2$	
	$DEVDUM = 0$	$DEVDUM = 1$	$DEVDUM = 0$	$DEVDUM = 1$
EXP	-0.0022 (-1.4690)	-0.0043 *** (-2.7754)	-0.0014 (-1.0455)	-0.0039 *** (-2.7207)
SIZE	0.0049 *** (3.1844)	0.0023 (1.3247)	0.0049 *** (3.2174)	0.0024 (1.3459)
LEV	0.0466 *** (5.2403)	0.0776 *** (7.7258)	0.0469 *** (5.2600)	0.0774 *** (7.7125)
MTB	-0.0022 *** (-4.6037)	-0.0023 *** (-5.1694)	-0.0022 *** (-4.6146)	-0.0023 *** (-5.1522)
GROWTH	-0.0102 * (-1.9452)	-0.0087 * (-1.8485)	-0.0102 * (-1.9412)	-0.0089 * (-1.8827)
CR	-0.0136 (-1.3036)	-0.0050 (-0.4417)	-0.0135 (-1.2868)	-0.0050 (-0.4438)
AGE	0.0007 ** (2.3590)	0.0006 ** (2.1711)	0.0007 ** (2.3137)	0.0006 ** (2.1570)

续表

变量符号	COE_{t+1}			
	EXP = EXP1		EXP = EXP2	
	DEVDUM = 0	DEVDUM = 1	DEVDUM = 0	DEVDUM = 1
BETA	0.0019 (0.4436)	0.0105 ** (2.0654)	0.0019 (0.4466)	0.0105 ** (2.0611)
LIQUID	− 0.0005 (− 0.5140)	0.0007 (0.6974)	− 0.0005 (− 0.5146)	0.0007 (0.7186)
BIG10	0.0029 (0.9972)	0.0044 (1.4383)	0.0029 (1.0255)	0.0045 (1.4663)
TENURE	0.0011 (0.4075)	0.0014 (0.5094)	0.0010 (0.3558)	0.0013 (0.5011)
Industry & Year	已控制	已控制	已控制	已控制
常数项	0.0473 (1.3907)	0.0696 * (1.8521)	0.0452 (1.3306)	0.0695 * (1.8438)
F	11.1311	13.4983	11.1266	13.4753
R^2	0.1767	0.1853	0.1764	0.1852
样本数	2547	2411	2547	2411

注：括号内数字为 t 值；依照公司对标准误进行了聚类调整；＊、＊＊、＊＊＊ 分别为 10% 、5% 、1% 水平显著。

8.5.4.4 横截面检验：融资约束程度不同时签字会计师经验作用的差异

当公司面临较高的融资约束时，审计对于降低公司融资约束的作用愈加重要。因此，我们预期，融资约束程度较高的公司中，签字会计师个人经验与权益成本的负向关系更为明显。我们同时用公司规模和产权性质这两个指标来度量融资约束程度。规模较大的公司有更多的资产做担保，更容易取得信贷资金，也更容易进行权益融资；与非国有企业相比，国有企业再融资方面往往会受到银行和监管部门的优待，即便发生财务困境，政府也往往会对企业给予救助，因此，融资约束程度较低。具体而言，在用公司规模度量融资约束时，如果公司规模大于年度中位数，则为非融资约束公司，否则为融资约束公司；在用产权性质度量时，若为国有企业，则为非融资约束公司，否则为融资约束公司。从表8-9中可以看到，*EXP* 的系数只在融资约束组显著为负。这表明，在融资约束公司中，签字会计师个人经验对权益资本成本才具有显著作用，与预期相符。

表8-9 不同融资约束程度下签字会计师经验的作用

变量符号	用公司规模度量融资约束				用产权性质度量融资约束			
	EXP = EXP1		*EXP = EXP2*		*EXP = EXP1*		*EXP = EXP2*	
	融资约束	非融资约束	融资约束	非融资约束	融资约束	非融资约束	融资约束	非融资约束
EXP	-0.0026** (-2.0903)	-0.0015 (-0.9098)	-0.0023** (-2.0347)	-0.0011 (-0.7460)	-0.0030** (-2.0963)	-0.0018 (-1.1617)	-0.0022* (-1.6750)	-0.0017 (-1.1601)
SIZE	-0.0041* (-1.8613)	0.0051*** (2.6879)	-0.0041* (-1.8617)	0.0051*** (2.7196)	-0.0000 (-0.0027)	0.0055*** (3.3871)	-0.0000 (-0.0018)	0.0055*** (3.3948)
LEV	0.0477*** (6.6864)	0.0827*** (7.2340)	0.0476*** (6.6707)	0.0828*** (7.2428)	0.0550*** (6.8336)	0.0744*** (7.1128)	0.0549*** (6.8208)	0.0745*** (7.1197)
MTB	-0.0019*** (-5.6365)	-0.0037*** (-5.1907)	-0.0019*** (-5.6368)	-0.0037*** (-5.1831)	-0.0022*** (-5.5715)	0.0029*** (-5.6402)	-0.0022*** (-5.5810)	-0.0029*** (-5.6350)
GROWTH	0.0032 (0.7636)	-0.0165*** (-3.4101)	0.0032 (0.7571)	-0.0165*** (-3.4155)	-0.0050 (-1.2038)	-0.0105* (-1.8771)	-0.0051 (-1.2245)	-0.0105* (-1.8747)
CR	-0.0093 (-1.1381)	-0.0089 (-0.8424)	-0.0093 (-1.1349)	-0.0089 (-0.8449)	-0.0063 (-0.6687)	-0.0050 (-0.4228)	-0.0061 (-0.6435)	-0.0051 (-0.4297)
AGE	0.0009*** (3.5345)	0.0003 (1.0129)	0.0009*** (3.5325)	0.0003 (1.0000)	0.0010*** (3.5189)	0.0005 (1.5490)	0.0010*** (3.5174)	0.0005 (1.5398)
BETA	0.0013 (0.3484)	0.0033 (0.6179)	0.0013 (0.3479)	0.0033 (0.6168)	0.0072* (1.7478)	0.0004 (0.0827)	0.0071* (1.7442)	0.0004 (0.0827)
LIQUID	0.0005 (0.6632)	-0.0014 (-1.0256)	0.0005 (0.6545)	-0.0013 (-1.0185)	0.0003 (0.3858)	-0.0009 (-0.7950)	0.0003 (0.3915)	-0.0009 (-0.7953)
BIG10	0.0008 (0.3601)	0.0054 (1.5996)	0.0008 (0.3586)	0.0055 (1.6289)	0.0017 (0.6597)	0.0045 (1.3755)	0.0017 (0.6482)	0.0045 (1.3880)

续表

变量符号	用公司规模度量融资约束				用产权性质度量融资约束			
	EXP = EXP1		EXP = EXP2		EXP = EXP1		EXP = EXP2	
	融资约束	非融资约束	融资约束	非融资约束	融资约束	非融资约束	融资约束	非融资约束
TENURE	−0.0019 (−0.7649)	0.0023 (0.8442)	−0.0019 (−0.7772)	0.0022 (0.8308)	−0.0018 (−0.7302)	0.0014 (0.4885)	−0.0020 (−0.7903)	0.0014 (0.4885)
Industry & Year	已控制	已控制	已控制	已控制	已控制	已控制	已控制	已控制
常数项	0.2161*** (4.5958)	0.0396 (0.8865)	0.2166*** (4.6068)	0.0381 (0.8551)	0.1405*** (3.7545)	0.0227 (0.6205)	0.1397*** (3.7277)	0.0230 (0.6272)
F	12.1156	14.6903	12.1314	14.6613	11.6218	13.4303	11.6351	13.4389
R^2	0.1813	0.1668	0.1812	0.1667	0.1862	0.1678	0.1857	0.1678
样本数	2613	2610	2613	2610	2536	2536	2536	2536

注：括号内数字为 t 值；依照公司对标准误进行了聚类调整；*、**、*** 分别为 10%、5%、1% 水平显著。

8.5.4.5 横截面检验：不同地区法治环境下经验的作用

库拉纳和拉曼（Khurana and Raman，2004）、古勒等（Ghoul，et al.，2016）发现，在民事诉讼制度发达、法律环境较好国家，审计对权益成本的作用更为明显。王春飞等（2013）发现，法律制度的完善，会促使审计师更注重法律风险，这会弱化集团统一审计对权益成本的正向作用。郝东洋和王静（2015）则发现，在法治环境较差的地区，审计师行业专长降低权益资本成本的作用更强，因为此时行业专长审计师更能为投资者提供保护，从而降低投资者风险；而在法治水平较高地区，管理者通过会计操纵等手段侵害投资者利益的行为会受到更为有效的监督和约束，因此，对审计的依赖程度低，故审计师行业专长对降低权益成本的作用不太明显。由此可见，对于法律环境究竟会强化还是弱化审计对权益成本的作用，现有文献存在不同看法。其原因在于，法律环境既会影响到审计师提供高质量审计服务以维护自身声誉、降低法律风险的动力，也会影响到所在地区企业的行为以及会计信息使用者对审计的依赖程度。这两种作用的相对强弱，将会影响到究竟强化审计还是弱化审计的作用。在前文，我们已经发现，在法律环境较好地区，审计师个人经验对于抑制真实盈余管理、减少财务重述的作用更强,其对债务成本的作用也更强,但对分类转移而言,则得到了相反的结果。那么,对权益成本而言,法律环境对于签字会计师个人经验的作用将产生何种影响?本书依据以王小鲁等《中国分省份市场化指数报告(2018)》中的"各省维护市场的法治环境"度量公司所在地区法治环境,并根据是否大于年度–地区中位数区分法治环境较好地区和法治环境较差地区。分组检验结果表明,只有在法律环境较好地区,签字会计师个人经验才对权益成本具有显著负向影响。因此,法律环境会强化签字会计师个人经验的作用,这与库拉纳和拉曼(Khurana and Raman,2004)、古勒等(Ghoul, et al.,2016)的结论一致,而与郝东洋和王静(2015)不同。其原因可能在于,尽管在法治环境较好地区,公司会计违规行为一定程度上会受到抑制,投资者保护程度也相对更高,这在一定程度上会降低投资者对审计的依赖程度。但投资者保护程度的提高很大程度上体现在,投资者的利益受损时,更会运用法律诉讼等手段保护自己,监管部门也会加强对审计违规行为的监管,这会提高审计师的法律风险意识,从而使有经验的审计师更加勤勉尽责,同时,投资者也更关注负责公司审计的签字会计师的经验水平,从而提高了签字会计师经验对权益成本的负向作用。而在法治环境较差地区,有经验的签字会计师未必会积极提高审计质量,甚至可能利用自身的经验帮助客户进行盈余管理,因此,审计的作用并不会比法律环境好的情况下更明显。

表8–10　　　　不同地区法治水平下签字会计师经验的作用

| 变量符号 | COE_{t+1} | | | |
| | EXP = EXP1 | | EXP = EXP2 | |
	法治环境差	法治环境好	法治环境差	法治环境好
EXP	−0.0022 (−1.0753)	−0.0032 *** (−2.6632)	−0.0015 (−0.7461)	−0.0029 *** (−2.6146)
SIZE	0.0052 ** (2.4124)	0.0031 ** (2.4691)	0.0052 ** (2.4372)	0.0032 ** (2.4874)
LEV	0.0642 *** (5.9007)	0.0613 *** (7.7043)	0.0642 *** (5.9043)	0.0613 *** (7.7061)

续表

变量符号	COE_{t+1}			
	EXP = EXP1		EXP = EXP2	
	法治环境差	法治环境好	法治环境差	法治环境好
MTB	−0.0015 ** (−2.5380)	−0.0024 *** (−6.2364)	−0.0015 ** (−2.5277)	−0.0024 *** (−6.2327)
GROWTH	−0.0049 (−0.7885)	−0.0090 ** (−2.3335)	−0.0049 (−0.7879)	−0.0091 ** (−2.3482)
CR	0.0075 (0.5517)	−0.0121 (−1.4103)	0.0074 (0.5450)	−0.0121 (−1.4102)
AGE	0.0004 (1.0600)	0.0006 *** (2.6525)	0.0004 (1.0247)	0.0006 *** (2.6378)
BETA	0.0164 ** (2.5528)	0.0015 (0.4094)	0.0164 ** (2.5646)	0.0015 (0.4063)
LIQUID	0.0007 (0.5275)	−0.0001 (−0.0678)	0.0007 (0.5130)	−0.0000 (−0.0520)
BIG10	0.0051 (1.2578)	0.0029 (1.2261)	0.0050 (1.2509)	0.0030 (1.2567)
TENURE	0.0020 (0.5903)	0.0002 (0.0941)	0.0019 (0.5620)	0.0002 (0.0790)
Industry & Year	已控制	已控制	已控制	已控制
常数项	−0.0072 (−0.1509)	0.0820 *** (2.9354)	−0.0091 (−0.1920)	0.0821 *** (2.9340)
F	9.3770	18.2150	9.2964	18.1706
R^2	0.1906	0.1765	0.1902	0.1764
样本数	1268	3955	1268	3955

注：括号内数字为 t 值；依照公司对标准误进行了聚类调整；*、**、*** 分别为 10%、5%、1% 水平显著。

8.5.4.6 横截面检验：客户特定经验不同时一般经验的作用

当审计师任期较短时，其对客户及其所在行业相关的知识较少，在进行风险评估、收集审计证据、作出审计判断时，很大程度上要依赖其从其他客户的执业过程中所获取的一般经验，故一般经验对其提高审计绩效的作用较为明显。随着任期的延长，一方面，签字会计师更可能与客户管理层形成亲密关系，从而降低审计独立性。另一方面，随着签字会计师对客户的逐渐熟悉，签字会计师的客户特定经验将增多并发挥作用，而从其他客户所获取的一般经验的作用将会下降。那么，签字会计师任期是否会影响到投资者对其一般经验的感知进而影响到一般经验与权益成本之间的关系呢？我们依照签字会计师任期（两位签字会计师对公司的平均审计年数）的年度中位数，将样本划分为任期较长和任期较短两个子样本，分组检验结果表明，仅在签字会计师任期较短（客户特定经验较少）时，一般经验 EXP 的系数才显著为负（见表 8 – 11），这与预期一致。

表 8 – 11   签字会计师特定经验（任期）不同时一般经验作用的差异

变量符号	COE_{t+1}			
	EXP = EXP1		EXP = EXP2	
	任期短	任期长	任期短	任期长
EXP	- 0.0032 ** (- 2.4307)	- 0.0010 (- 0.4632)	- 0.0026 ** (- 2.2302)	- 0.0008 (- 0.4087)
SIZE	0.0039 *** (2.8769)	0.0032 * (1.7477)	0.0039 *** (2.9235)	0.0032 * (1.7473)
LEV	0.0582 *** (7.2781)	0.0666 *** (6.4213)	0.0581 *** (7.2680)	0.0667 *** (6.4325)
MTB	- 0.0021 *** (- 5.0743)	- 0.0022 *** (- 4.2271)	- 0.0021 *** (- 5.0634)	- 0.0022 *** (- 4.2284)
GROWTH	- 0.0068 * (- 1.6633)	- 0.0110 * (- 1.8574)	- 0.0069 * (- 1.6788)	- 0.0110 * (- 1.8592)
CR	- 0.0066 (- 0.7389)	- 0.0081 (- 0.7387)	- 0.0066 (- 0.7390)	- 0.0082 (- 0.7415)
AGE	0.0007 *** (2.9015)	0.0003 (0.8672)	0.0007 *** (2.9137)	0.0003 (0.8629)

续表

变量符号	COE_{t+1}			
	$EXP = EXP1$		$EXP = EXP2$	
	任期短	任期长	任期短	任期长
$BETA$	-0.0001 (-0.0275)	0.0143 *** (2.8094)	-0.0001 (-0.0281)	0.0144 *** (2.8119)
$LIQUID$	0.0011 (1.3876)	-0.0022 ** (-2.0113)	0.0011 (1.3890)	-0.0022 ** (-2.0117)
$BIG10$	0.0031 (1.1763)	0.0038 (1.2568)	0.0031 (1.1776)	0.0038 (1.2710)
$TENURE$	0.0011 (0.4216)	0.0005 (0.1987)	0.0011 (0.4192)	0.0005 (0.1972)
Industry & Year	已控制	已控制	已控制	已控制
常数项	0.0579 * (1.9044)	0.0623 (1.5158)	0.0567 * (1.8693)	0.0620 (1.4986)
F	16.6269	9.8605	16.5813	9.8489
R^2	0.1969	0.1535	0.1966	0.1535
样本数	3059	2164	3059	2164

注：括号内数字为 t 值；依照公司对标准误进行了聚类调整；* 、 ** 、 *** 分别为 10% 、5% 、1% 水平显著。

8.5.4.7 横截面检验：不同规模会计师事务所中签字会计师经验作用的差异

在规模较大的会计师事务所中，对声誉的更高关注、更为严格的质量控制、更标准化的审计流程、更多的培训和交流，有助于保证事务所的整体审计质量，不同项目之间的质量差异相对较小。同时，由于项目数较多，签字会计师可以分配到为数众多的不同项目中，签字会计师个人经验的作用相对较小。而在规模较小的事务所当中，由于项目数量较少，并非所有注册会计师都有较多机会负责较多项目，因此，事务所内部签字会计师的经验差异较大。同时，小规模事务所中质量控制体系相对薄弱、审计技术和流程的标准化程度相对较低，此时，签字会计师个人经验的作用就更为明显。为了检验不同规模事务所中签字会计师经验对权益资本成本的影响是否存在差异，我们对"十大"所审计的公司和非"十大"所审计的公司分组进行检验，结果表明，仅在非"十大"中，EXP 的系数才显著为负。这表明，事务所规模会弱化签字会计师个人经验对权益资本成本的负向影响，与预期相符。

表 8 – 12　　　　　不同规模会计师事务所中签字会计师个人经验的作用

变量符号	COE_{t+1}			
	EXP = EXP1		EXP = EXP2	
	BIG10 = 0	BIG10 = 1	BIG10 = 0	BIG10 = 1
EXP	− 0. 0029 ** (− 2. 0068)	− 0. 0022 (− 1. 4714)	− 0. 0024 * (− 1. 7963)	− 0. 0019 (− 1. 3994)
SIZE	0. 0005 (0. 3326)	0. 0050 *** (3. 3874)	0. 0005 (0. 3184)	0. 0050 *** (3. 4128)
LEV	0. 0625 *** (6. 9575)	0. 0623 *** (6. 8651)	0. 0626 *** (6. 9702)	0. 0622 *** (6. 8620)
MTB	− 0. 0017 *** (− 3. 7915)	− 0. 0029 *** (− 6. 2552)	− 0. 0017 *** (− 3. 7899)	− 0. 0029 *** (− 6. 2503)
GROWTH	− 0. 0043 (− 0. 9353)	− 0. 0107 ** (− 2. 2050)	− 0. 0043 (− 0. 9431)	− 0. 0107 ** (− 2. 2098)
CR	− 0. 0029 (− 0. 2735)	− 0. 0087 (− 0. 9562)	− 0. 0030 (− 0. 2748)	− 0. 0087 (− 0. 9576)
AGE	0. 0007 ** (2. 4145)	0. 0005 * (1. 7763)	0. 0007 ** (2. 3987)	0. 0005 * (1. 7651)
BETA	0. 0042 (0. 8462)	0. 0057 (1. 3472)	0. 0042 (0. 8450)	0. 0057 (1. 3530)
LIQUID	− 0. 0001 (− 0. 0982)	0. 0002 (0. 2034)	− 0. 0001 (− 0. 0984)	0. 0002 (0. 2066)
TENURE	0. 0002 (0. 0644)	0. 0009 (0. 2827)	0. 0001 (0. 0228)	0. 0009 (0. 2836)

续表

变量符号	COE_{t+1}			
	EXP = EXP1		EXP = EXP2	
	BIG10 = 0	BIG10 = 1	BIG10 = 0	BIG10 = 1
Industry & Year	已控制	已控制	已控制	已控制
常数项	0.1222 *** (3.3714)	0.0387 (1.1846)	0.1226 *** (3.3812)	0.0383 (1.1741)
F	13.9907	12.2287	13.9170	12.2315
R^2	0.1859	0.1746	0.1856	0.1746
样本数	2400	2823	2400	2823

注：括号内数字为 t 值；依照公司对标准误进行了聚类调整；*、**、*** 分别为 10%、5%、1% 水平显著。

8.5.5　稳健性检验

本书检验的是 t 期签字会计师经验对 t+1 期权益成本的影响，这在一定程度上可以缓解反向因果所产生的内生性问题，但依然可能存在测量误差、遗漏变量等原因所导致的内生性问题。本书采用如下方法来缓解内生性问题的影响：第一，PSM 方法。签字会计师并非随机分布的，而可能与公司特质有关。本书将通过 PSM 方法来缓解签字会计师个人经验的自选择问题。具体做法是，改用虚拟变量 EXPDUM（用年度中位数定义）度量审计师个人经验，并用 Logit 模型估计公司签字会计师经验的影响因素（自变量包括 SIZE、LEV、速动比率 QUICK、总资产净利率 ROA、GROWTH、AGE、BIG10、信贷资金市场化指数 LOANDEX、年份、行业），然后根据倾向得分采用最近距离法对高经验、低经验样本进行 1∶1 匹配，进而再对匹配后样本进行回归。平衡性检验表明，匹配后相关变量的组间差异均显著降低且除 QUICK 外所有自变量不再有显著差异。PSM 匹配后回归结果如表 8-13 第 3 列和第 4 列所示。从表 8-13 中可以看到，在采用 PSM 缓解签字会计师个人经验的自选择问题后，签字会计师的个人经验依然对权益资本成本具有显著负向影响。第二，二阶段残差法。本书还借鉴韩维芳（2017）的做法，估计出签字会计师个人经验的残差（自变量与 PSM 第一阶段一致），进而考察残差（RESEXP）对权益成本的影响。从表 8 – 13 中第 5 列和第 6 列可以看到，个人经验的残差仍然对权益资本成本具有显著负向影响。第三，增加控制变量。为了缓解遗漏变量所导致的内生性问题的影响，我们增加控制签字会计师的年龄（AV-AGE，两位签字会计师到资产负债表日年龄的均值）和性别（GENDER，虚拟变量，如果两位签字会计师中有一位是女性则为 1，否则为 0），结果表明，性别和年龄本身对权益资本成本没有显著影响，而经验依然显著为负（见表 8 – 14 中第 1 列和第 2 列）。

表 8 – 13   稳健性检验：PSM 和二阶段残差法

变量符号	PSM 匹配后样本回归				二阶段残差法	
	第一阶段 Logit		第二阶段 OLS			
	$EXPDUM$		COE_{t+1}		COE_{t+1}	
	(1) $EXP = EXP1$	(2) $EXP = EXP1$	(3) $EXP = EXP1$	(4) $EXP = EXP2$	(5) $EXP = EXP1$	(6) $EXP = EXP2$
$EXPDUM$			– 0.0043 ** (– 2.0351)	– 0.0038 * (– 1.6975)		
$RESEXP$					– 0.0030 *** (– 2.9194)	– 0.0026 *** (– 2.6808)
$SIZE$	– 0.1408 *** (– 5.0250)	– 0.1458 *** (– 5.2201)	0.0028 ** (2.0997)	0.0027 ** (1.9974)	0.0037 *** (3.3364)	0.0037 *** (3.3465)
LEV	– 0.6159 *** (– 2.6487)	– 0.6339 *** (– 2.7303)	0.0667 *** (8.9542)	0.0625 *** (8.4081)	0.0624 *** (9.5095)	0.0624 *** (9.5103)
$QUICK$	– 0.0416 ** (– 2.0573)	– 0.0452 ** (– 2.2386)				
ROA	0.4665 (0.7468)	0.6432 (1.0303)				
MTB			– 0.0022 *** (– 6.1861)	– 0.0024 *** (– 6.5651)	– 0.0022 *** (– 6.8415)	– 0.0022 *** (– 6.8348)
$GROWTH$	– 0.0437 (– 0.4410)	– 0.1415 (– 1.4267)	– 0.0103 *** (– 2.7634)	– 0.0059 (– 1.5262)	– 0.0079 ** (– 2.3547)	– 0.0079 ** (– 2.3560)

续表

变量符号	PSM 匹配后样本回归				二阶段残差法	
	第一阶段 Logit		第二阶段 OLS			
	EXPDUM		COE_{t+1}		COE_{t+1}	
	(1) EXP = EXP1	(2) EXP = EXP1	(3) EXP = EXP1	(4) EXP = EXP2	(5) EXP = EXP1	(6) EXP = EXP2
CR			− 0.0045 (− 0.5382)	0.0003 (0.0431)	− 0.0066 (− 0.8989)	− 0.0066 (− 0.8997)
AGE	0.0284 *** (4.8619)	0.0258 *** (4.4363)	0.0006 ** (2.5732)	0.0006 *** (2.7872)	0.0005 *** (2.6869)	0.0005 *** (2.6900)
BETA			0.0058 (1.5288)	0.0046 (1.2719)	0.0052 (1.5939)	0.0052 (1.5942)
LIQUID			0.0000 (0.0023)	0.0006 (0.8270)	0.0001 (0.1450)	0.0001 (0.1514)
BIG10	− 0.1528 ** (− 2.5520)	− 0.0899 (− 1.5017)	0.0044 * (1.9117)	0.0041 * (1.8318)	0.0037 * (1.8285)	0.0037 * (1.8254)
TENURE			− 0.0017 (− 0.7925)	0.0005 (0.2321)	0.0006 (0.3284)	0.0006 (0.3001)
LOANDEX	0.0496 *** (5.2506)	0.0489 *** (5.1831)				
Industry & Year	已控制	已控制	已控制	已控制	已控制	已控制
常数项	2.8770 *** (5.0027)	2.9599 *** (5.1607)	0.0755 *** (2.6205)	0.0708 ** (2.3793)	0.0511 ** (2.1301)	0.0509 ** (2.1240)
Wald chi2 （F）	155.4518	140.7104	16.8614	16.2224	23.1301	23.0798
Pseudo R^2 （R^2）	0.0215	0.0194	0.1696	0.1662	0.1717	0.1715
样本数	5223	5223	3908	3941	5223	5223

注：括号内数字为 t 值；依照公司对标准误进行了聚类调整；＊、＊＊、＊＊＊分别为 10%、5%、1% 水平显著。

表 8 - 14 其他稳健性检验

变量符号	控制签字会计师年龄和性别		改变权益资本成本度量		用担任签字会计师年数度量经验	
	EXP = EXP1	*EXP = EXP2*	*EXP = EXP1*	*EXP = EXP2*	*EXP = EXPY1*	*EXP = EXPY2*
EXP	− 0. 0026 ** (− 2. 1162)	− 0. 0019 * (− 1. 7179)	− 0. 0026 ** (− 2. 4913)	− 0. 0022 ** (− 2. 2761)	− 0. 0030 * (− 1. 7981)	− 0. 0024 (− 1. 5257)
AVAGE	0. 0003 (1. 3831)	0. 0003 (1. 2301)				
GENDER	− 0. 0015 (− 0. 6958)	− 0. 0014 (− 0. 6637)				
控制变量	已控制	已控制	已控制	已控制	已控制	已控制
Industry & Year	已控制	已控制	已控制	已控制	已控制	已控制
常数项	0. 0295 (1. 0315)	0. 0292 (1. 0190)				
F	18. 1684	18. 1082				
R^2	0. 1779	0. 1776				
样本数	4090	4090				

注：括号内数字为 t 值；依照公司对标准误进行了聚类调整；*、**、*** 分别为 10%、5%、1% 水平显著。

我们还进行了其他稳健性检验，结果保持不变：第一，改变权益资本成本的度量，改用 MPEG 模型估计权益资本成本，结果 *EXP* 在 5% 水平显著为负（见表 8 - 14 中第 3 列和第 4 列）。第二，改用担任签字会计师年数（签字会计师自首次签发报告开始到资产负债表日年数）度量其一般经验。具体包括两个指标：*EXPY1* 为两位签字会计师资产负债表日前平均从业年数 +1 取自然对数；*EXPY2* 为两位签字会计师中，从业年数最多的会计师资产负债表日前从业年数 +1 取自然对数。从表 8 - 14 中第 5 列和第 6 列可以看出，在用平均从业年数度量时，*EXP* 的系数在 10% 水平显著，在用经验较高者从业年数（即复核合伙人从业年数）度量时，*EXP* 的系数接近于显著（p = 0. 127）。

8.6 研究结论与启示

审计可以降低代理冲突和信息不对称程度，这有助于降低投资者的信息风险，因此，投资者会降低其索取的回报率。已有一些文献研究并发现了会计师事务所规模、行业专长对公司权益成本的影响，但作为一种高度依赖个人判断的复杂的专业性活动，签字会计师的个人经验对于审计质量具有重要影响，因此，从理论上说，签字会计师的个人经验水平，会影响到投资者的信息风险。但投资者在对权益进行定价时，是否会关注签字会计师的个人经验，从而对由经验丰富的签字会计师所负责的公司给予"奖励"呢？尚未有文献加以研究。本书利用 2008～2017 年 A 股非金融类上市公司及其审计师数据，考察了签字会计师个人经验对上市公司权益资本成本的影响。结果表明，在控制了会计师事务所规模、任期等因素后，签字会计师的一般经验与权益成本呈显著负向关系。异质性检验结果表明，公司业务复杂性、信息不对称程度、大小股东代理冲突的程度、融资约束程度、地区法律环境会强化签字会计师个人经验对权益成本的影响，签字会计师个人经验与权益资本成本的负向关系仅存在于复杂性程度较高、信息不对称程度较高、大小股东代理冲突严重、融资约束程度高以及所在地区法治水平较好的公司中；而签字会计师的客户特定经验（任期）、事务所规模会弱化签字会计师个人经验对权益成本的影响，当签字会计师任期较长以及在会计师事务所为"十大"时，签字会计师个人经验与权益资本成本的关系并不显著。

这一研究具有如下启示：第一，投资者在对权益定价时会关注公司签字会计师的个人经验，并对经验丰富的签字会计师所负责的公司予以"奖励"。其原因在于，经验丰富的签字会计师有助于提高公司会计信息质量、缓解信息不对称，这不仅有助于约束管理层的代理问题，而且可以降低投资者的信息风险。因此，投资者会对这些公司要求较低的回报率，从而导致公司权益资本成本的下降。由此可见，对于权益资本成本而言，签字会计师个人经验具有增量价值。这不仅意味着加强审计师信息披露，更详尽地披露签字会计师以往执业经历等信息对于投资者等会计信息使用者而言是有用的，而且也意味着，上市公司应当注重发挥经验丰富的签字会计师的信号传递等作用，尤其是那些存在融资需求的公司，应当有意识地聘请经验丰富的签字会计师来负责本公司的审计项目，尽管这可能会约束管理层的行为，但对于公司而言，是有益的。第二，签字会计师个人经验对权益成本的影响，与公司所处的内外部环境有关，融资约束程度、信息不对称程度、业务复杂性、大小股东代理冲突程度以及所处的法治环境等因素都会影响到签字会计师个人经验的作用。因此，融资约束程度高、信息不对称问题严重、业务复杂、代理冲突严重的公司，更应当注重发挥经验丰富的签字会计师的作用。第三，签字会计师的客户前一般经验与其客户特定经验之间存在一定的替代关系，因此，对于新客户，更应当注重选择一般经验丰富的注册会计师来负责审计项目，这不仅有助于保证审计质量、提高审计效率，而且更容易被投资者所感知。第四，在小规模事务所中，签字会计师个人经验的作用更为明显，这意味着，对小规模事务所而言，通过配置经验丰富的注册会计师来担任签字会计师，一定程度上可以弥补事务所规模的不足。因此，在小规模事务所中，对于高风险、新客户项目，更要注意所配置的签字会计师的经验水平。同时，应当采取有效措施吸引高水平注册会计师加入并发挥引领作用、促进现有注册会计师经验水平的提高。投资者在进行投资决策以及监管部门在对相关上市公司进行监管时，不仅要考虑会计师事务所的规模，也应当考虑签字会计师的经验水平。

第 9 章

结论与启示

9.1 基 本 结 论

本书利用中国 A 股上市公司及其签字会计师数据，从财务重述、隐蔽性盈余管理（真实盈余管理、分类转移）以及资本成本（债务成本、权益资本成本）等三个角度研究了签字会计师个人经验对审计质量的影响。本书的基本结论如下：

第一，签字会计师个人经验可以降低财务重述的发生。本书发现，随着签字会计师客户前一般经验的提高，客户财务报告发生重述的可能性显著降低。签字会计师的客户特定经验（任期）也对财务重述具有抑制作用，并且，在客户特定经验较少时，一般经验的作用更为明显；就一般经验而言，无论是行业经验还是非行业经验均有助于降低财务重述；签字会计师一般经验对财务重述的影响主要来自复核合伙人。此外，事务所规模、签字会计师性别会弱化一般经验的作用；有较弱的证据表明，在法治环境较好地区，签字会计师一般经验抑制财务重述的作用更强。

第二，签字会计师个人经验可以抑制客户的真实盈余管理行为。尽管两位签字会计师的平均一般经验对真实盈余管理的影响较弱，但签字会计师的平均行业经验、复核合伙人的一般经验及行业经验对于两类盈余管理均具有显著抑制作用。这表明，签字会计师尤其是复核合伙人的行业经验不仅对应计盈余管理具有很好的抑制作用，而且对于客户较为隐蔽的真实盈余管理行为也具有一定的抑制作用。进一步研究表明，上述作用仅存在于非"四大"事务所中以及法律环境较好地区。

第三，签字会计师的个人经验与分类转移呈显著负向关系，尤其是在存在明显的分类转移嫌疑的公司中，上述作用更为明显。因此，有经验的签字会计师能够抑制管理层通过隐蔽性较强的分类转移来实现盈余目标的行为。进一步研究表明，客户重要性会弱化签字会计师个人经验对分类转移的抑制作用，并且，签字会计师个人经验的作用仅存在于签字会计师任期较短的情况下。但就法律环境而言，签字会计师一般经验对分类转移的抑制作用仅存在于法治环境较差地区。

第四，在控制了事务所规模等因素后，签字会计师的个人经验与债务成本呈显著负向关系。因此，债权人会关注签字会计师的个人经验，并对由经验较丰富签字会计师审计的公司在债务定价上给予优待。不过，这一作用主要来自签字会计师的行业经验，非行业经验则没有显著影响。进一步检验表明，信息不对称程度、企业复杂性以及法律环境会强化签字会计师个人经验的作用，只有在信息问题严重、经营复杂度高的企业中以及法律环境较好的地区，签字会计师个人经验才对债务成本具有显著抑制作用。此外，与项目负责人相比，债权人更关注复核合伙人的经验。

第五，签字会计师的个人经验与权益成本呈显著负向关系，这表明，投资者在对权益定价时，会关注公司签字会计师的个人经验。异质性检验结果表明，公司业务复杂性、信息不对称程度、大小股东代理冲突的程度、融资约束程度、地区法律环境会强化签字会计师个人经验对权益成本的影响，而签字会计师的客户特定经验（任期）、事务所规模会弱化签字会计师个人经验对权益成本的影响。

总之，本书的研究表明，签字会计师个人经验可以提高客户公司的会计信息质量（表现为更少的财务重述、真实盈余管理以及分类转移），而投资者和债权人也会关注签字会计师的个人经验，并在进行资本定价时对由经验丰富的注册会计师负责的公司给予"奖励"。因此，尽管理论上签字会计师个人经验与审计质量之间的关系存在不同的理论预期，但在我国，总体上而言，签字会计师个人经验的提升有助于提高审计质量。不过，本书的研究也表明，签字会计师个人经验对审计质量的作用因公司业务复杂性、信息不对称程度、法治环境以及签字会计师任期长短（客户特定经验多少）、会计师事务所规模等因素而有所不同。此外，尽管相比而言签字会计师的行业经验对于审计质量的促进作用更为明显，但非行业经验也有一定的积极作用。

9.2 理论含义

本书的研究结论具有如下理论启示：

一方面，本书的研究表明，签字会计师的个人（客户前一般）经验对于审计质量具有增量作用，这是由审计高度依赖审计师个人判断的特点所决定的。这表明，尽管事务所内部的质量控制、标准化水平不断提高的审计流程、审计技术与方法以及相关会计、经营管理等培训一定程度上会弱化注册会计师个人的作用，而项目组之间以及项目组内部的业务研讨也可以在一定程度上促进知识在事务所内部的流动，但通过执业经验所形成的审计专长具有很强的专属性，很难充分地在不同注册会计师之间转移，因此，注册会计师的个人经验对于审计质量而言仍然是重要的。因此，在研究审计质量时，除了关注会计师事务所及分所的规模（声誉）、行业专长，也应当重视注册会计师个人层面的特征，尤其是其个人经验。

另一方面，本书的研究也表明，审计项目的特质（如被审计单位业务的复杂性、信息不对称程度、融资约束程度、盈余管理动机）、外部环境（如地区法治水平）、审计契约关系（如客户重要性）、事务所特质（如规模）、审计师个人其他特质（如反映签字会计师客户特定经验的任期、性别）都会影响到签字会计师个人经验对审计质量的作用，因为这些因素会改变有经验的注册会计师提高审计质量的能力或动力（如地区法治水平）、签字会计师对以往业务中所获取的一般经验的依赖程度（如签字会计师任期、公司业务复杂性）、签字会计师个人的重要性（如事务所规模）以及会计信息使用者对审计的依赖程度（如地区法治水平、信息不对称程度）。因此，对于注册会计师个人经验作用的理解，还应联系具体的内外部环境。

9.3 政 策 启 示

本书的研究对于会计师事务所、上市公司、证券监管部门以及会计教育部门都有一定的参考价值。

9.3.1 会计师事务所

首先，会计师事务所要加强人力资本投资，吸引、留住经验丰富的签字会计师，并注重通过让注册会计师多多负责审计项目来不断提高其经验水平。会计师事务所是一个以人合为主的智慧型专业服务组织，这类专业服务合伙组织的一个重要特点就是要有高质量的人力资本（专业技能）和流程（Knechel，et al.，2013）。本书的研究表明，经验丰富的审计师可以提高审计质量，而审计质量是一个事务所的立身之本，关乎到事务所在激烈的竞争中是否能够生存和持续发展，可以说，经验丰富的注册会计师是事务所最重要的资产，对事务所的发展具有重要意义。为了实现事务所的生存和发展，会计师事务所必须要加大人力资本投资力度，除了要不断提高注册会计师的学历水平、加强在职培训，更要重视注册会计师经验水平的培养。为此，一方面，在招聘注册会计师时，除了考虑学历等因素外，还要重视其执业经验；另一方面，对于存量注册会计师，要注重通过实际的项目来促进其经验的积累，并在观念上把经验丰富的注册会计师看成是事务所宝贵的财富，通过优化薪酬政策、股权激励、晋升政策等来留住经验丰富的注册会计师。本书的研究表明，无论是行业经验还是非行业经验，对于提高审计质量都具有积极作用，尽管某种程度上行业经验的作用更为明显，因此，事务所在提升注册会计师的经验水平时，既要注重行业经验，也要注重非行业经验。

其次，在审计项目委派过程中，要重视对签字会计师个人经验的考量。本书的研究表明，无论是发现客户财务报表中的重大错报，还是应对盈余管理或者较为隐蔽的真实盈余管理、分类转移，经验丰富的签字会计师都能更好地发挥作用，因此，会计师事务所在确定项目组构成尤其是签字会计师时，应当注重对签字会计师经验的考量，通过委派经验丰富的签字会计师来控制审计风险。本书的研究表明，签字会计师客户前一般经验在任期较短（客户特定经验较为缺少）时作用更加明显。此外，对于业务复杂、信息不对称程度高的公司，签字会计师的客户前一般经验更为重要。因此，对于那些高风险客户、新接手客户，尤其要委派经验丰富的注册会计师担任签字会计师。

再次，尽管经验很大程度上依附于注册会计师个人，难以在会计师事务所内部充分流动，但考虑到经验的重要性，仍然要注重发挥经验丰富的签字会计师的带动作用，通过选择经验丰富的注册会计师担任事务所的质量控制合伙人、在项目组配备时"老带新"、在事务所内部的业务研讨与培训过程中注重发挥经验丰富的注册会计师的作用等方式促进事务所整体执业水平的提高。本书的研究发现，在大型事务所中，签字会计师个人经验的作用相对较弱，这可能在一定程度上与大型事务所内部的培训、研讨机制有关。

最后，要重视发挥项目合伙人和质量控制审计师的作用。本书的研究表明，尽管几位签字会计师的平均经验与审计质量具有显著关系，但签字会计师个人经验的作用主要来自经验丰富的那位签字会计师，因此，项目组的"领头羊"的经验对于整个审计项目的质量尤为重要。在确定项目组时，要注重选派经验丰富的注册会计师担任项目合伙人，或者负责对项目进行复核。

9.3.2 上市公司

在我国，上市公司很大程度上可以影响签字会计师的选择。本书的研究对上市公司具有如下两点启示：

首先，经验丰富的签字会计师可以抑制真实盈余管理和分类转移，减少财务重述，因此，对于对高质量审计服务存在需求的上市公司，除了要关注会计师事务所的规模（声誉）、行业专长，也应当关注负责公司审计项目的签字会计师的经验水平。

其次，本书的研究表明，投资者和债权人在对资本进行定价时，会关注签字会计师的个人经验，对于经验丰富的注册会计师担任签字会计师的上市公司，投资者和债权人会要求较低的回报率，从而降低公司资本成本。因此，经验丰富的注册会计师担任公司的签字会计师，不仅可以提高公司会计信息质量、约束管理层的机会主义行为，而且可以降低外部人的信息风险、对外传递公司质量的信号，从而有助于降低公司的融资成本，因此，选择经验丰富的签字会计师对公司是有利的。

9.3.3 监管部门

对于监管部门而言，本书的研究具有如下启示：

首先，进一步加强注册会计师信息披露，包括对签字会计师从业经验的信息披露，以提高审计透明度、满足会计信息使用者对签字会计师相关信息的需求。本书的研究表明，签字会计师个人经验对于会计信息使用者而言具有增量价值。2021 年 1 月，沪深证券交易所修改上市公司信息披露公告格式，要求上市公司更为详细地披露续聘/变更会计师事务所相关信息，以提高审计透明度。上交所《第一百号上市公司续聘/变更会计师事务所公告》、深交所《上市公司信息披露公告格式第 46 号——上市公司拟续聘/变更会计师事务所公告格式》、《科创板上市公司续聘/变更会计师事务所公告》均要求上市公司需披露项目基本信息，包括"项目合伙人、签字注册会计师、项目质量控制复核人何时成为注册会计师、何时开始从事上市公司审计、何时开始在本所执业、何时开始为本公司提供审计服务；近三年签署或复核上市公司审计报告情况"。此外，还要披露项目合伙人、签字注册会计师、项目质量控制复核人诚信记录和独立性情况。但从实践来看，有些上市公司在续聘审计机构的公告中较为详细地披露了签字会计师从业经历、执业时间、任期、近三年签发审计报告数等信息，这些信息有助于会计信息使用者评价签字会计师的经验和执业质量①, 但有的上市公司在续聘会计师事务所公告中对签字会计师相关信息的披露却语焉不详②。为了提高审计透明度, 有必要进一步规范上市公司的相关披露行为。

其次, 在对上市公司信息披露的日常监管中, 除了加强对会计师事务所的监管, 还要进一步关注签字会计师的执业经验, 尤其要加强由经验较缺失的签字会计师所负责的公司的监管。

9.3.4　会计教育部门

美国财政部审计职业咨询委员会（Advisory Committee on the Auditing Pro-

---

① 例如, 万科企业股份有限公司董事会 2021 年 3 月 31 日披露的《万科企业股份有限公司关于拟续聘 2021 年度会计师事务所的公告》在 "人员信息" 部分作如下披露: "毕马威华振承做公司 2021 年度财务报表审计项目的项目合伙人、签字注册会计师和项目质量控制复核人的基本信息如下: 本项目的项目合伙人为周永明先生, 2010 年取得中国注册会计师资格, 同时具有香港注册会计师资格, 是本项目的签字注册会计师。周永明先生 2003 年开始在毕马威华振执业, 2003 年开始从事上市公司审计, 在境内外资本市场的 IPO 和上市公司年审等方面具有丰富的经验。周永明先生从 2021 年开始为公司提供审计服务。周永明先生近三年签署或复核 A 股上市公司审计报告 5 份。本项目另一签字注册会计师为李默然先生, 2012 年取得中国注册会计师资格, 同时具有特许公认会计师资格。李默然先生 2011 年开始在毕马威华振执业, 2011 年开始从事上市公司审计, 从 2016 年开始为公司提供审计服务, 熟悉房地产行业的审计。李默然先生近三年签署或复核 A 股上市公司审计报告 3 份。本项目的质量控制复核人为李婉薇女士, 2004 年取得中国注册会计师资格, 同时具有香港注册会计师、澳门注册核数师和特许公认会计师资格。李婉薇女士 2004 年开始在毕马威华振执业, 2003 年开始从事上市公司审计, 在境内外资本市场 IPO 和上市公司年审等方面具有丰富的审计经验。李婉薇女士从 2020 开始为公司提供审计服务。李婉薇女士近三年签署或复核 A 股上市公司审计报告 5 份。" 原先打算聘任深圳堂堂的 ST 金洲相关披露也比较详细（在深圳堂堂被立案调查后, 该公司将审计机构换成了中兴财光华, 因此实际上该公司最后并未聘任深圳堂堂）, 该公司 2021 年 1 月 13 日发布的《金洲慈航集团股份有限公司关于拟变更会计师事务所公告》中, 披露了项目合伙人、签字会计师和质量控制复核人的执业资质、从业经历、从事证券业务的年限, 尤其是在 "从事过的证券服务业务" 中具体披露了相关上市公司的名称。

② 例如, 哈工智能（000584）2021 年 4 月 29 日发布的《江苏哈工智能机器人股份有限公司关于拟续聘 2021 年度会计师事务所的公告》在 "人员信息" 部分的披露为 "天衡会计师事务所首席合伙人为余瑞玉。2020 年末, 天衡会计师事务所合伙人 76 人, 注册会计师 367 人, 从业人员 1143 人, 签署过证券业务审计报告的注册会计师 192 人"。在 "执业信息" 部分的披露为 "拟签字注册会计师（项目合伙人）: 邱平, 注册会计师, 具备 25 年证券业务及审计经验, 具有 IPO、非公开发行股票、并购重组、上市公司年报审计等丰富的工作经验, 具备专业胜任能力。无兼职情况。拟签字注册会计师: 计婷, 注册会计师, 具备 4 年证券业务及审计经验, 具有 IPO、非公开发行股票、上市公司年报审计等丰富的工作经验, 具备专业胜任能力。无兼职情况"。对于签字会计师 "近三年签署或复核上市公司审计报告情况" 等信息只字未提。

fession）召开的听证会表明，会计教师往往缺乏实务经验，有必要向会计教师提供足够的知识和经验，以便为日益复杂和全球化的审计行业培养合格的专业人员（The US Treasure Department，2008）。就我国而言，会计、审计教育过程中，教师缺乏基本的实务经验的现象同样十分普遍，尤其是不允许教师在会计师事务所兼职以及科研成为教师晋升最为重要的因素以来，在会计系科中有审计实务经验的教师比例极低，这在很大程度上影响了我国会计教育水平。为了使会计教育更加"接地气"，使会计专业培养的学生对会计、审计相关知识和技能有更深入的了解和掌握，有必要适当引入有审计实务经验的人员加入到会计教育过程中来。高校可以借鉴西方一些国家的成功经验，聘请经验丰富的注册会计师担任讲师，分享其审计实务经验，虽然经验并不能完全传递，但适当的实务经验分享对于培养未来的注册会计师，还是有其积极意义的。

9.3.5 投资者

本书的研究表明，签字会计师个人经验信息已经为债权人和投资者所关注，并将其用于资本定价之中，但从经济显著性的角度来说，其作用仍有待进一步提高。随着我国对审计项目相关信息披露水平的提高，对于投资者而言，在投资和公司治理过程中，可以进一步合理运用签字会计师经验相关信息来评价上市公司会计信息质量。

9.4 研究不足与未来研究方向

本书的研究存在如下不足：

（1）签字会计师个人经验的度量。本书依据经验积累的机理，采用资产负债表日前累计签发审计报告数以及自首次担任签字会计师以来的年数度量签字会计师的客户前一般经验，但这在一定程度上将所有审计项目或者所有年度所积累的经验看成是同质的，忽视了不同规模、不同复杂性的客户对于注册会计师经验积累作用的差异。此外，我们无法获取非上市公司客户数据，因此，在度量经验时无法将注册会计师的非上市公司执业经验考量在内。未来可以进一步寻找其他不同的方法度量签字会计师的个人经验，以提高研究结论的稳健性。

（2）审计团队中其他注册会计师的作用。从实务的角度来说，大量的审计工作是由助理人员完成的，他们的经验应当也会影响到审计质量，尽管其作用可能不如签字会计师那么大。但由于数据的限制，我们无法研究审计团队中其他注册会计师以及助理人员经验对于审计质量的影响。未来可以进一步采用问卷、访谈、实验等多元化方法，了解项目组其他人员对审计质量的作用。

（3）审计质量的度量。一方面，审计质量难以直接观察，只能通过替代变量间接地估计，无论是财务重述、资本成本还是盈余质量，都有其局限性，未必能够准确地反映审计质量。另一方面，从研究问题的聚焦性、与现有研究的差异性（研究问题的创新性）等角度考虑，本书从财务重述、隐蔽性盈余管理、权益资本成本和债务成本等方面研究了签字会计师个人经验对审计质量的影响，而没有从审计意见、会计稳健性、审计费用等其他角度进行研究。对此，德丰和张（DeFond and Zhang，2014）指出，没有哪一种替代变量能够提供审计质量的完整度量，不同的审计质量替代变量可以相互补充，因此，同时采用不同类型的指标度量审计质量可能要比采用单一类型的指标更合适，当然，要根据研究问题的场景来选择合适的审计质量的替代变量。本书所选择的指标属于不同类型，一定程度上避免了单一类型的不足，但可能仍然未能完整地了解签字会计师个人经验与审计质量之间的关系。

（4）内生性问题。内生性问题是财务、会计领域一个绕不过的难题，本书也不例外。尽管我们根据所研究问题，采用了 PSM、工具变量二阶段回归、回归残差代入法、增加控制变量等方法缓解内生性问题的影响，但并不能完全消除内生性问题的影响。未来可以采用进一步寻找更合适的工具变量、挖掘相关外生"冲击事件"以采用准自然实验方法进一步缓解内生性问题的影响。

参考文献

[1] 曹国华, 鲍学欣, 王鹏. 审计行为能够抑制真实盈余管理吗? [J]. 审计与经济研究, 2014 (2): 38-46.

[2] 陈宋生, 李文颖, 吴东琳. XBRL、公司治理与权益成本: 财务信息价值链全视角 [J]. 会计研究, 2015 (3): 64-71.

[3] 程富, 王福胜. 基于分类转移的盈余管理研究: 来自中国上市公司的经验证据 [J]. 财经研究, 2015 (7): 81-94.

[4] 崔云, 唐雪松. 审计师法律责任风险关注度与真实盈余管理行为 [J]. 审计研究, 2015 (6): 60-69.

[5] 代昀昊. 机构投资者、所有权性质与权益资本成本 [J]. 金融研究, 2018 (9): 143-159.

[6] 戴亦一, 潘越, 刘思超. 媒体监督、政府干预与公司治理: 来自中国上市公司财务重述视角的证据 [J]. 世界经济, 2011 (11): 121-144.

[7] 范经华, 张雅曼, 刘启亮. 内部控制、审计师行业专长、应计与真实盈余管理 [J]. 会计研究, 2013 (4): 81-88.

[8] 冯来强, 孔祥婷, 曹慧娟. 董事高管责任保险与权益资本成本: 来自信息质量渠道的实证研究证据 [J]. 会计研究, 2017 (11): 65-71.

[9] 甘丽凝, 陈思, 胡珉, 等. 管理层语调与权益资本成本: 基于创业板上市公司业绩说明会的经验证据 [J]. 会计研究, 2019 (6): 27-34.

[10] 高芳, 傅仁辉. 会计准则改革、股票流动性与权益资本成本: 来自中国 A 股上市公司的经验证据 [J]. 中国管理科学, 2012 (4): 27-36.

[11] 高雷, 戴勇, 张杰. 审计实务影响银行贷款政策吗? 基于上市公司面板数据的经验研究 [J]. 金融研究, 2010 (5): 191-206.

[12] 郭照蕊, 黄俊. 国际"四大"与高质量审计的再检验: 基于真实活动盈余管理的分析 [J]. 山西财经大学学报, 2015 (3): 115-124.

［13］韩维芳. 审计风险、审计师个人的经验与审计质量［J］. 审计与经济研究，2017（3）：35 – 45.

［14］韩维芳. 审计师个人经验、行业专长与审计收费［J］. 会计与经济研究，2016（6）：91 – 108.

［15］郝东洋，王静. 审计师行业专长降低了公司权益资本成本吗?：基于法制环境与产权性质的分析［J］. 财经研究，2015（3）：132 – 144.

［16］何威风，刘启亮. 我国上市公司高管背景特征与财务重述行为研究［J］. 管理世界，2010（7）：144 – 155.

［17］胡丹. 上市公司利润调节问题监管研究［J］. 证券市场导报，2018（11）：50 – 59.

［18］胡奕明，唐松莲. 审计、信息透明度与银行贷款利率［J］. 审计研究，2007（6）：74 – 84.

［19］胡奕明，谢诗蕾. 银行监督效应与贷款定价：来自上市公司的一项经验研究［J］. 管理世界，2005（5）：27 – 36.

［20］黄志忠，白云霞，李畅欣. 所有权、公司治理与财务报表重述［J］. 南开管理评论，2010，13（5）：45 – 52.

［21］贾巧玉，周嘉南. 分类转移与市场定价研究：来自中国资本市场的经验证据［J］. 证券市场导报，2016（8）：33 – 39.

［22］蒋琰. 权益成本、债务成本与公司治理：影响差异性研究［J］. 管理世界，2009（11）：144 – 155.

［23］雷新途，汪宏华. 政府反腐风暴提高企业盈余质量了吗：来自中国上市公司的证据［J］. 会计研究，2019（12）：40 – 45.

［24］李春涛，薛原，惠丽丽. 社保基金持股与企业盈余质量：A 股上市公司的证据［J］. 金融研究，2018（7）：124 – 142.

［25］李海燕，厉夫宁. 独立审计对债权人的保护作用：来自债务代理成本的证据［J］. 审计研究，2008（3）：81 – 93.

［26］李江涛，何苦. 上市公司以真实盈余管理逃避高质量审计监督的动机研究［J］. 审计研究，2012（5）：58 – 67.

［27］李姝，赵颖，童婧. 社会责任报告降低了企业权益资本成本吗?：来自中国资本市场的经验证据［J］. 会计研究，2013（9）：64 – 70.

［28］李晓溪，刘静，王克敏. 公开增发公司分类转移与核心盈余异象

研究 [J]. 会计研究, 2015 (7): 26-33.

[29] 李星辰, 姜英兵. 股权激励与分类转移盈余管理: 基于股权激励契约要素角度 [J]. 宏观经济研究, 2018 (2): 44-58.

[30] 李增福, 曾慜. 投资者法律保护与企业的盈余管理: 基于应计项目操控和真实活动操控的研究 [J]. 管理评论, 2017 (2): 221-233.

[31] 李增福, 郑友环, 连玉君. 股权再融资、盈余管理与上市公司业绩滑坡: 基于应计项目操控与真实活动操控方式下的研究 [J]. 中国管理科学, 2011 (2): 49-56.

[32] 刘宝华, 罗宏, 周微. 股权激励行权限制与盈余管理优序选择 [J]. 管理世界, 2016 (11): 141-155.

[33] 刘峰, 张立民, 雷科罗. 我国审计市场制度安排与审计质量需求: 中天勤客户流向的案例分析 [J]. 会计研究, 2002 (12): 22-27.

[34] 刘启亮, 何威风, 罗乐. IFRS 的强制采用、新法律实施与应计及真实盈余管理 [J]. 中国会计与财务研究, 2011 (1): 57-121.

[35] 刘启亮, 唐建新. 学习效应、私人关系、审计任期与审计质量 [J]. 审计研究, 2009 (4): 52-64.

[36] 刘文欢, 陈路瑶, 蔡闫东. 行业环境、审计意见与债务成本 [J]. 审计研究, 2018 (3): 80-86.

[37] 刘笑霞, 李明辉. 女性 CFO 真的更少进行盈余管理吗? [J]. 管理工程学报, 2018 (4): 219-231.

[38] 卢文彬, 官峰, 张佩佩, 等. 媒体曝光度、信息披露环境与权益资本成本 [J]. 会计研究, 2014 (12): 66-71.

[39] 路军伟, 卜小霞. 上市公司分类转移操控旨在迎合谁?: 来自中国 A 股市场的经验证据 [J]. 中南财经政法大学学报, 2020 (3): 14-24.

[40] 路军伟, 张珂, 于小偶. 上市公司 IPO 与分类转移盈余管理: 来自我国 A 股市场的经验证据 [J]. 会计研究, 2019 (8): 25-31.

[41] 罗春华, 唐建新, 王宇生. 注册会计师个人特征与会计信息稳健性研究 [J]. 审计研究, 2014 (1): 71-78.

[42] 罗进辉. 媒体报道对权益成本和债务成本的影响及其差异 [J]. 投资研究, 2012 (9): 95-112.

[43] 罗进辉, 彭逸菲, 陈一林. 年报篇幅与公司的权益融资成本 [J].

管理评论，2020（1）：235 – 245.

［44］罗琦，王悦歌. 真实盈余管理与权益资本成本：基于公司成长性差异的分析［J］. 金融研究，2015（5）：178 – 191.

［45］马晨，程茂勇，张俊瑞，等. 外部审计、媒介环境对财务重述的影响研究［J］. 管理工程学报，2015（4）：65 – 75.

［46］毛新述，叶康涛，张頔. 上市公司权益资本成本的测度与评价：基于我国证券市场的经验［J］. 会计研究，2012（11）：12 – 22.

［47］倪娟，彭凯，胡熠. 连锁董事的"社会人"角色与企业债务成本［J］. 中国软科学，2019（2）：93 – 109.

［48］全进，刘文军，谢帮生. 领导干部自然资源资产离任审计、政治关联与权益资本成本［J］. 审计研究，2018（2）：46 – 54.

［49］申慧慧. 注册会计师职级与审计质量［J］. 审计研究，2021（2）：80 – 91.

［50］沈洪涛，游家兴，刘江宏. 再融资环保核查、环境信息披露与权益资本成本［J］. 金融研究，2010（12）：159 – 172.

［51］施丹，程坚. 审计师性别组成对审计质量、审计费用的影响［J］. 审计与经济研究，2011（5）：38 – 46.

［52］孙婕，李明辉. 上市公司资产出售损益与商业信用融资［J］. 中南财经政法大学学报，2021（2）：3 – 16.

［53］佟孟华，许东彦，郑添文. 企业环境信息披露与权益资本成本：基于信息透明度和社会责任的中介效应分析［J］. 财经问题研究，2020（2）：63 – 71.

［54］汪炜，蒋高峰. 信息披露、透明度与资本成本［J］. 经济研究，2004（7）：107 – 114.

［55］王兵. 盈余质量与资本成本：来自中国上市公司的经验证据［J］. 管理科学，2008（6）：67 – 73.

［56］王春飞，陆正飞，伍利娜. 企业集团统一审计与权益资本成本［J］. 会计研究，2013（6）：75 – 82.

［57］王化成，张修平，侯粲然，等. 企业战略差异与权益资本成本：基于经营风险和信息不对称的中介效应研究［J］. 中国软科学，2017（9）：99 – 113.

[58] 王静，张天西，郝东洋. 公司纳税筹划影响权益资本成本吗?：基于代理理论框架的检验 [J]. 经济科学，2015（3）：89 – 102.

[59] 王俊秋. 政治关联、盈余质量与权益资本成本 [J]. 管理评论，2013（10）：80 – 90.

[60] 王亮亮. 真实活动盈余管理与权益资本成本 [J]. 管理科学，2013（5）：87 – 99.

[61] 王晓珂，王艳艳，于李胜，等. 审计师个人经验与审计质量 [J]. 会计研究，2016（9）：75 – 81.

[62] 王雄元，高曦. 年报风险披露与权益资本成本 [J]. 金融研究，2018（1）：174 – 190.

[63] 魏志华，王贞洁，吴育辉，等. 金融生态环境、审计意见与债务融资成本 [J]. 审计研究，2012（3）：98 – 105.

[64] 吴红军. 环境信息披露、环境绩效与权益资本成本 [J]. 厦门大学学报（社会科学版），2014（3）：129 – 138.

[65] 吴文锋，吴冲锋，芮萌. 提高信息披露质量真的能降低股权资本成本吗? [J]. 经济学（季刊），2007（4）：1201 – 1226.

[66] 吴溪. 会计师事务所为新承接的审计客户配置了更有经验的项目负责人吗? [J]. 中国会计与财务研究，2009（3）：1 – 59.

[67] 夏楸，杨一帆，郑建明. 媒体报道、媒体公信力与债务成本 [J]. 管理评论，2018，30（4）：180 – 193.

[68] 肖作平. 终极所有权结构对权益资本成本的影响：来自中国上市公司的经验证据 [J]. 管理科学学报，2016（1）：72 – 86.

[69] 谢德仁，崔宸瑜，汤晓燕. 业绩型股权激励下的业绩达标动机和真实盈余管理 [J]. 南开管理评论，2018（1）：159 – 171.

[70] 谢德仁，张新一，崔宸瑜. 经常性与非经常性损益分类操纵：来自业绩型股权激励"踩线"达标的证据 [J]. 管理世界，2019（7）：167 – 181.

[71] 谢盛纹，闫焕民. 随签字注册会计师流动而发生的会计师事务所变更问题研究 [J]. 会计研究，2012（4）：87 – 93.

[72] 徐沛勣. 高管薪酬、董事会治理与分类转移 [J]. 财贸经济，2020（3）：80 – 99.

[73] 许锐，郑鑫成，王艳艳. 审计师个人声誉受损是否会影响其职业

生涯？[J]. 财务研究, 2018 (1): 64 – 75.

[74] 薛爽, 叶飞腾, 洪韵. 会计师 – 客户关系与事务所变更 [J]. 会计研究, 2013 (9): 78 – 83.

[75] 闫焕民. 签字会计师个人执业经验如何影响审计质量？[J]. 审计与经济研究, 2016 (3): 41 – 52.

[76] 闫焕民. 签字会计师个体异质性与审计质量 [J]. 山西财经大学学报, 2015 (10): 112 – 124.

[77] 杨清香, 姚静怡, 张晋. 与客户共享审计师能降低公司的财务重述吗？[J]. 会计研究, 2015 (6): 72 – 79.

[78] 叶凡, 方卉, 于东, 等. 审计师规模与审计质量: 声誉视角 [J]. 会计研究, 2017 (3): 75 – 81.

[79] 叶飞腾, 薛爽, 陈超. 基于质量控制和客户关系双重视角的审计项目负责人更换分析 [J]. 财经研究, 2014 (3): 114 – 123.

[80] 于李胜, 王艳艳. 信息风险与市场定价 [J]. 管理世界, 2007 (2): 76 – 85.

[81] 余冬根, 张嘉兴. 审计师声誉影响企业债务融资成本和融资能力吗？[J]. 中国经济问题, 2017 (1): 111 – 120.

[82] 余玉苗, 高燕燕. 低质量审计是审计师个人特质导致的特例吗？: 基于"污点"签字注册会计师的研究 [J]. 审计与经济研究, 2016 (4): 30 – 39.

[83] 袁蓉丽, 文雯, 谢志华. 董事高管责任保险和财务报表重述 [J]. 会计研究, 2018 (5): 21 – 27.

[84] 原红旗, 韩维芳. 签字会计师的执业特征与审计质量 [J]. 中国会计评论, 2012 (3): 275 – 302.

[85] 韵江, 宁鑫. "年少有为"还是"老当益壮"？: CEO 职业生涯关注与战略变革 [J]. 经济管理, 2020 (6): 135 – 152.

[86] 张婷婷, 李延喜, 曾伟强. 媒体关注下上市公司盈余管理行为的差异研究: 一种治理盈余管理的新途径 [J]. 管理评论, 2018 (2): 25 – 41.

[87] 张修平, 李昕宇, 卢闯, 等. 资产质量影响企业权益资本成本吗？[J]. 会计研究, 2020 (2): 43 – 59.

[88] 张学勇, 何姣, 陶醉. 会计师事务所声誉能有效降低上市公司权

益资本成本吗？[J]. 审计研究，2014（5）：86 – 93.

[89] 张雪梅，陈娇娇. 控股股东股权质押与分类转移盈余管理 [J]. 证券市场导报，2018（8）：29 – 38.

[90] 张友棠，熊毅. 内部控制、产权性质与盈余管理方式选择 [J]. 审计研究，2017（3）：105 – 112.

[91] 张友棠，熊毅，曾芝红. 异常审计收费与分类转移盈余管理：经济租金还是审计成本 [J]. 审计研究，2019（2）：82 – 90.

[92] 张子余，张天西. "特殊损失项目"与"核心费用"之间的归类变更盈余管理研究 [J]. 财经研究，2012（3）：70 – 80.

[93] 赵艳秉，张龙平. 审计质量度量方法的比较与选择：基于我国 A 股市场的实证检验 [J]. 经济管理，2017（5）：146 – 157.

[94] 郑登津，闫天一. 会计稳健性、审计质量和债务成本 [J]. 审计研究，2016（2）：74 – 81.

[95] 支晓强，何天芮. 信息披露质量与权益资本成本 [J]. 中国软科学，2010（12）：125 – 131.

[96] 周楷唐，麻志明，吴联生. 持续经营审计意见是否具有额外价值?：来自债务融资的证据 [J]. 会计研究，2016（8）：81 – 88.

[97] 周夏飞，魏炜. 非经常性损益披露监管与归类变更盈余管理：来自中国上市公司的证据 [J]. 浙江大学学报（人文社会科学版），2015（5）：119 – 132.

[98] 周晓苏，陈沉. 生命周期视角探析应计盈余管理与真实盈余管理的关系 [J]. 管理科学，2016（1）：108 – 122.

[99] 周泽将，徐硕，马静. 政治关联、事务所背景与盈余管理：基于独立董事视角的经验证据 [J]. 审计研究，2017（6）：99 – 104.

[100] 朱丹，李琰. 审计质量、媒体报道与企业权益资本成本：来自中国上市公司经验证据 [J]. 产业经济研究，2017（6）：65 – 74.

[101] Abdolmohammadi, M., and A. Wright. An Examination of the Effects of Experience and Task Complexity on Audit Judgments [J]. The Accounting Review, 1987, 62（1）：1 – 13.

[102] Abernathy, J. L., B. Beyer, and E. T. Rapley. Earnings Management Constraints and Classification Shifting [J]. Journal of Business Finance & Account-

ing, 2014, 41 (5&6): 600 – 626.

[103] Alfonso, E. , C. S. A. Cheng, and S. Pan. Income Classification Shifting and Mispricing of Core Earnings [J]. Journal of Accounting, Auditing & Finance, 2015, DOI: 10. 1177/0148558X15571738.

[104] Alsadoun, N. , V. Naiker, F. Navissi, and D. S. Sharma. Auditor-Provided Tax Nonaudit Services and the Implied Cost of Equity Capital [J]. Auditing: A Journal of Practice & Theory, 2018, 37 (3): 1 – 24.

[105] Altman, E. I. Financial Ratios, Discriminant Analysis and the Prediction of Corporate Bankruptcy [J]. Journal of Finance, 1968, 23 (4): 589 – 609.

[106] Amin, K. , J. Krishnan, and J. S. Yang. Going Concern Opinion and Cost of Equity [J]. Auditing: A Journal of Practice & Theory, 2014, 33 (4): 1 – 39.

[107] Amir, E. , J. Kallunki, and H. Nilsson. The Association between Individual Audit Partners' Risk Preferences and the Composition of Their Client Portfolios [J]. Review of Accounting Studies, 2014, 19 (1): 103 – 133.

[108] Anagnostopoulou, S. C. , D. Gounopoulos, K. Malikov, and H. Pham. Earnings Management by Classification Shifting and IPO Survival [J]. Journal of Corporate Finance, 2021, 66 (February), 101796.

[109] Anderson, R. C. , S. A. Mansi, and D. M. Reeb. Board Characteristics, Accounting Report Integrity, and the Cost of Debt [J]. Journal of Accounting and Economics, 2004, 37 (3): 315 – 342.

[110] Aobdia, D. , C. Lin, and R. Petacchi. Capital Market Consequences of Audit Partner Quality [J]. The Accounting Review, 2015, 90 (6): 2143 – 2176.

[111] Aobdia, D. , S. Siddiqui, and A. Vinelli. Heterogeneity in Expertise in a Credence Goods Setting: Evidence from Audit Partners [J]. Review of Accounting Studies, 2021, 26 (1): 693 – 729.

[112] Armstrong, C. S. , J. E. Core, D. J. Taylor, and R. E. Verrecchia. When Does Information Asymmetry Affect the Cost of Capital? [J]. Journal of Accounting Research, 2011, 49 (1): 1 – 40.

[113] Armstrong, C. S. , W. R. Guay, and J. P. Weber. The Role of Information and Financial Reporting in Corporate Governance and Debt Contracting [J]. Journal of Accounting and Economics, 2010, 50 (2-3): 179-234.

[114] Arrow, K. J. The Economic Implications of Learning by Doing [J]. The Review of Economic Studies, 1962, 29 (3): 155-173.

[115] Arthur, N. , M. Endrawes, and S. Ho. Impact of Partner Change on Audit Quality: An Analysis of Partner and Firm Specialisation Effects [J]. Australian Accounting Review, 2017, 27 (4): 368-381.

[116] Asare, S. , J. Cohen, and G. Trompeter. The Effect of Non-Audit Services on Client Risk, Acceptance and Staffing Decisions [J]. Journal of Accounting and Public Policy, 2005, 24 (6): 489-520.

[117] Asare, S. K. , A. M. Cianci, and G. T. Tsakumis. The Impact of Competing Goals, Experience, and Litigation Consciousness on Auditors' Judgments [J]. International Journal of Auditing, 2009, 13 (3): 223-236.

[118] Ashton, A. H. Experience and Error Frequency Knowledge as Potential Determinants of Audit Expertise [J]. The Accounting Review, 1991, 66 (2): 218-239.

[119] Ayers, B. C. , J. K. Seidman, and E. M. Towery. Tax Reporting Behavior under Audit Certainty [J]. Contemporary Accounting Research, 2019, 36 (1): 326-358.

[120] Azizkhani, M. , G. S. Monroe, and G. Shailer. Audit Partner Tenure and Cost of Equity Capital [J]. Auditing: A Journal of Practice & Theory, 2013, 32 (1): 183-202.

[121] Baginski, S. P. , and K. C. Rakow. Management Earnings Forecast Disclosure Policy and the Cost of Equity Capital [J]. Review of Accounting Studies, 2012, 17 (2): 279-321.

[122] Baginski, S. P. , J. L. Campbell, L. A. Hinson, and D. S. Koo. Do Career Concerns Affect the Delay of Bad News Disclosure? [J]. The Accounting Review, 2018, 93 (2): 61-95.

[123] Baik, B. , H. Cho, W. Choi, and K. Lee. Who Classifies Interest Payments as Financing Activities? An Analysis of Classification Shifting in the

Statement of Cash Flows at the Adoption of IFRS [J]. Journal of Accounting and Public Policy, 2016, 35 (4): 331 – 351.

[124] Barua, A. , S. Lin, and A. M. Sbaraglia. Earnings Management Using Discontinued Operations [J]. The Accounting Review, 2010, 85 (5): 1485 – 1509.

[125] Behn, B. K. , G. Gotti, D. Herrmann, and T. Kang. Classification Shifting in an International Setting: Investor Protection and Financial Analysts Monitoring [J]. Journal of International Accounting Research, 2013, 12 (2): 27 –50.

[126] Bhaskar, L. S. , G. V. Krishnan, and W. Yu. Debt Covenant Violations, Firm Financial Distress, and Auditor Actions [J]. Contemporary Accounting Research, 2017, 34 (1): 86 –215.

[127] Bhattacharya, N. , F. Ecker, P. M. Olsson, and K. Schipper. Direct and Mediated Associations among Earnings Quality, Information Asymmetry, and the Cost of Equity [J]. The Accounting Review, 2012, 87 (2): 449 –482.

[128] Blackwell, D. W. , T. R. Noland, and D. B. Winters. The Value of Auditor Assurance: Evidence from Loan Pricing [J]. Journal of Accounting Research, 1998, 36 (1): 57 –70.

[129] Blankley, Alan I. , David N. Hurtt, and Jason E. MacGregor. The Relationship between Audit Report Lags and Future Restatements [J]. Auditing: A Journal of Practice & Theory, 2014, 33 (2): 27 –57.

[130] Blay, A. D. , M. Notbohm, C. Schelleman, and A. Valencia. Audit Quality Effects of an Individual Audit Engagement Partner Signature Mandate [J]. International Journal of Auditing, 2014, 18 (3): 172 – 192.

[131] Boahen, E. O. , and E. C. Mamatzakis. The Impact of Religion on Classification Shifting in the Presence of Corporate Governance and Big 4 Audit [J]. Accounting Forum, 2020, 44 (2): 103 – 131.

[132] Bonner, S. E. , and B. L. Lewis. Determinants of Auditor Expertise [J]. Journal of Accounting Research, 1990, 28 (Supplement): 1 –20.

[133] Bonner, S. E. , and P. L. Walker. The Effects of Instruction and Experience on the Acquisition of Auditing Knowledge [J]. The Accounting Review, 1994, 69 (1): 157 – 178.

[134] Bonner, S. E. Experience Effects in Auditing: The Role of Task-Specific Knowledge [J]. The Accounting Review, 1990, 65 (1): 72–92.

[135] Boone, J. P. , I. K. Khurana, and K. K. Raman. Audit Firm Tenure and the Equity Risk Premium [J]. Journal of Accounting, Auditing and Finance, 2008, 23 (1): 115–140.

[136] Boone, J. P. , I. K. Khurana, and K. K. Raman. Litigation Reform, Accounting Discretion, and the Cost of Equity [J]. Journal of Contemporary Accounting & Economics, 2009, 5 (2): 80–94.

[137] Botosan, C. A. , and M. A. Plumlee. Assessing Alternative Proxies for the Expected Risk Premium [J]. The Accounting Review, 2005, 80 (1): 21–53.

[138] Botosan, C. A. Disclosure Level and the Cost of Equity Capital [J]. The Accounting Review, 1997, 72 (1): 323–349.

[139] Brüggen, A. Ability, Career Concerns, and Financial Incentives in a Multi-Task Setting [J]. Journal of Management Accounting Research, 2011, 23 (1): 211–229.

[140] Brown, H. L. , and K. M. Johnstone. Resolving Disputed Financial Reporting Issues: Effects of Auditor Negotiation Experience and Engagement Risk on Negotiation Process and Outcome [J]. Auditing: A Journal of Practice & Theory, 2009, 28 (2): 65–92.

[141] Bryan, D. B. , and J. K. Reynolds. Auditor Size and the Cost of Equity Capital over Auditor Tenure [J]. International Journal of Auditing, 2016, 20 (3): 278–294.

[142] Burke, J. J. , R. Hoitash, and U. Hoitash. Audit Partner Identification and Characteristics: Evidence from U. S. Form AP Filings [J]. Auditing: A Journal of Practice & Theory, 2019, 38 (3): 71–94.

[143] Burnett, B. M. , B. M. Cripe, G. W. Martin, and B. P. McAllister. Audit Quality and the Trade-Off between Accretive Stock Repurchases and Accrual-Based Earnings Management [J]. The Accounting Review, 2012, 87 (6): 1861–1884.

[144] Cahan, S. F. , and J. Sun. The Effect of Audit Experience on Audit Fees and Audit Quality [J]. Journal of Accounting, Auditing & Finance, 2015,

30 (1): 78 – 100.

[145] Cameran, M. , D. Campa, and J. R. Francis. The Relative Importance of Auditor Characteristics Versus Client Factors in Explaining Audit Quality [J]. Journal of Accounting, Auditing & Finance, 2022, 37 (4): 751 – 776.

[146] Cao, Y. , L. A. Myers, and T. C. Omer. Does Company Reputation Matter for Financial Reporting Quality? Evidence from Restatements [J]. Contemporary Accounting Research, 2012, 29 (3): 956 – 990.

[147] Cao, Y. , L. A. Myers, A. Tsang, and Y. G. Yang. Management Forecasts and the Cost of Equity Capital: International Evidence [J]. Review of Accounting Studies, 2017, 22 (2): 791 – 838.

[148] Carcello, J. V. , and C. Li. Costs and Benefits of Requiring an Engagement Partner Signature: Recent Experience in the United Kingdom [J]. The Accounting Review, 2013, 88 (5): 1511 – 1546.

[149] Carcello, J. V. , T. L. Neal, Z. Palmrose, and S. Scholz. CEO Involvement in Selecting Board Members, Audit Committee Effectiveness, and Restatements [J]. Contemporary Accounting Research, 2011, 28 (2): 396 – 430.

[150] Carey, P. , and R. Simnett. Audit Partner Tenure and Audit Quality [J]. The Accounting Review, 2006, 81 (3): 653 – 676.

[151] Cassell, C. A. , J. C. Hansen, L. A. Myers, and T. A. Seidel. Does the Timing of Auditor Changes Affect Audit Quality? Evidence from the Initial Year of the Audit Engagement [J]. Journal of Accounting, Auditing & Finance, 2020, 35 (2): 263 – 289.

[152] Causholli, M. , D. J. Chambers, and J. L. Payne. Future Nonaudit Service Fees and Audit Quality [J]. Contemporary Accounting Research, 2014, 31 (3): 681 – 712

[153] Chang, W. , Y. Chen, L. L. Chou, and C. Ko. Audit Partner Disciplinary Actions and Financial Restatements [J]. Abacus, 2016, 52 (2): 286 – 318.

[154] Che, L. , J. C. Langli, and T. Svanström. Education, Experience, and Audit Effort [J]. Auditing: A Journal of Practice & Theory, 2018, 37 (3): 91 – 115.

[155] Chen, C. , C. Lin, and Y. Lin. Audit Partner Tenure, Audit Firm

Tenure, and Discretionary Accruals: Does Long Auditor Tenure Impair Earnings Quality? [J]. Contemporary Accounting Research, 2008, 25 (2): 415 – 445.

[156] Chen F., S. Peng, S. Shuang, Z. Yang, and F. Ye. Do Audit Clients Successfully Engage in Opinion Shopping? Partner-Level Evidence [J]. Journal of Accounting Research, 2016, 54 (1): 79 – 112.

[157] Chen, F., Y. Hou, G. Richardson, and M. Ye. Auditor Experience and the Timeliness of Litigation Loss Contingency Disclosures [J]. Contemporary Accounting Research, 2018, 35 (2): 956 – 979.

[158] Cheng, C. S. A., D. Collins, and H. H. Huang. Shareholder Rights, Financial Disclosure and the Cost of Equity Capital [J]. Review of Quantitative Finance and Accounting, 2006, 27 (2): 175 – 204.

[159] Cheng, Q., J. Lee, and T. Shevlin. Internal Governance and Real Earnings Management [J]. The Accounting Review, 2016, 91 (4): 1051 – 1085.

[160] Cheng, Y., Y. Liu, and C. Chien. The Association between Auditor Quality and Human Capital [J]. Managerial Auditing Journal, 2009, 24 (6): 523 – 541.

[161] Chen, H., J. Z. Chen, G. J. Lobo, and Y. Wang. Effects of Audit Quality on Earnings Management and Cost of Equity Capital: Evidence from China [J]. Contemporary Accounting Research, 2011, 28 (3): 892 – 925.

[162] Chen, P. F., S. He, Z. Ma, and D. Stice. The Information Role of Audit Opinions in Debt Contracting [J]. Journal of Accounting and Economics, 2016, 61 (1): 121 – 144.

[163] Chen, S., S. Y. J. Sun, and D. Wu. Client Importance, Institutional Improvements, and Audit Quality in China: An Office and Individual Auditor Level Analysis [J]. The Accounting Review, 2010, 85 (1): 127 – 158.

[164] Chen, W. (T.), G. (S.) Zhou, and X. (K.) Zhu. CEO Tenure and Corporate Social Responsibility Performance [J]. Journal of Business Research, 2019, 95 (C): 292 – 302.

[165] Chen, X., Y. Dai, D. Kong, and W. Tan. Effect of International Working Experience of Individual Auditors on Audit Quality: Evidence from China

[J]. Journal of Business Finance & Accounting, 2017, 44 (7 – 8): 1073 – 1108.

[166] Chen, Z. , D. S. Dhaliwal, and H. Xie. Regulation Fair Disclosure and the Cost of Equity Capital [J]. Review of Accounting Studies, 2010, 15 (1): 106 – 144.

[167] Chi, H. , and C. Chin. Firm versus Partner Measures of Auditor Industry Expertise and Effects on Auditor Quality [J]. Auditing: A Journal of Practice & Theory, 2011, 30 (2): 201 – 229.

[168] Chin, C. , and H. Chi. Reducing Restatements with Increased Industry Expertise [J]. Contemporary Accounting Research, 2009, 26 (3): 729 – 765.

[169] Chin, C. , W. Yao, P. Liu. Industry Audit Experts and Ownership Structure in the Syndicated Loan Market: At the Firm and Partner Levels [J]. Accounting Horizons, 2014, 28 (4): 749 – 768.

[170] Chi, W. , and H. Huang. Discretionary Accruals, Audit-Firm Tenure and Audit-Partner Tenure: Empirical Evidence from Taiwan [J]. Journal of Contemporary Accounting & Economics, 2005, 1 (1): 65 – 92

[171] Chi, W. , L. A. Myers, T. C. Omer, and H. Xie. The Effects of Audit Partner Pre-Client and Client-Specific Experience on Audit Quality and on Perceptions of Audit Quality [J]. Review of Accounting Studies, 2017, 22 (1): 361 – 391.

[172] Chi, W. , L. L. Lisic, and M. Pevzner. Is Enhanced Audit Quality Associated with Greater Real Earnings Management? [J]. Accounting Horizons, 2011, 25 (2): 315 – 335.

[173] Chi, W. , L. L. Lisic, L. A. Myers, M. Pevzner, and T. A. Seidel. The Consequences of Providing Lower-Quality Audits at the Engagement Partner Level [J]. Journal of International Accounting Research, 2019, 18 (3): 63 – 82.

[174] Choi, A. , J. Choi, and B. C. Sohn. The Joint Effect of Audit Quality and Legal Regimes on the Use of Real Earnings Management: International Evidence [J]. Contemporary Accounting Research, 2018, 35 (4): 2225 – 2257.

[175] Choi, J. , and W. Lee. Association between Big 4 Auditor Choice and Cost of Equity Capital for Multiple-Segment Firms [J]. Accounting and Finance,

2014, 54 (1): 135 – 163.

[176] Choo, F. , and K. T. Trotman. The Relationship between Knowledge Structure and Judgments for Experienced and Inexperienced Auditors [J]. The Accounting Review, 1991, 66 (3): 464 – 485.

[177] Choo, F. Auditors' Knowledge Content and Judgment Performance: A Cognitive Script Approach [J]. Accounting, Organizations and Society, 1996, 21 (4): 339 – 359.

[178] Chu, L. , R. Mathieu, and C. Mbagwu. The Impact of Corporate Governance and Audit Quality on the Cost of Private Loans [J]. Accounting Perspectives, 2009, 8 (4): 277 – 304.

[179] Chung, H. , S. Choi, and W. Jung. Controlling Shareholders' Tax Incentives and Classification Shifting [J]. Contemporary Accounting Research, 2021, 38 (2): 1037 – 1067.

[180] Church, B. K. , N. T. Dai, X. (J.) Kuang, and X. Liu. The Role of Auditor Narcissism in Auditor-Client Negotiations: Evidence from China [J]. Contemporary Accounting Research, 2020, 37 (3): 1756 – 1787.

[181] Cianci, A. M. , R. W. Houston, N. R. Montague, and R. Vogel. Audit Partner Identification: Unintended Consequences on Audit Judgment [J]. Auditing: A Journal of Practice & Theory, 2017, 36 (4): 135 – 149.

[182] Cohen, D. A. , A. Dey, and T. Z. Lys. Real and Accrual-Based Earnings Management in the Pre- and Post-Sarbanes-Oxley Periods [J]. The Accounting Review, 2008, 83 (3): 757 – 787.

[183] Cohen, D. A. , and P. Zarowin. Accrual-based and Real Earnings Management Activities Around Seasoned Equity Offerings [J]. Journal of Accounting and Economics, 2010, 50 (1): 2 – 19.

[184] Commerford, B. P. , D. R. Hermanson, R. W. Houston, and M. F. Peter. Real Earnings Management: A Threat to Auditor Comfort? [J]. Auditing: A Journal of Practice & Theory, 2016, 35 (4): 39 – 56.

[185] Contessotto, C. , W. R. Knechel, and R. A. Moroney. The Association between Audit Manager and Auditor-in-Charge Experience, Effort, and Risk Responsiveness [J]. Auditing: A Journal of Practice & Theory, 2019, 38 (3):

121 – 147.

[186] Core, J., W. Guay, and R. Verdi. Is Accrual Quality a Priced Risk Factor? [J]. Journal of Accounting and Economics, 2008, 46 (1): 2 – 22.

[187] Cunningham, L. M., C. Li, S. E. Stein, and N. S. Wright. What's in a Name? Initial Evidence of U. S. Audit Partner Identification Using Difference-in-Differences Analyses [J]. The Accounting Review, 2019, 94 (5): 139 – 163.

[188] Davis, J. Experience and Auditor's Selection of Relevant Information for Preliminary Control Risk Assessments [J]. Auditing: A Journal of Practice & Theory, 1996, 15 (1): 16 – 37.

[189] DeAngelo, L. Auditor Size and Audit Quality [J]. Journal of Accounting and Economics, 1981, 3 (3): 183 – 199.

[190] Dechow, P., W. Ge, and C. Schrand. Understanding Earnings Quality: A Review of the Proxies, Their Determinants and Their Consequences [J]. Journal of Accounting and Economics, 2010, 50 (2 – 3): 344 – 401.

[191] DeFond, M., and J. Zhang. A Review of Archival Auditing Research [J]. Journal of Accounting and Economics, 2014, 58 (2 – 3): 275 – 326.

[192] DeFond, M. L., and J. R. Francis. Audit Research after Sarbanes-Oxley [J]. Auditing: A Journal of Practice & Theory, 2005, 24 (Supplement): 5 – 30.

[193] DeFond, M. L., F. Zhang, and J. Zhang. Auditing Research Using Chinese Data: What's Next? [J]. Accounting and Business Research, 2021, 51 (6 – 7): 622 – 635.

[194] Desai, N., and N. Nagar. A Research Note: Are Auditors Unable to Detect Classification Shifting or Merely Not Willing to Report It? Evidence from India [J]. Journal of Contemporary Accounting & Economics, 2016, 12 (2): 111 – 120.

[195] Dhaliwal, D., J. S. Judd, M. Serfling, and S. Shaikh. Customer Concentration Risk and the Cost of Equity Capital [J]. Journal of Accounting and Economics, 2016, 61 (1): 23 – 48.

[196] Dhaliwal, D., S. Heitzman, and O. Z. Li. Taxes, Leverage, and the Cost of Equity Capital [J]. Journal of Accounting Research, 2006, 44 (4): 691 –

723.

[197] Dhaliwal, D. S. , O. Z. Li, A. Tsang, and Y. G. Yang. Voluntary Non-financial Disclosure and the Cost of Equity Capital: The Initiation of Corporate Social Responsibility Reporting [J]. The Accounting Review, 2011, 86 (1): 59 – 100.

[198] Donelson, D. C. , R. Jennings, and J. Mcinnis. Financial Statement Quality and Debt Contracting: Evidence from a Survey of Commercial Lenders [J]. Contemporary Accounting Research, 2017, 34 (4): 2051 – 2093.

[199] Du, X. , J. Yin, and F. Hou. Auditor human capital and financial misstatement: Evidence from China [J]. China Journal of Accounting Research, 2018, 11 (4): 279 – 305.

[200] Earley, C. E. The Differential Use of Information by Experienced and Novice Auditors in the Performance of Ill-Structured Audit Tasks [J]. Contemporary Accounting Research, 2002, 19 (4): 595 – 614.

[201] Easley, D. , and M. O'hara. Information and the Cost of Capital [J]. The Journal of Finance, 2004, 59 (4): 1553 – 1583.

[202] Easton, P. D. PE Ratios, PEG Ratios, and Estimating the Implied Expected Rate of Return on Equity Capital [J]. The Accounting Review, 2004, 79 (1): 73 – 95.

[203] Eaton, T. V. , J. R. Nofsinger, and D. G. Weaver. Disclosure and the Cost of Equity in International Cross-Listing [J]. Review of Quantitative Finance and Accounting, 2007, 29 (1): 1 – 24.

[204] Eilifsen, A. , and K. H. Knivsflå. Core Earnings Management: How Do Audit Firms Interact with Classification Shifting and Accruals Management? [J]. International Journal of Auditing, 2021, 25 (1): 142 – 165.

[205] Eliwa, Y. , J. Haslam, and S. Abrahamd. The Association between Earnings Quality and the Cost of Equity Capital: Evidence from the UK [J]. International Review of Financial Analysis, 2016, 48 (C): 125 – 139.

[206] Fama, E. F. , and K. R. French. The Cross-Section of Expected Stock Returns [J]. Journal of Finance, 1992, 47 (2): 427 – 465.

[207] Fan, J. P. H. , and T. J. Wong. Do External Auditors Perform a Corporate Governance Role in Emerging Markets? Evidence from East Asia [J]. Journal

of Accounting Research, 2005, 43 (1): 35 – 72.

[208] Fan, Y. , A. Barua, W. M. Cready, and W. B. Thomas. Managing Earnings Using Classification Shifting: Evidence from Quarterly Special Items [J]. The Accounting Review, 2010, 85 (4): 1303 – 1323.

[209] Fan, Y. , and X. (K.) Liu. Misclassifying Core Expenses as Special Items: Cost of Goods Sold or Selling, General, and Administrative Expenses? [J]. Contemporary Accounting Research, 2017, 34 (1): 400 – 426.

[210] Fan, Y. , W. B. Thomas, and X. Yu. The Impact of Financial Covenants in Private Loan Contracts on Classification Shifting [J]. Management Science, 2019, 65 (8): 3637 – 3653.

[211] Farmer, T. A. , L. E Rittenberg, and G. M. Trompeter. An Investigation of the Impact of Economic and Organizational Factors on Auditor Independence [J]. Auditing: A Journal of Practice & Theory, 1987, 7 (1): 1 – 14.

[212] Fernando, G. D. , A. M. Abdel-Meguid, and R. J. Elder. Audit Quality Attributes, Client Size and Cost of Equity Capital [J]. Review of Accounting and Finance, 2010, 9 (4): 363 – 381.

[213] Fitzgerald, B. C. , T. C. Omer, and A. M. Thompson. Audit Partner Tenure and Internal Control Reporting Quality: U. S. Evidence from the Not-For-Profit Sector [J]. Contemporary Accounting Research, 2018, 35 (1): 334 – 364.

[214] Fortin, S. , and J. A. Pittman. The Role of Auditor Choice in Debt Pricing in Private Firms [J]. Contemporary Accounting Research, 2007, 24 (3): 859 – 896.

[215] Francis, B. B. , D. M. Hunter, D. M. Robinson, M. N. Robinson, and X. Yuan. Auditor Changes and the Cost of Bank Debt [J]. The Accounting Review, 2017, 92 (3): 155 – 184.

[216] Francis, J. , and D. Wang. The Joint Effect of Investor Protection and Big 4 Audits on Earnings Quality around the World [J]. Contemporary Accounting Research, 2008, 25 (1): 157 – 191.

[217] Francis, J. R. A Framework for Understanding and Researching Audit Quality [J]. Auditing: A Journal of Practice & Theory, 2011, 30 (2): 125 –

152.

[218] Francis, J. , R. LaFond, P. M. Olsson, and K. Schipper. Costs of Equity and Earnings Attributes [J]. The Accounting Review, 2004, 79 (4): 967 – 1010.

[219] Francis, J. , R. LaFond, P. Olsson, and K. Schipper. The Market Pricing of Accruals Quality [J]. Journal of Accounting and Economics, 2005, 39 (2): 295 – 327.

[220] Francis, J. R. , P. N. Michas, and M. D. Yu. Office Size of Big 4 Auditors and Client Restatements [J]. Contemporary Accounting Research, 2013, 30 (4): 1626 – 1661.

[221] Frederick, D. M. , and R. Libby. Expertise and Auditors' Judgments of Conjunctive Events [J]. Journal of Accounting Research, 1986, 24 (2): 270 – 290.

[222] Fudenberg, D. , and J. Tirole. A Theory of Income and Dividend Smoothing Based on Incumbency Rents [J]. Journal of Political Economy, 1995, 103 (1): 75 – 93.

[223] Fu, H. , H. Tan, and J. Zhang. Effect of Auditor Negotiation Experience and Client Negotiating Style on Auditors' Judgments in an Auditor-Client Negotiation Context [J]. Auditing: A Journal of Practice & Theory, 2011, 30 (3): 225 – 237.

[224] García-Blandon, J. , J. M. Argilés-Bosch, and D. Ravenda. Is there a Gender Effect on the Quality of Audit Services? [J]. Journal of Business Research, 2019, 96: 238 – 249.

[225] García-Blandon, J. , J. M. Argilés-Bosch, and D. Ravenda. Learning by Doing? Partners Audit Experience and the Quality of Audit Services [J]. Revista de Contabilidad Spanish Accounting Review, 2020, 23 (2): 197 – 209.

[226] Garcia-Blandon, J. , and J. M. Argiles-Bosch. Audit partner industry specialization and audit quality: Evidence from Spain [J]. International Journal of Auditing, 2018, 22 (1): 98 – 108.

[227] Gervais, S. , and T. Odean. Learning to be Overconfident [J]. The Review of Financial Studies, 2001, 14 (1): 1 – 27.

［228］Ghoul, S. E. , O. Guedhami, and J. Pittman. Cross-country Evidence on the Importance of Big Four Auditors to Equity Pricing: The Mediating Role of Legal Institutions ［J］. Accounting, Organizations and Society, 2016, 54 (C): 60 – 81.

［229］Ghoul, S. E. , O. Guedhami, J. A. Pittman, and S. Rizeanu. Cross-Country Evidence on the Importance of Auditor Choice to Corporate Debt Maturity ［J］. Contemporary Accounting Research, 2016, 33 (2): 718 – 751.

［230］Ghoul, S. E. , O. Guedhami, Y. Ni, J. Pittman, and S. Saadi. Does Information Asymmetry Matter to Equity Pricing? Evidence from Firms' Geographic Location ［J］. Contemporary Accounting Research, 2013, 30 (1): 140 – 181.

［231］Gibbins, M. Propositions about the Psychology of Professional Judgment in Public Accounting ［J］. Journal of Accounting Research, 1984, 22 (1): 103 – 125.

［232］Gibbons, R. , and K. J. Murphy. Optimal Incentive Contracts in the Presence of Career Concerns: Theory and Evidence ［J］. Journal of Political Economy, 1992, 100 (3): 468 – 505.

［233］Gibbs, M. Incentive Compensation in a Corporate Hierarchy ［J］. Journal of Accounting and Economics, 1995, 19 (5): 247 – 277.

［234］Gong, G. , L. Xiao, S. Xu, and X. Gong. Do Bond Investors Care about Engagement Auditors' Negative Experiences? Evidence from China ［J］. Journal of Business Ethics, 2019, 158 (1): 779 – 806.

［235］Goodwin, J. , and D. Wu. Is the effect of industry expertise on audit pricing an office-level or a partner-level phenomenon? ［J］. Review of Accounting Studies, 2014, 19 (4): 1532 – 1578.

［236］Goodwin, J. , and D. Wu. What is the Relationship between Audit Partner Busyness and Audit Quality? ［J］. Contemporary Accounting Research, 2016, 33 (1): 341 – 377.

［237］Gray, P. , P. Koh, and Y. H. Tong. Accruals Quality, Information Risk and Cost of Capital: Evidence from Australia ［J］. Journal of Business Finance & Accounting, 2009, 36 (1/2): 51 – 72.

［238］Greiner, A. , M. J. Kohlbeck, and T. J. Smith. The Relationship between Aggressive Real Earnings Management and Current and Future Audit Fees [J]. Auditing: A Journal of Practice & Theory, 2017, 36 (1): 85 – 107.

[239] Gul, F. A. , and J. Goodwin. Short-Term Debt Maturity Structures, Credit Ratings, and the Pricing of Audit Services [J]. The Accounting Review, 2010, 85 (3): 877 –909.

[240] Gul, F. A. , C. Y. Lim, K. Wang, and Y. Xu. Stock Price Contagion Effects of Low-Quality Audits at the Individual Audit Partner Level [J]. Auditing: A Journal of Practice & Theory, 2019, 38 (2): 151 –178.

[241] Gul, F. A. , G. (S.) Zhou, and X. (K.) Zhu. Investor Protection, Firm Informational Problems, Big N Auditors, and Cost of Debt around the World [J]. Auditing: A Journal of Practice & Theory, 2013, 32 (3): 1 –30.

[242] Gul, F. A. , S. (M.) Ma, and K. Lai. Busy Auditors, Partner-Client Tenure, and Audit Quality: Evidence from an Emerging Market [J]. Journal of International Accounting Research, 2017, 16 (1): 83 – 105.

[243] Gunny, K. A. The Relation between Earnings Management Using Real Activities Manipulation and Future Performance: Evidence from Meeting Earnings Benchmarks [J]. Contemporary Accounting Research, 2010, 27 (3): 855 – 888.

[244] Guttman, I. , and I. Marinovic. Debt Contracts in the Presence of Performance Manipulation [J]. Review of Accounting Studies, 2018, 23 (3): 1005 – 1041.

[245] Habib, A. , Md. B. U. Bhuiyan, and X. (S.) Sun. Audit Partner Busyness and Cost of Equity Capital [J]. International Journal of Auditing, 2019, 23 (1): 57 –72.

[246] Hamilton, R. E. , and W. F. Wright. Internal Control Judgments and Effects of Experience: Replications and Extensions [J]. Journal of Accounting Research, 1982, 20 (2): 756 –765.

[247] Han, J. , K. Jamal, and H. Tan. Auditors' Overconfidence in Predicting the Technical Knowledge of Superiors and Subordinates [J]. Auditing: A Journal of Practice & Theory, 2011, 30 (1): 101 –119.

[248] Hardies, K. , D. Breesch, and J. Branson. Do (Fe) Male Auditors

Impair Audit Quality? Evidence from Going-Concern Opinions [J]. European Accounting Review, 2016, 25 (1): 7 - 34.

[249] Haw, I. , S. S. M. Ho, and A. Y. Li. Corporate Governance and Earnings Management by Classification Shifting [J]. Contemporary Accounting Research, 2011, 28 (2): 517 - 553.

[250] Haynes, C. M. , J. G. Jenkins, and S. R. Nutt. The Relationship between Client Advocacy and Audit Experience: An Exploratory Analysis [J]. Auditing: A Journal of Practice & Theory, 1998, 17 (2): 88 - 104.

[251] Herda, D. N. , T. D. Dowdell, Jr. , and W. F. Bowlin. Auditor Response to Earnings Management through Real Transactions [J]. Journal of Theoretical Accounting Research, 2012, 7 (2): 82 - 95.

[252] Hermalin, B. E. , and M. S. Weisbach, Transparency and Corporate Governance. NBER Working Papers 12875, National Bureau of Economic Research, https://www. nber. org/system/files/working_papers/w12875/w12875. pdf, 2007.

[253] He, W. P. , A. Lepone, and H. Leung. Information Asymmetry and the Cost of Equity Capital [J]. International Review of Economics & Finance, 2013, 27 (June): 611 - 620.

[254] He, X. , J. Pittman, and O. Rui. Reputational Implications for Partners after a Major Audit Failure: Evidence from China [J]. Journal of Business Ethics, 2016, 138 (4): 703 - 722.

[255] He, X. , S. P. Kothari, T. Xiao, and L. Zuo. Long-Term Impact of Economic Conditions on Auditors' Judgment [J]. The Accounting Review, 2018, 93 (6): 203 - 229.

[256] Hollingsworth, C. , and C. Li. Investors' Perceptions of Auditors' Economic Dependence on the Client: Post-SOX Evidence [J]. Journal of Accounting, Auditing & Finance, 2012, 27 (1): 100 - 122.

[257] Holmström, B. Managerial Incentive Problems: A Dynamic Perspective [J]. The Review of Economic Studies, 1999, 66 (1): 169 - 182.

[258] Hope, O. , T. Kang, W. B. Thomas, and Y. K. Yoo. Impact of Excess Auditor Remuneration on the Cost of Equity Capital around the World [J]. Journal of Accounting, Auditing & Finance, 2009, 24 (2): 177 - 210.

[259] Hossain, S. , G. S. Monroe, M. Wilson, and C. Jubb. The Effect of Networked Clients' Economic Importance on Audit Quality [J]. Auditing: A Journal of Practice & Theory, 2016, 35 (4): 79 – 103.

[260] Hribar, P. , and N. T. Jenkins. The Effect of Accounting Restatements on Earnings Revisions and the Estimated Cost of Capital [J]. Review of Accounting Studies, 2004, 9 (2/3): 337 – 356.

[261] Hsieh, Y. , and C. Lin. Audit Firms' Client Acceptance Decisions: Does Partner-Level Industry Expertise Matter? [J]. Auditing: A Journal of Practice & Theory, 2016, 35 (2): 97 – 120.

[262] Huang, H. , K. Raghunandan, T. Huang, and J. Chiou. Fee Discounting and Audit Quality Following Audit Firm and Audit Partner Changes: Chinese Evidence [J]. The Accounting Review, 2015, 90 (4): 1517 – 1546.

[263] Imhof, M. J, S. E. Seavey, and D. B. Smith. Comparability and Cost of Equity Capital [J]. Accounting Horizons, 2017, 31 (2): 125 – 138.

[264] Ittonen, K. , K. Johnstone, and E. Myllymäki. Audit Partner Public-Client Specialisation and Client Abnormal Accruals [J]. European Accounting Review, 2015, 24 (3): 607 – 633.

[265] Jensen, M. C. , and W. H. Meckling. Theory of the Firm: Managerial Behavior, Agency Costs and Ownership Structure [J]. Journal of Financial Economics, 1976, 3 (4): 305 – 360.

[266] Jiang, L. , and H. Zhou. The Role of Audit Verification in Debt Contracting: Evidence from Covenant Violations [J]. Review of Accounting Studies, 2017, 22 (1): 469 – 501.

[267] Johnstone, K. M. , and J. C. Bedard. Risk Management in Client Acceptance Decisions [J]. The Accounting Review, 2003, 78 (4): 1003 – 1025.

[268] Joo, J. H. , and S. L. Chamberlain. The Effects of Governance on Classification Shifting and Compensation Shielding [J]. Contemporary Accounting Research, 2017, 34 (4): 1779 – 1811.

[269] Kallunki, J. , J. Kallunki, L. Niemi, and H. Nilsson. IQ and Audit Quality: Do Smarter Auditors Deliver better Audits? [J]. Contemporary Accounting Research, 2019, 36 (3): 1373 – 1416.

[270] Kanagaretnam, K. , and G. J. Lobo. Managerial Incentives for Income Smoothing through Bank Loan Loss Provisions [J]. Review of Quantitative Finance and Accounting, 2003, 20 (1): 63 – 80.

[271] Kaplan, S. E. , C. Moeckel, and J. D. Williams. Auditors' Hypothesis Plausibility Assessments in an Analytical Review Setting [J]. Auditing: A Journal of Practice & Theory, 1992, 11 (2): 50 – 65.

[272] Kaplan, S. E. , E. F. O'Donnell, and B. M. Arel. The Influence of Auditor Experience on the Persuasiveness of Information Provided by Management [J]. Auditing: A Journal of Practice & Theory, 2008, 27 (1): 67 – 83.

[273] Ke, B. , C. S. Lennox, and Q. Xin. The Effect of China's Weak Institutional Environment on the Quality of Big 4 Audits [J]. The Accounting Review, 2015, 90 (4): 1591 – 1619.

[274] Kennedy, J. , and M. Peecher. Judging Auditors' Technical Ability [J]. Journal of Accounting Research, 1997, 35 (2): 279 – 293.

[275] Khurana, I. K. , and K. K. Raman. Do Investors Care about the Auditor's Economic Dependence on the Client? [J]. Contemporary Accounting Research, 2006, 23 (4): 977 – 1016.

[276] Khurana, I. K. , and K. K. Raman. Litigation Risk and the Financial Reporting Credibility of Big 4 versus Non-Big 4 Audits: Evidence from Anglo-American Countries [J]. The Accounting Review, 2004, 79 (2): 473 – 495.

[277] Khurana, I. K. , P. N. Michas, and K. K. Raman. Big Four Global Networks, Auditor Industry Expertise, and Properties of Analysts' Earnings Forecasts [R]. Working Paper, 2011, University of Missouri-Columbia and University of North Texas.

[278] Kim, D. , and Y. Qi. Accruals Quality, Stock Returns, and Macroeconomic Conditions [J]. The Accounting Review, 2010, 85 (3): 937 – 978.

[279] Kim, J. , and B. C. Sohn. Real Earnings Management and Cost of Capital [J]. Journal of Accounting and Public Policy, 2013, 32 (6): 518 – 543.

[280] Kim, J. , and B. Y. Song. Auditor Quality and Loan Syndicate Structure [J]. Auditing: A Journal of Practice & Theory, 2011, 30 (4): 71 – 99.

[281] Kim, J. , B. Y. Song, and J. S. L. Tsui. Auditor Size, Tenure, and

Bank Loan Pricing [J]. Review of Quantitative Finance and Accounting, 2013, 40 (1): 75 – 99.

[282] Kim, Y. , and M. S. Park. Real Activities Manipulation and Auditors' Client-Retention Decisions [J]. The Accounting Review, 2014, 89 (1): 367 – 401.

[283] King, R. R. , S. M. Davis, and N. Mintchik. Mandatory Disclosure of the Engagement Partner's Identity: Potential Benefits and Unintended Consequences [J]. Accounting Horizons, 2012, 26 (3): 533 – 561.

[284] Kirchler, E. , and B. Maciejovsky. Simultaneous Over-and Underconfidence: Evidence from Experimental Asset Markets [J]. Journal of Risk and Uncertainty, 2002, 25 (1): 65 – 85.

[285] Knapp, C. A. , and M. C. Knapp. The Effects of Experience and Explicit Fraud Risk Assessment in Detecting Fraud with Analytical Procedures [J]. Accounting, Organizations and Society, 2001, 26 (1): 25 – 37.

[286] Knechel, W. R. , A. Vanstraelen, and M. Zerni. Does the Identity of Engagement Partners Matter? An Analysis of Audit Partner Reporting Decisions [J]. Contemporary Accounting Research, 2015, 32 (4): 1443 – 1478.

[287] Knechel, W. R. Behavioral Research in Auditing and Its Impact on Audit Education [J]. Issues in Accounting Education, 2000, 15 (4): 695 – 712.

[288] Knechel, W. R. , L. Niemi, and M. Zerni. Empirical Evidence on the Implicit Determinants of Compensation in Big 4 Audit Partnerships [J]. Journal of Accounting Research, 2013, 51 (2): 349 – 387.

[289] Koch, C. , and S. E. Salterio. The Effects of Auditor Affinity for Client and Perceived Client Pressure on Auditor Proposed Adjustments [J]. The Accounting Review, 2017, 92 (5): 117 – 142.

[290] Koch, C. , M. Weber, and J. Wüstemann. Can Auditors be Independent? Experimental Evidence on the Effects of Client Type [J]. European Accounting Review, 2012, 21 (4): 797 – 823.

[291] Kothari, S. P. , S. Shu, and P. Wysocki. Do Managers Withhold Bad News? [J]. Journal of Accounting Research, 2009, 47 (1): 241 – 276.

[292] Krishnan, G. , and J. Zhang. Do Investors Perceive a Change in Audit

Quality Following the Rotation of the Engagement Partner? [J]. Journal of Accounting and Public Policy, 2019, 38 (2): 146 – 168.

[293] Krishnan, J., C. Li, and Q. Wang. Auditor Industry Expertise and Cost of Equity [J]. Accounting Horizons, 2013, 27 (4): 667 – 691.

[294] Kwon, S. Y., and H. S. Yi. Do Social Ties between CEOs and Engagement Audit Partners Affect Audit Quality and Audit Fees? [J]. Auditing: A Journal of Practice & Theory, 2018, 37 (2): 139 – 161.

[295] Lail, B. E., W. B. Thomas, and G. J. Winterbotham. Classification Shifting Using the "Corporate/ Other" Segment [J]. Accounting Horizons, 2014, 28 (3): 455 – 477.

[296] Lambert, R. A., C. Leuz, and R. E. Verrecchia. Information Asymmetry, Information Precision, and the Cost of Capital [J]. Review of Finance, 2012, 16 (1): 1 – 29.

[297] Lambert, R., C. Leuz, and R. E. Verrecchia. Accounting Information, Disclosure, and the Cost of Capital [J]. Journal of Accounting Research, 2007, 45 (2): 385 – 420.

[298] Lambert, T. A., B. L. Luippold, and C. M. Stefaniak. Audit Partner Disclosure: An Experimental Exploration of Accounting Information Contagion [J]. Behavioral Research in Accounting, 2018, 30 (1): 27 – 38.

[299] Lamoreaux, P. T., L. M. Mauler, and N. J. Newton. Audit Regulation and Cost of Equity Capital: Evidence from the PCAOB's International Inspection Regime [J]. Contemporary Accounting Research, 2020, 37 (4): 2438 – 2471.

[300] Larson, C. R., and R. J. Resutek. Types of Investor Uncertainty and the Cost of Equity Capital [J]. Journal of Business Finance & Accounting, 2017, 44 (9/10): 1169 – 1193.

[301] Laurion, H., A. Lawrence, and J. P. Ryans. U. S. Audit Partner Rotations [J]. The Accounting Review, 2017, 92 (3): 209 – 237.

[302] Lawrence, A., M. Minutti-Meza, and P. Zhang. Can Big 4 versus Non-Big 4 Differences in Audit-Quality Proxies be Attributed to Client Characteristics? [J]. The Accounting Review, 2011, 86 (1): 259 – 286.

[303] Lee, H., H. Lee, and C. Wang. Engagement Partner Specialization

and Corporate Disclosure Transparency [J]. International Journal of Accounting, 2017, 52 (4): 354 – 369.

[304] Lee, H. S. (G.), A. L. Nagy, and A. B. Zimmerman. Audit Partner Assignments and Audit Quality in the United States [J]. The Accounting Review, 2019, 94 (2): 297 – 323.

[305] Lee, K. K. , and C. B. Levine. Audit Partner Identification and Audit Quality [J]. Review of Accounting Studies, 2020, 25 (2): 778 – 809.

[306] Lennox, C. Audit quality and Executive Officers' Affiliations with CPA Firms [J]. Journal of Accounting and Economics, 2005, 39 (2): 201 – 231.

[307] Lennox, C. S. , and X. Wu. A Review of the Archival Literature on Audit Partners [J]. Accounting Horizons, 2018, 32 (2): 1 – 35.

[308] Lennox, C. S. , C. Wang, and X. Wu. Opening up the "Black Box" of Audit Firms: The Effects of Audit Partner Ownership on Audit Adjustments [J]. Journal of Accounting Research, 2020, 58 (5): 1299 – 1341.

[309] Lennox, C. S. , X. Wu, and T. Zhang. Does Mandatory Rotation of Audit Partners Improve Audit Quality? [J]. The Accounting Review, 2014, 89 (5): 1775 – 1803.

[310] Libby, R. , and D. M. Frederick. Experience and the Ability to Explain Audit Findings [J]. Journal of Accounting Research, 1990, 28 (2): 348 – 367.

[311] Libby, R. , and J. Luft. Determinants of Judgment Performance in Accounting Settings: Ability, Knowledge, Motivation, and Environment [J]. Accounting, Organizations and Society, 1993, 18 (5): 425 – 450.

[312] Li, C. , Y. Xie, and J. Zhou. National Level, City Level Auditor Industry Specialization and Cost of Debt [J]. Accounting Horizons, 2010, 24 (3): 395 – 417.

[313] Li, L. , B. Qi, G. Tian, and G. Zhang. The Contagion Effect of Low-Quality Audits at the Level of Individual Auditors [J]. The Accounting Review, 2017, 92 (1): 137 – 163.

[314] Li, S. Does Mandatory Adoption of International Financial Reporting Standards in the European Union Reduce the Cost of Equity Capital? [J]. The Accounting Review, 2010, 85 (2): 607 – 636.

[315] Lin, S., H. H. Xia, and T. Ryabova. The Effect of Analysts' GAAP Earnings Forecasts on Managers' Classification Shifting [J]. Journal of Contemporary Accounting and Economics, 2020, 16 (3): 100222.

[316] Lisic, L. L., L. A. Myers, T. A. Seidel, and J. Zhou. Does Audit Committee Accounting Expertise Help to Promote Audit Quality? Evidence from Auditor Reporting of Internal Control Weaknesses [J]. Contemporary Accounting Research, 2019, 36 (4): 2521 – 2553.

[317] Liu, C., and C. Xu. The Effect of Audit Engagement Partner Professional Experience on Audit Quality and Audit Fees: Early Evidence from Form AP Disclosure [J]. Asian Review of Accounting, 2021, 29 (2): 128 – 149.

[318] Liu, S. Does the Requirement of an Engagement Partner Signature Improve Financial Analysts' Information Environment in the United Kingdom? [J]. Review of Quantitative Finance and Accounting, 2017, 49 (1): 263 – 281.

[319] Malikov, K., J. Coakley, and S. Manson. The Effect of the Interest Coverage Covenants on Classification Shifting of Revenues [J]. The European Journal of Finance, 2019, 25 (16): 1572 – 1590.

[320] Malikov, K., S. Manson, and J. Coakley. Earnings Management Using Classification Shifting of Revenues [J]. The British Accounting Review, 2018, 50 (3): 291 – 305.

[321] Manry, D. L., T. J. Mock, and J. L. Turner. Does Increased Audit Partner Tenure Reduce Audit Quality? [J]. Journal of Accounting, Auditing & Finance, 2008, 23 (4): 553 – 572.

[322] Mansi, S. A., W. F. Maxwell, and D. P. Miller. Does Auditor Quality and Tenure Matter to Investors? Evidence from the Bond Market [J]. Journal of Accounting Research, 2004, 42 (4): 755 – 793.

[323] Mashruwala, C. A., and S. D. Mashruwala. The Pricing of Accruals Quality: January versus the Rest of the Year [J]. The Accounting Review, 2011, 86 (4): 1349 – 1381.

[324] Mautz, R. K., and H. A. Sharaf. The Philosophy of Auditing [M]. American Accounting Association, 1961.

[325] McInnis, J. Earnings Smoothness, Average Returns, and Implied

Cost of Equity Capital [J]. The Accounting Review, 2010, 85 (1): 315 – 341.

[326] McVay, S. E. Earnings Management Using Classification Shifting: An Examination of Core Earnings and Special Items [J]. The Accounting Review, 2006, 81 (3): 501 – 531.

[327] Menkhoff, L., M. Schmeling, and U. Schmidt. Overconfidence, Experience, and Professionalism: An Experimental Study [J]. Journal of Economic Behavior & Organization, 2013, 86 (February): 92 – 101.

[328] Menon, K., and D. D. Williams. Audit Report Restrictions in Debt Covenants [J]. Contemporary Accounting Research, 2016, 33 (2): 682 – 717.

[329] Messier, Jr., W. F., V. Owhoso, and C. Rakovski. Can Audit Partners Predict Subordinates' Ability to Detect Errors? [J]. Journal of Accounting Research, 2008, 46 (5): 1241 – 1264.

[330] Mizik, N., and R. Jacobson. Myopic Marketing Management: Evidence of the Phenomenon and Its Long-Term Performance Consequences in the SEO Context [J]. Marketing Science, 2007, 26 (3): 361 – 379.

[331] Mizik, N. The Theory and Practice of Myopic Management [J]. Journal of Marketing Research, 2010, 47 (4): 594 – 611.

[332] Moeckel, C. The Effect of Experience on Auditors' Memory Errors [J]. Journal of Accounting Research, 1990, 28 (2): 368 – 387.

[333] Moroney, R., and P. Carey. Industry-versus Task-Based Experience and Auditor Performance [J]. Auditing: A Journal of Practice & Theory, 2011, 30 (2): 1 – 18.

[334] Moroney, R., W. R. Knechel, and C. Dowling. The Effect of Inspections, Rotations and Client Preferences on Staffing Decisions [J]. Accounting & Finance, 2019, 59 (4): 2645 – 2677.

[335] Nadeem, M., R. Zaman, T. Suleman, and N. Atawnah. CEO Ability, Career Concerns, Firms' Lifecycle and Investments in Intellectual Capital [J]. International Review of Economics and Finance, 2021, 75 (September): 237 – 251.

[336] Nelson, M., and H. Tan. Judgment and Decision Making Research in Auditing: A Task, Person, and Interpersonal Interaction Perspective [J]. Auditing: A Journal of Practice & Theory, 2005, 24 (Supplement): 41 – 71.

[337] Nelson, M. W. , J. A. Elliott, and R. L. Tarpley. Evidence from Auditors about Managers' and Auditors' Earnings Management Decisions [J]. The Accounting Review, 2002, 77 (Supplement): 175 – 202.

[338] Noh, M. , D. Moon, and L. Parte. Earnings Management Using Revenue Classification Shifting-Evidence from the IFRS Adoption Period [J]. International Journal of Accounting & Information Management, 2017, 25 (3): 333 – 355.

[339] O'Keefe, T. B. , R. D. King, and K. M. Gaver. Audit Fees, Industry Specialization, and Compliance with GAAS Reporting Standards [J]. Auditing: A Journal of Practice & Theory, 1994, 13 (2): 41 –55.

[340] Owhoso, V. , and A. Weickgenannt. Auditors' Self-Perceived Abilities in Conducting Domain Audits [J]. Critical Perspectives on Accounting, 2009, 20 (1): 3 –21.

[341] Pae, S. , C. J. Song, and A. C. Yi. Career Concerns and Management Earnings Guidance [J]. Contemporary Accounting Research, 2016, 33 (3): 1172 –1198.

[342] Palmrose, Z. , and S. Scholz. The Circumstances and Legal Consequences of Non-GAAP Reporting: Evidence from Restatements [J]. Contemporary Accounting Research, 2004, 21 (1): 139 – 180.

[343] Park, S. Y. , and K. H. Yoo. CEO Career Concerns and Voluntary Disclosure [J]. The Journal of Applied Business Research, 2016, 32 (6): 1603 – 1628.

[344] Pittman, J. A. , and S. Fortin. Auditor Choice and the Cost of Debt Capital for Newly Public Firms [J]. Journal of Accounting and Economics, 2004, 37 (1): 113 – 136.

[345] Pástor, L. , M. Sinha, and B. Swaminathan. Estimating the Intertemporal Risk-Return Tradeoff Using the Implied Cost of Capital [J]. Journal of Finance, 2008, 63 (6): 2859 – 2897.

[346] Public Company Accounting Oversight Board (PCAOB). Improving the Transparency of Audits: Rules to Require Disclosure of Certain Audit Participants on a New PCAOB Form and Related Amendments to Auditing Standards [R].

PCAOB Release No. 2015008. Washington, DC: PCAOB, 2015.

[347] Rajgopal, S. , S. Srinivasan, and X. Zheng. Measuring audit quality [J]. Review of Accounting Studies, 2021, 26 (1): 559 –619.

[348] Ramsay, R. J. Senior/Manager Differences in Audit Workpaper Review Performance [J]. Journal of Accounting Research, 1997, 32 (1): 127 –135.

[349] Robin, A. , Q. Wu, and H. Zhang. Auditor Quality and Debt Covenants [J]. Contemporary Accounting Research, 2017, 34 (1): 154 –185.

[350] Roychowdhury, S. Earnings Management through Real Activities Manipulation [J]. Journal of Accounting and Economics, 2006, 42 (3): 335 – 370.

[351] Seve, F. , and M. Wilson. Direct and Substitution Effects of Regulations Impacting the Scope for Classification Shifting [J]. Journal of Accounting and Public Policy, 2019, 38 (3): 171 –198.

[352] Sharma, V. D. , D. S. Sharma, and U. Ananthanarayanan. Client Importance and Earnings Management: The Moderating Role of Audit Committees [J]. Auditing: A Journal of Practice & Theory, 2011, 30 (3): 125 –156.

[353] Shelton, S. W. The Effect of Experience on the Use of Irrelevant Evidence in Auditor Judgment [J]. The Accounting Review, 1999, 74 (2): 217 – 224.

[354] Shleifer, A. , and R. W. Vishny. Large Shareholders and Corporate Control [J]. Journal of Political Economy, 1986, 94 (3): 461 –488.

[355] Solomon, I, M. D. Shields, and O. Ray Whittington. What Do Industry-Specialist Auditors Know? [J]. Journal of Accounting Research, 1999, 37 (1): 191 –208.

[356] Sonu, C. H. , A. Choi, J. Lee, and W. Ha. Audit Partner's Length of Audit Experience and Audit Quality: Evidence from Korea [J]. Asia-Pacific Journal of Accounting & Economics, 2019, 26 (3): 261 –280.

[357] Su, L. (N.), and D. Wu. Is Audit Behavior Contagious? Teamwork Experience and Audit Quality by Individual Auditors [EB/OL]. 2016, https://pcaobus. org/EconomicAndRiskAnalysis/CEA/Documents/is-audit-behavior-contagious-Su-Wu. pdf

[358] Sundgren, S., and T. Svanström. Audit Office Size, Audit Quality and Audit Pricing: Evidence from Small-and Medium-Sized Enterprises [J]. Accounting and Business Research, 2013, 43 (1): 31 –55.

[359] Sundgren, S., and T. Svanström. Auditor-in-Charge Characteristics and Going-concern Reporting [J]. Contemporary Accounting Research, 2014, 31 (2): 531 –550.

[360] Su, X., and X. Wu. Client Following Former Audit Partners and Audit Quality: Evidence from Unforced Audit Firm Changes in China [J]. The International Journal of Accounting, 2016, 51 (1): 1 –22.

[361] Tan, H., and R. Libby. Tacit Managerial Versus Technical Knowledge as Determinants of Audit Experience in the Field [J]. Journal of Accounting Research, 1997, 35 (1): 97 –113.

[362] Taylor, S. D. Does Audit Fee Homogeneity Exist? Premiums and Discounts Attributable to Individual Partners [J]. Auditing: A Journal of Practice & Theory, 2011, 30 (4): 249 –272.

[363] The U. S. Treasury Department Advisory Committee on the Auditing Profession. Final Report of the Advisory Committee on the Auditing Profession to the U. S. Department of the Treasury [R]. https://www. treasury. gov/about/organizational-structure/offices/Documents/final-report. pdf, October 6, 2008.

[364] Trotman, K. T., A. M. Wright, and S. Wright. An Examination of the Effects of Auditor Rank on Pre-Negotiation Judgments [J]. Auditing: A Journal of Practice & Theory, 2009, 28 (1): 191 –203.

[365] Tubbs, R. M. The Effect of Experience on the Auditor's Organization and Amount of Knowledge [J]. The Accounting Review, 1992, 67 (4): 783 –801.

[366] Wang, Y., L. Yu, and Y. Zhao. The Association between Audit-Partner Quality and Engagement Quality: Evidence from Financial Report Misstatements [J]. Auditing: A Journal of Practice & Theory, 2015, 34 (3): 81 –111.

[367] Wan, H., K. Zhu, and X. Chen. Career Concerns, Shareholder Monitoring and Investment Efficiency: From the Perspective of Compensation Contract Rigidity in Chinese SOEs [J]. China Journal of Accounting Research, 2015, 8

（1）：59 – 73.

[368] Watts, R. L., and J. L. Zimmerman. The Markets for Independence and Independent Auditors [Z]. Working Paper Series No. GPB 80 – 10. Graduate School of Management, University of Rochester, 1981.

[369] Xie, J. CEO Career Concerns and Investment Efficiency: Evidence from China [J]. Emerging Markets Review, 2015, 24 (C): 149 – 159.

[370] Yan, H., and S. Xie. How does auditors' work stress affect audit quality? Empirical evidence from the Chinese stock market [J]. China Journal of Accounting Research, 2016, 9 (4): 305 – 319.

[371] Ye, K., R. Yuan, and Y. Cheng. Auditor Experiences, Accounting Firm Size, and Client Ownership [J]. Frontiers of Business Research in China, 2014, 8 (2): 206 – 226.

[372] Ye, K., Y. Cheng, and J. Gao. How Individual Auditor Characteristics Impact the Likelihood of Audit Failure: Evidence from China [J]. Advances in Accounting, Incorporating Advances in International Accounting, 2014, 30 (2): 394 – 401.

[373] Yen, A. C. The Effect of Early Career Experience on Auditors' Assessments of Error Explanations in Analytical Review [J]. Behavioral Research in Accounting, 2002, 24 (2): 211 – 229.

[374] Yuan, Y., G. Tian, L. Y. Lu, and Y. Yu. CEO Ability and Corporate Social Responsibility [J]. Journal of Business Ethics, 2019, 157 (2): 391 – 411.

[375] Zalata, A. M., and C. Roberts. Internal Corporate Governance and Classification Shifting Practices: An Analysis of U. K. Corporate Behavior [J]. Journal of Accounting, Auditing & Finance, 2016, 31 (1): 51 – 78.

[376] Zalata, A. M., and C. Roberts. Managing Earnings Using Classification Shifting: UK Evidence [J]. Journal of International Accounting, Auditing and Taxation, 2017, 29 (C): 52 – 65.

[377] Zalata, A. M., C. Ntim, A. Aboud, and E. Gyapong. Female CEOs and Core Earnings Quality: New Evidence on the Ethics Versus Risk-Aversion Puzzle [J]. Journal of Business Ethics, 2019, 160 (2): 515 – 534.

[378] Zang, A. Y. Evidence on the Trade-Off between Real Activities Manip-

ulation and Accrual-Based Earnings Management ［J］. The Accounting Review, 2012, 87 （2）: 675 – 703.

［379］ Zerni, M. Audit Partner Specialization and Audit Fees: Some Evidence from Sweden ［J］. Contemporary Accounting Research, 2012, 29 （1）: 312 – 340.

［380］ Zhang, R. , R. M. K. Wong, A. W. Y. Lo, and G. Tian. Can Mandatory Dual Audit Reduce the Cost of Equity? Evidence from China ［J］. Accounting and Business Research, 2022, 52 （3）: 291 – 320.

［381］ Zhao, Y. , J. C. Bedard, and R. Hoitash. SOX 404, Auditor Effort, and the Prevention of Financial Report Misstatements ［J］. Auditing: A Journal of Practice & Theory, 2017, 36 （4）: 151 – 177.

［382］ Zhu, T. , M. Lu, Y. Shan, and Y. Zhang. Accrual-Based and Real Activity Earnings Management at the Back Door: Evidence from Chinese Reverse Mergers ［J］. Pacific-Basin Finance Journal, 2015, 35 （A）: 317 – 339.

后　记

　　如果要问现代社会有什么职业是"越老越值钱"的？医生（无论是中医还是西医）和审计师可能是两个较常见的答案。审计是一个高度依赖于注册会计师个人判断的职业活动，从以往大量的业务中习得的知识和技能有助于审计师在面对纷繁复杂的情况和数据时迅速而正确地作出判断，而这些知识和技能有许多并不能在不同审计师之间自由地流动。因此，审计师的个人经验对于审计的效率和效果无疑是极为重要的，这已经为许多实验研究所支撑。不过，与医生一般不大会面临独立性问题不同的是，审计师在接受客户的委托后对客户财务报表的合法性和公允性进行评价然后再从客户处收取审计费用，因而往往会面临独立性的挑战。这就使经验丰富的审计师在面临客户的压力时是否还能够提供更高质量的审计服务成为一个实证性的问题。尤其是在相关法律制度不够完善、审计市场并不完全是"费厄泼赖"的情况下，经验丰富的审计师可能会利用自身的经验去迎合客户的需求以保留客户。例如，经验丰富的审计师是否可能会推动客户采用更为隐蔽的方法去管理盈余，从而实现迎合客户与规避自身风险之间的平衡？已有文献并不能提供这一问题的答案。此外，经验丰富的审计师也可能会因为思维固化、过度自信而发生审计失败，而事务所内部的质量控制、交流培训也可能会使审计师个人经验的作用有所下降。因此，尽管国内外已有一些文献运用实验或实证方法研究审计师个人经验对审计质量的影响，但审计师经验与审计质量之间的关系其实还有待进一步的研究。另外，近年来，无论是英美还是我国，都出台了旨在提高审计透明度的政策。例如，欧美开始要求合伙人在审计报告上签名或在审计报告中披露项目合伙人信息。而在我国，早在2001年，就已要求注册会计师在审计报告上签字（这为我国学者研究审计问题提供了良好的机遇）；2020年开始，我国开始要求上市公司披露项目合伙人、质量控制复核人和本期签字会计师的执业资质、从业经历等信息。签字会计师相关信息的披露，为外部的信息使用者评价签字会计师的经验提供了可能。问题是，投资者、债权人是否真的关注签字会计师的经验等信息？

上述两点是促使我们对签字会计师个人经验对审计质量的影响进行研究的基本出发点。在江苏高校哲学社会科学研究重大项目"签字会计师个人经验对审计行为的影响及其经济后果"（2020SJZDA072）的资助下，笔者围绕签字会计师个人经验这一主题，对签字会计师个人经验对客户财务重述、真实盈余管理、分类转移、避税行为、资本成本的影响以及事务所对风险型客户的人员配置决策等问题进行了一系列的研究，相关成果陆续发表于《管理工程学报》《系统管理学报》《审计研究》《中国经济问题》《商业经济与管理》《运筹与管理》等期刊，并产生了一定的影响。不过，期刊论文是零散的。为了便于读者更加全面、深入地理解签字会计师对审计质量的影响，有必要将相关研究整合起来。因此，我们在上述研究的基础上，进行整合、补充，形成了这本书。期望本书的研究能够进一步加深对签字会计师个人经验的作用的理解，并对会计师事务所、上市公司、监管部门等方面提供参考。

河海大学商学院杨鑫博士收集、整理了签字会计师经验相关数据，北京工商大学商学院刘婷博士也对本书部分章节的内容提出过修改意见。在此，对杨鑫和刘婷两位博士表示衷心的感谢。

两位笔者长期从事审计学研究，虽然很惭愧，迄今尚未能够在"顶刊"上发表相关论文，但我们对于注册会计师审计理论研究一直抱有兴趣和热爱。这份兴趣和热爱，是我们一直坚持下去的重要动力。"苔花如米小，也学牡丹开"，希望我们的坚持和努力能够对审计理论与实务有所贡献。

此为后记。